이 저서는 2014년 대한민국 교육부와 한국학중앙연구원(한국학진흥사업단)을 통해 한국학 분야 토대연구지원사업의 지원을 받아 수행된 연구임(AKS-2014-KFR-1230010-).

동국대학교 대외교류연구원 · 인간과미래연구소 일제하 형사판결문 해제집 3

형사판결문에 비친 식민지 조선

무단통치하의 생활상

초판 1쇄 발행 2020년 2월 10일

저 자 ㅣ 박정애
펴낸이 ㅣ 윤관백
펴낸곳 ㅣ 도서출판 선인

등 록 ㅣ 제5-77호(1998.11.4)
주 소 ㅣ 서울시 마포구 마포대로 4다길 4 곳마루 B/D 1층
전 화 ㅣ 02) 718-6252 / 6257
팩 스 ㅣ 02) 718-6253
E-mail ㅣ sunin72@chol.com

정가 24,000원

ISBN 979-11-6068-350-9 94910
ISBN 979-11-6068-347-9 (세트)

· 잘못된 책은 바꿔 드립니다.

형사판결문에 비친 식민지 조선

무단통치하의 생활상

동국대학교 대외교류연구원·인간과미래연구소
일제하 형사판결문 해제집 3

형사판결문에 비친 식민지 조선

무단통치하의 생활상

박 정 애

동서
출판 선인

▍ 발간사 ▍

이 책은 동국대학교 대외교류연구원이 한국학중앙연구원의 지원을 받아 3년간(2014년 9월 1일부터 2017년 8월 31일까지) 연구한「일제강점기 형사사건기록의 수집·정리·해제·DB화」사업의 결과물을 간행한 것이다.

일제하 식민지 사회는 전통과 근대, 지배층과 피지배층이 교차하고 공존하는 시기로 복잡다기한 사회적 갈등이 새로운 양상으로 표출되던 공간이었다. 전통 사회의 해체과정에서 생성된 다양한 계층이 근대적 문물을 접하면서 욕망하는 개인으로 존재감을 드러내기 시작하였으나, 다른 한편 그들 모두가 일본의 핍박과 억압에 저항하거나 순응하는 피지배자의 굴레를 벗어날 수가 없는 운명공동체이기도 하였다. 이 같은 전환기 식민시대 조선인의 이중성을 인식하지 않고는 당시 상황의 본질을 이해하기가 어렵다.

그동안 식민지 사회의 연구는 그 시기 소수의 지식인들이 집필한 저서의 분석이 주를 이루었다. 그러기에 저자들의 주관적 사상이나 현실과 유리된 지식의 울타리에 머무를 수밖에 없었다. 당연히 식민지 사회의 다수를 차지했던 일반인, 특히 하층민들의 삶과 의식에 대한 연구는 뒷전으로 밀릴 수밖에 없었다. 그런 의미에서 식민지인의 일상을 그대로 조명할 수 있는 새로운 자료의 발굴은 있는 그대로의 식민지 사회를 이해하기 위해 반드시 필요한 과제라고도 할 수 있다.

형사사건 기록은 일제강점기 다양한 계층의 일상을 민낯으로 보여주기에 식민지 사회의 이중적이고 복합적인 모습을 있는 그대로 드러낸다. 동시에 일제의 형사법 체계가 어떻게 이루어져 있고, 그것이 식민지 조선 사회에 어떤 영향을 미쳤는가를 보여준다. 나아가 식민지 시대 형사법을 계승한 해방 이후 및 현대의 형사법 체계를 이해하는 데도 도움을 준다.

이 책은 일제강점기를 크게 ① '무단통치기'(1910~1919년) ② '문화통치기'(1920~1929년) ③ '전시체제기'(1930~1945년) 등 3시기로 구분하였다. '무단통치기'는 일제에 의해 조선총독부가 설치되면서 조선에 대한 식민지배가 본격화되는 시기이다. 1910년 한일병합시기부터 1919년 3·1운동 시기까지의 다양한 민중들의 삶과 사회적 문제, 3·1운동 관련 판결문 등을 다루었다. 그런데 이 책에서는 대한제국시기 『형법대전』이 만들어지고 근대적 형법체제가 형성되지만, 을사늑약 이후 통감부가 설치되면서 일제의 정치적 개입과 경제적 침략이 전개되면서 의병운동이 일어나던 시기의 관련 판결문을 포함하였다.

1920년대 '문화통치기'에는 일제의 탄압이 고도화되고 치밀해지고, 일본제국주의 독점자본이 도시와 농촌까지 장악하면서, 전통적인 삶의 양식이나 습속, 의식 등에서 '야만'과 '문명'이 충돌하게 된다. 형사사건의 유형에서도 '저항'과 '협력' 사이에서 고뇌하고 분노하는 조선인들의 이중적 모습이 각양각색으로 나타난다.

'무단통치기'와 '문화통치기'에 일제는 「조선태형령(朝鮮笞刑令)」(1912년, 제령 제13호)을 폐지하고, 「정치에 관한 범죄처벌의 건」(1919.4.15, 제령 제7호)을 제정하여 '집단적 독립운동의 기도'에 대해 형벌을 가중하면서 탄압을 본격화한다. 또한 1925년 5월 「치안유지법(治安維持法)」을 공포하여 식민지의 독립과 해방을 추구하는 모든 행위를 이 법의 적용대상으로 삼았다. 그러기에 이 시기 조선 독립운동 사건 가운데 상당수가 살인, 강도, 사기 등 범죄 행위로 왜곡된다.

1930년대의 '전시체제기'에는 세계대공황과 함께 일제도 다른 제국주의 국가들처럼 자국의 독점자본의 위기와 공황의 타개책을 모색하였다. 1931년 만주사변과 1937년 중일전쟁의 발발은 이러한 일본제국주의 위기의 돌파구였다. 이에 일본제국주의는 식민지 조선을 대륙침략의 전진기지로 활용하면서 경제적 지배정책도 병참기지화로 선회하였다. 특히 1938년 이래 국가총동원법의 시행에 따라 '가격통제령', '미곡통제령', '국민징용령', '임금통제령', '물자통제령', '국민근로동원령' 등이 발효되면서 식민지 민중에 대한 탄압도 고도화되었다. 일제는 식민지 민중의 저항을 억압하기 위해 '조선사상범보호관찰령', '조선사상범예방구금령'을 제정하여 치안유지법 위반자 중 기소유예, 집행유예, 가출옥, 만기출옥한 자를 2년 동안 보호관찰하고, 더 나아가 계속 구금할 수 있는 법적 기반을 마련하였다. 또한 '조선임시보안령' 등을 제정하여 언론, 출판, 집회, 결사 등 기본권을 제한하였다. 이러한 탄압에도 불구하고 지속적으로 증가하는 식민지인의 일상적 저항이 판결문 및 형사기록 등에서 확인된다.

이 책은 일제 강점기 일반 형사사건의 기록물을 통해 당시 민초들의 일상적 삶을 엿보고 형사법 체계에 반영된 식민지 통치의 변화를 추적한다. 이 연구를 통해 일제강점기 형사사건 기록물과 판결문 및 이와 관련된 신문조서나 당시 발행된 신문·잡지 등의 자료 활용이 용이하게 되기를 기대한다. 더불어 보다 많은 연구자들이 이 연구에 의한 기초자료의 분석·해제와 DB를 토대로 일제시대 다양한 형사사건 자료에 자유롭게 접근하게 되길 바란다. 나아가 일제강점기 형사법의 성립과 변천 과정에 대한 세밀한 기록이 형사법 체계의 발달사에도 기여하게 되기를 기대한다.

이 연구는 기록물을 일일이 찾아 선별하여 상호 교차 검토하고 해제한 후, 이를 교열·감수하는 지난한 작업공정으로 이루어졌다. 참여 교수들 모두가 최대한 객관적이고 정확한 해제를 하려고 노력하였음에도 불구하고, 다소의 주관적 요소나 오류가 발견된다면 연구팀 공동의 책임이다. 이 연구에는 연구책임자인 본인을 포함하여 여러 선생님들이 참여하였다. 특히 이 책이 나오기까지 대외교류연구원 고재석 원장님과 하원호 부원장님을 비롯하여 공동연구원인 서울대 규장각의 윤대원 선생님, 국사편찬위원회의 김득중 선생님, 형사사건기록 연구팀 구성원인 이홍락 선생님, 전명혁 선생님, 박정애 선생님과 연구행정과 책 집필까지 맡아 준 김항기 선생께 감사드린다.

2020년 2월
연구책임자 동국대학교 조성혜

▌ 머리말 ▌

20세기를 전후한 한반도 100년의 시간은 제국주의 열강의 경쟁과 그로인해 발생한 무력충돌, 그리고 그 결과 제국주의 일본이 정치적 지배력을 획득해간 시간이었다. 일본 식민권력이 지배하는 식민지 조선에서는 식민지적 근대가 전개되면서 '전통'의 영역으로 생각되는 기존 '유교사상'이나 '관습'이 제대로 검토되거나 평가받기가 어려웠다. 근대적 문물로 새로 도입된 사상이나 제도, 문화 등도 그 차별적이고 착취적인 성격으로 인해 '근대'라는 신분해방적이고도 인간의 생활을 이롭게 하는 편리한 속성들의 명암을 따지는 일이 온당하게 이루어질 수 없었다.

식민지 근대가 전개된 제국주의 일본의 지배하 조선사회에서는 새로운 형태의 사회적 갈등이 나타나고 전통 사회의 해체과정에서 생성된 다양한 사회적 주체와 근대적 욕망들이 복잡다기한 의미망을 통해 상호작용했다. 수탈과 억압, 차별과 폭력이라는 식민지 자본주의 가부장제 사회가 드러낸 제도적 상황뿐만 아니라 관계의 주체, 욕망하는 개인으로서 자신의 존재를 자각하게 만들었던 식민지 근대 사회의 이중성은 착취와 저항으로만 그 성격을 이해하기 어렵게 만든다.

이 연구는 일제강점기 한반도에서 생산된 다양한 형사사건기록을 수집, 분석, 해제하여 그 안에 드러난 식민지 사회의 성격을 시도하려는 것이다. 식민지 근대 형사법 체계화 과정에 따라 조선 사회 안에서 일어난 정치적 충돌이나 사회적, 개인적 갈등이 어떻게 '범죄'로 구성되고 그 타당성을 만들어갔는지 살펴보고자 하였다. 특히 식민지 사법기관이 형사사건을 어떠한 법 적용과 논리로서 '피고인'을 처벌함으로써 어떠한 식민지 사회를 재구성해고자 했는지 드러내고자 했다.

제3권 『형사판결문에 비친 식민지 조선: 무단 통치하의 생활상』은 1910년대 형사판결문에 비친 조선사회를 엿보고자 한 것이다. 특히 1910년대 중반기에 생산되었던 형사판결문과 언론기사를 중심으로 사건을 선별하였다. 일제 강점 초기를 지나 근대 형사법이 일단락된 시기 이후이자, 3.1운동 이전 시기를 살펴보고 싶었다. '무단통치'라는 군대와 경찰의 제도적 폭력을 내세운 일본의 지배와 통제 이면으로 사회적 갈등과 저항이 존재했고, 그러한 에너지들이 1919년 3.1운동으로 터져나오는 과정으로 이어졌다고 생각했기 때문이다. 동시에 여전히 특권층과 가부장의 지배를 공인하는 사회 속에서 '개인'을 자각한 식민지민들이 어떻게 '개인'을 드러내고 그것이 식민지 법정에서 범죄화되었는지 살펴보고 싶었다.

제1장에서는 본부(本夫) 살해 피고 사건 3건을 살펴보았다. 일본의 경찰이나 법관 관련자들은 남편을 살해하는 조선여성에 대해 조선의 "풍속 습관으로부터 나오는 특징적 범죄의 하나"라고 단정하였다. 조선 문화의 후진성의 하나로 보면서 '단죄'를 함으로써 식민권력이 조선을 문명화했다고 선전하고자 하였다.

제2장에서는 주세령 위반 피고사건 2건을 살펴보았다. 1916년 주세령의 시행으로 자가(自家) 양조가 제한되고 주류의 상품화가 시작되자 조선인들은 '밀주(密酒)'를 만들어 주세령에 대응하였다. 특히 유병헌의 판결문에서 "나 스스로 술을 만들고 나 스스로 마시는데 감히 일본이 간섭할 수 없다"고 직접적으로 발언한 피고인의 말조차 보안령 위반으로 처벌되는 모습을 볼 수 있다.

제3장에서는 강도나 방화, 사행 피고 사건으로 명명된 의병의 형사 사건을 살펴보았다. 의병들은 법정에서 제국주의 일본의 식민지배의 불법성이나 의병활동의 당위성에 대해서 논하고자 했으나, 식민법정은 의병활동을 강도, 살인, 사행 행위로 축소하면서 의병을 '폭도', '적괴'로 간주하려 하였다. 판결문을 통해 의병의 야만성과 불법성을 부각시키려는 사법권력에 대응하여 자신들의 활동 목적과 정치적 의도를 밝히는 '피고인'들의 모습을 볼 수 있을 것이다.

제4장에서는 보안법 등 위반 피고 사건 2건을 살펴보았다. 의병활동을 보안법으로 다룬 형사사건 1건과 대한제국 황실을 내세운 '불온사건'을 보안법으로 처벌한 사건이다. 제5장은 채권자의 독촉에 시달리던 농민이 차용증서를 훔치기 위해 채권자의 집에 들어갔다가 살인을 저지르게 된 사건을, 제6장에서는 소작권 이전을 둘러싸고 다툼을 벌이다 상해를 일으킨 사건을 살펴보았다. 제7장의 무고 및 위증 피고 사건은 토지 소유권을 놓고 다툼이 일어난 사건이다.

제8장에서는 약인(略人) 피고 사건 2건을 살펴보았다. 식민권력은 일본의 '문명'과 대비되는 조선의 '야만'을 선전하여 일본의 조선 식민지화를 정당화하고자 하였다. 이때 식민권력이 자주 동원한 언설이 '인신매매'가 조선 고유한 풍습이라는 것이었다. 그러나 1910년대의 형사판결문에는 약취나 유괴죄로 피고석에 오르는 재조일본인을 적지 않게 확인할 수 있다. 한편 남의 처를 납치하여 8년간 살다가 '약인죄'로 기소당한 조선인의 사건 또한 살펴볼 수 있다.

제9장 공사문서위조 피고 사건을 통해서는 토지조사사업 이후 토지매매를 둘러싸고 형사고발이 이루어졌던 사건을 살펴볼 수 있다. 다른 한 건은 인신매매를 위해 호적등본을 위조하는 재조일본인의 사건이다.

제10장에서는 사기 피고 사건 2건을 살펴보았다. 기생 출신 피고인과

부부가 되기 위해 재산을 탕진한 원고가 뜻을 이루지 못하자 피고인을 고소한 사건이다. 다른 한 건은 대금업자인 재조일본인이 조선인 사이의 토지매매를 중개하면서 어음 사기를 통해 이득을 취한 사건이다.

제11장은 유기 피고 사건으로, 피고인이 인신매매와 전염병(성병)의 피해자를 유기했으나 유기죄만으로 다뤄진 사건이다. 빚 대신 여성을 첩으로 삼거나 전염병을 걸린 자를 방치하는 등 가해행위가 복잡하게 얽힌 사건이지만 놀랍도록 간단하게 다뤄지고 있는 모습을 볼 수 있다.

제12장 절도 피고 사건에서는 관의 허가를 받지 않고 채취한 중석을 매수한 사실을 장물매수죄로 다루고 있는 것을 살펴볼 수 있다.

제13장은 교통방해 및 소요 피고 사건이다. 재조일본인이 조선와사전기주식회사 소속 전차운전수로 운행하다가 조선인 행인을 치어 사상자를 냈다. 주위의 조선인들이 조선인 사상 사건에 분개해 전차를 전복하고 항의를 했으나 식민법정은 이 사건을 교통방해 및 소요 사건으로 다루었다. 이 사건에 연루된 피고인만 40여 명이다. 1916년 식민지 조선에서 전차라는 문명의 이기를 이용하여 이득을 보는 자가 누구인가, 인명사상이 발생한 교통사건에 조선인 40여 명은 왜 그렇게 분노했는가, 처벌의 경중을 다루는 법정에서 일본 황족의 방문 문제가 왜 그렇게 중요하게 다뤄졌는가, 몇 가지 질문 속에서 1910년대 식민지 조선의 근대 풍경을 떠올릴 수 있을 것이다.

2020년 2월
박정애

▌차 례 ▌

1

본부 살해 피고사건

1) 최목석 판결문
(1913년 형상 제117호, 大正2年刑上第117號, 고등법원)

국가기록원 소장 형사재판판결원본이다. 예심조서, 경성지방법원 판결문, 경성복심법원 판결문, 고등법원 판결문이 모두 관리번호 CJA0000223-0006에 편철되어 있다. 관리번호 CJA0000223 파일에 포함된 사건들은 대개 이런 식이다. 사건은 다음과 같다.

경기도 양주군 고양주면에 사는 최목석(19세)이라는 여자가 남편을 살해했다는 혐의로 재판을 받았다. 1913년 9월 23일의 예비심사 내용은 다음과 같다.

최목석은 15세 때 김○일과 결혼하여 함께 살았으나 부부 사이가 좋지 않았다. 최목석은 항상 남편을 싫어하여 남편과 이혼하고자 하였다. 1913년(大正2年) 4월 17일경 최목석 집 근처에 사는 정운학이 거주하는 집을 소유하고 있는 이와미 쿠니타로(岩見國太郎, 경성 대화정 3정목)가 정운학이 살고 있는 집의 수리하기 위해 피고인이 살고 있는 마을에 2, 3일간 머물렀다. 피고는 내지인(內地人)인 쿠니타로와 간통을 한다면 남편과 이혼하기 쉬울 것이라고 생각해서 같은 마을에 사는 이○순에게 이와미에게 접근하게 해달라고 부탁하였다. 그러나 이○순은 유부녀로서 이와 같은 일은 가당치 않다고 훈계하고 그 부탁을 거절했다. 그러나 피고는 단념할 수 없었다.

이윽고 1913년 5월 5일 경성에 구경하러 간다고 하고 이○순을 따라 이와미 쿠니타로의 지인인 경성 화원정 거주자 박○현에게 갔다. 박○현의 주선으로 그날 밤 이와미의 집에서 자면서 정교를 통하기에 이르렀다. 피고는 더욱 남편이 싫어졌고 또 이와미를 사모하는 마음이 간절해져서 자유롭게 이와미와 계속해서 정교를 맺고자 하였다. 이를 위해 남편을 살해하고자 하여 미리 같은 마을에 사는 한ㅇ준이 새와 짐승을 죽여 잡으려고(殺獲) 약품을 갖고 있는 것을 엿들었다. 그의 장남 한ㅇ달에게 간청하여 그 약품인 초산(硝酸) 스트리키니네(질산스트리키닌 strychnine) 3.75그램이 든 작은 병을 얻을 수 있었다. 같은 달 30일 아침 남편의 점심용 도시락을 만들 때 스트리키니네의 분말 전부를 콩과 밤에 섞어 밥을 짓고 남편에게 주었다. 남편은 그것을 가지고 자신이 일하는 곳인 경성 두모면 화양정 앞 동척회사 제방공사장에 갔다. 공사 일을 하고 점심 때 남편은 앞에서 기록한 쌀밥 두 숟가락을 넘겼다. 그리고 위 약품의 중독증상에 빠져 마침내 같은 날 오후 4시 10분 사망했다. 이로써 피고는 모살의 목적을 이루었다. 위의 사실은 증거가 충분하여 피고의 행동은 형법대전 제498호 제1호, 제473조 및 조선형사령 제42조에 해당하는 범죄이므로 형사소송법 제167호 제1항에 따라 경성지방법원에서 공판할 것을 결정한다.

예심은 미즈노 시게카츠(水野重功)[1] 판사가 결정했다. 예심에 따라 1913년 10월 12일 경성지방법원에서 열린 1심 재판의 결과는 다음과 같았다. 모로즈미(兩角斌) 검사가 간여하고 츠카하라 도모타로(塚原友太

---

[1] 미즈노 시게카츠는 야마가타현 출신으로 1885년 3월에 태어나 1960년 5월에 사망했다. 1909년 도쿄제국대학 법과대학 독법과(独法科)를 졸업했다. 조선통감부 판사를 거쳐 조선총독부 판사가 되었다. 평양지방재판소 판사, 경성지방법원 판사 및 검사, 경성복심법원의 검사, 경성지방법원과 대구지방법원, 고등법원 검사를 지냈다. 조선총독부 법무국 형사과장과 법무과장을 역임했다. 1930년에는 서구 여러 나라를 시찰했고 귀국 후에 경성지방법원 검사장, 평양복심법원 검사장, 경성복심법원을 거쳐 1943년에 고등법원 검사에 취임했다. 식민지 조선의 법관으로 40여 년을 지낸 미즈노는 1945년 일본 패전 후 일본으로 돌아갔다. 전후에는 야마가타현의 츠루오카에서 변호사를 개업했다. 3·1 운동 당시 유관순 등 만세운동 참가자들의 재판에 관여했다.

郞) 외 2명의 판사가 판결하였다.

피고는 조선형사령 제41조 제2항, 제42조 2항, 형법대전 제498조 제1호, 제473조에 따라 사형에 처해지고, 압수물품은 형사소송법 제202조에 따라 그 소유자에게 환부하도록 결정되었다.

그러나 피고 최목석은 이에 불복하고 경성복심법원에 항소하였다. 2심은 1913년 11월 19일에 열렸고 조선총독부 검사 니시우치(西內德)가 간여하여 항소를 기각하였다. 그 이유는 다음과 같다.

살인 피고사건에 관해 피고는 스스로 다음과 같이 말하였다. 자신은 1913년 5월 20일 아침 남편 김○일의 점심에 초산 스트리키니네를 넣어 마침내 남편을 살해하였다. 그 약은 작은 병(압수령 제344호의 1)에 반 정도 들어있는 것을 빌린 것이다. 5월 20일 아침 본부(本夫)의 점심용 도시락을 만들 때 그 도시락인 쌀, 밤, 콩을 혼합한 음식 보통 사발 1그릇에 초산스토리키니네 전부, 곧 1.87그램을 섞고 여기에 채소 및 숟가락을 넣어 보자기에 싸서 남편인 김○일에게 건넸다. 김○일은 그것을 가지고 그 일하는 곳으로 가서 점심 때 그 음식을 세 숟가락 먹고 그것을 토하였다. 이 때문에 김○일은 초산스토리키니네 중독증상에 빠져 동일 오후 4시 10분 사망했다.

법에 따라 피고의 행위는 조선형사령 제41조 제2항[2]에 따라 형법대전 제498조,[3] 제473조[4]에 의해 사형을 선고받았다. 항소 결과는 원심과

----

[2] 형법대전 제473조 · 제477조 · 제478조 · 제498조 제1호 · 제516조 · 제536조 및 제593조의 죄와 그 미수범에 관한 규정은 당분간 이 영 시행 전과 동일한 효력을 가진다. 다만, 감등에 대하여는 형법 제68조의 예에 의한다.

[3] 제12절 친속살사률(親屬殺死律) 친속존장을 살해한 자는 다음에 따라 처함이라. 1. 본장 제1절 제2절 제3절 제4절의 이유로 조부모, 부모나 조면(祖免) 이상 친족장이나 남편이나 남편의 조부모 부모나 조면(祖免) 이상 친족장을 살해한 자는 교(絞). 2. 본장 제5절의 소위로 조면 이상 친족장을 살해한 자는 범인(凡人)의 률(律)로 제64조 친속등급에 의하여 힘을 더하고(遞加) 제6절의 까닭으로 조부모 부모나 남편이나 남

변함없었음을 알 수 있다.

（해 제）

피고인은 15세 때 남편과 결혼하여 살았지만 사이가 좋지 않았다. 남편은 동양척식주식회사의 제방공사장에서 노동을 하는 노동자였는데, 피고인은 남편을 떠나 일본인과 결혼해서 살고 싶었다. 꽤 특이한 사건이라고 생각했는지, 『매일신보』가 사건을 취재하고 다음과 같이 보도하였다.

내지인 간부에게 혹하여 본서방을 독살한 계집년

경기도 양주군 고양주면 도마장리에 거하는 노동자 김만일은 지나간 5월 20일에 경성 북부 두모면 뚝섬 화양정 앞 동양척식회사의 둑 쌓는 공사에 종사하는 중 오전 때가 지나매 자연 시장한고로 다른 동류보다 먼저 제 집에서 싸가지고 온 점심밥을 꺼내어 한 숟가락을 먹은즉 맛이 매우 쓰고 괴악한 냄새가 나는지라. 마음에 심히 이상하여 같이 일하던 제형더러 자기 밥은 맛이 써서 먹을 수가 없으니 형의 것을 좀 나누어 먹자고 형의 밥을 반쯤 먹고 조금 쉬어서 다시 일을 하려 하는데 밥 먹을 때까지 원기가 건장하던 김만일은 별안간 복통이 일어나 배를 움켜쥐고 땅에서 데굴데굴 구르며 고통을 참지 못하여 큰소리로 신음하는 모양이 심히 위험함으로 여러 인부와 공사 감독하던 자도 깜짝 놀라 급히 뚝섬 헌병대 파견소에 사실을 알린 바 헌병과 촉

편의 조부모 부모를 살해한 자는 징역 15년이며 그 친(親)에는 징역 3년이며 대공(大功)에는 징역 2년 반이며 소공(小功)에는 징역 2년이며 시마(緦麻) 이하에는 범인(凡人)과 동일함이라. 3. 시마(緦麻) 이상 친족장에게 본장 제1절의 종범(從犯)이 된 경우에는 교(絞)이며 제2절 제3절의 종범이 된 경우에는 소공 이상 친에는 교이며 시마친에는 징역 종신이라.

4) 사람을 모살(謀殺)한 자에 대해 모의(造意)한 자와 하수(下手)나 조력한 자를 함께 교(絞)에 처하되 수행만 하고 하수나 조력이 없는 자는 일등을 감함이라.

탁의사가 현장에 급히 와서 급히 치료를 하며 일변 자세한 상황을 들은즉 밥에 무슨 독약을 섞은 듯한 의심이 있음으로 김만일은 급히 총독부의원으로 메어다가 해독주사와 기타 각종의 방법으로 극력 구제하였으나 아무 효험이 없이 오후 3시 반에 마침내 세상을 버렸더라. 이에 경성지방법원 검사의 명령으로 김만일의 시체를 해부한즉 초산스도리니네 라는 독약을 먹여 죽임이 분명한 고로 피해자 김만일의 안해 최애기(崔愛奇) 19세 된 계집을 잡아 구류하고 집안을 수색한즉 과연 그 독약을 담았던 빈 병이 있으므로 엄중히 취조한 결과 마침내 최애기가 독살함을 자백하였음으로 모살범으로 경성지방법원에 압송하여 목하 취조 중이더라.

사실의 원인. 이와 같이 악독[1줄 안보임: 필재 김만일은 4년 전에 가해자의 모집 데릴사위로 최애기에게 장가를 들었는데 그때부터 최애기는 김만일을 심히 싫어하여 주야 남편을 배반코자 하나 김만일은 조금도 듣지 아니함으로 부득이 동거하는 중 허영심에 홀린 경박한 최애기는 일본사람의 아내 되기를 희망하여 좋은 기회를 얻고자 주야 비밀히 엿보더니 마침내 음력 본년 3월 11일 오전 11시경에 경성 본정에서 돈놀이 하던 암전(岩田)이라는 자가 김만일의 건넛집, 정운학에게 돈 받을 것이 있어 박모라는 통변을 데리고 그 집에 온 것을 보고 최애기는 곧 다년 일본인의 남편을 얻고자 주야기회를 고대하다가 암전이란 자를 보고 곧 마음에 홀려 놓치기 싫은 마음이 간절한 고로 부끄러운 것을 억지로 잡고 박 통변을 소개하여 암전에게 말하기를 자기는 다년 일본사람과 살고 싶어 주야 소원성취를 신명께 기도하는 사람이니 불쌍히 여기는 마음이 있거든 나를 안해로 데려가라고 눈물을 흘리며 간청하는데 당시 암전도 자기의 아내는 일본으로 돌려보내고 적적히 독거할 때인 고로 마음에 매우 당기어 나는 홀아비로 있지마는 그대는 남편이 있느냐 없느냐고 물은즉 최애기의 말이 남편은 하나 있으나 그까짓 것은 아무렇게든지 처치할 수가 있다 하나 암전이 남편이 있으면 도저히 동거치는 못한다고 거절한즉 최애기는 장차 어떻게 하든지 지금은 약조만 하여 달라고 간청한 바 그 후에 마침내 비밀한 관계를 맺게 되어 암전이 여러 번 뚝섬까지 지나가 김만일의 나간 틈에는 불의한 쾌락으로 시간 감을 아끼더니 날이 갈

수록 암전이를 생각하는 추한 정이 더욱더욱 깊이 들고 암전이와 동거하고
싶은 생각이 더욱 간절함을 따라 본부 김만일은 볼수록 더 미워 하루라도 같
이 살기 싫은 생각이 어린 계집의 마음에 그릇 들어 마침내 본부를 다른 세
상으로 보내고 암전이와 이 세상에서 재미있게 살겠다는 악독한 마음을 결
단하고 5월 19일 밤에 그 근처 약국 한용준의 집에 가서 그 주인의 아들을
속이고 전기한 독약을 사다가 김만일의 점심밥에 섞어 넣음이라더라.

(『매일신보』, 1913.6.7)

　신문상에서 피고인의 이름은 최애기, 최성녀, 최목석 등으로 나오는
데, 판결문에서는 일관되게 최목석으로 표기되어 있다. 최목석도 자신
의 정식 이름이 아닌 사건이 벌어지면서 필요에 따라 생긴 이름으로 보
인다. 이 사건은 피고인이 조선인 노동자 남편을 싫어하고 일본인과 함
께 살기 위해 남편의 도시락에 독을 넣은 사건으로 전형적인 본부독살
사건이다. 피고인은 음란하고 허영심이 많은 악녀의 이미지로 표현되어
사회적 비난을 받았다. 돈이 많은 일본인과 살기 위해 공사장 노동자인
조선인 남편을 살해했다는 사실은, 한국이 강점된 지 몇 년 지나지 않은
1913년 당시 사회적 분심(憤心)을 일으켰을 것이다.

복부 독살의 악녀, 내지사람에게 미쳐서, 본서방을 약 먹여 죽여

　경기도 양주군 고양주면에 거하는 최성녀 19세된 계집은 15세에 김만일이
라는 자에게 시집온 후에 부부간 불화하여 최성녀는 기회가 있으면 그 서방
을 이혼하리라 하던 차에 경성 대화정 이정목에 거하는 내지인 암견국태랑
(岩見國泰郎)의 소유가옥이 최성녀의 집 근처에 있다함을 듣고 최성녀는 본
래 내지인을 사귀기를 좋아하여 경성 화원정 居하는 박영현에게 간절히 말
하여 박영현의 주선으로 내지인 암견과 정을 통하고 암견의 집에 와서 숙박
하고 있는 중 항상 그 본부가 있음을 꺼리어 김만일을 살해할 마음으로 독약

을 사서 김만일의 점심밥에 섞어 먹여 지난 5월 20일에 독살하였는데 즉시 검거되어 경성지방법원 수야(水野) 예심판사가 예심 중이더니 요사이 예심 은 마치고 공판에 부치었다더라.

(『매일신보』, 1913.9.27)

당시 신문 지상에서 최목석은 '악독한 마음'을 품은 자, '악녀'로 표현 되고 있다. 식민지 시기 본부 살해 담론에서 남편을 살해한 여성들은 "성품이나 행동이 몹시 악독한 여자"를 지칭하는 '독부(毒婦)'로 형상화 되었다. 자신의 남편을 살해한, 즉 인륜을 저버렸다는 점에서 이것은 어 쩌면 당연했다. 그러나 그들이 독부가 되는 방식은 식민지적 재현 문제 를 잘 보여준다. 여기에서 특히 범죄를 저지른 여성의 '악독한 면모'를 강화시키는 것은 조선여성을 '성애화'된 존재로 묘사하는 것이었다. 최 목석 또한 돈 많은 일본인과 동침 후 '간부(姦夫)'와의 관계를 이어가기 싶다는 마음으로 남편 살해를 실행했다는 사실이 부각되고 있다.

일본의 경찰이나 법관 관련자들은 이러한 남편을 살해하는 조선여성 에 대해 이는 조선의 "풍속 습관으로부터 나오는 특징적 범죄의 하나"라 고 단정하였다. "간통죄 및 살인죄"와 연관되는 것은 조선의 특성이라는 것이다.[5]

일본인 관료들은 본부 살해사건을 통해 아주 노골적으로 조선 문화 의 후진성을 적시하였다. 문화적으로 식민지인들은 자력으로 구래의 악 습과 미신적 사고, 도덕적 불량 상태에서 해방될 수 없기 때문에 보호가 필요하다는 주장이다. 이를 통해 제국 일본의 관리와 지식인들은 문명 의 전파자로서의 사명을 이 야만적인 식민지 조선에서 실천해야 할 정 당성을 확보해가고 있었다. 1913년에 일어난 최목석의 남편 살해사건은

5) 홍양희, 「식민지 조선의 "본부살해" 사건과 재현의 정치학」, 『사학연구』 102, 2011, 98쪽.

이를 위한 구미에 맞는 소재였다.

하지만 근대 이후 남편과 살기 싫은 여성들이 남편을 죽이기만 했던 것은 아니었다. 빈곤한 결혼생활과 소통 없는 남편에 대한 불만은 아내들의 가출·도망, 남편에 대한 이혼요구 등 다양하게 표출되고 있었다. 그러나 당시에는 결혼 자체가 강제결혼이었기 때문에 이혼 역시 본인이 원한다고 자유롭게 할 수 있었던 것은 아니다. 더욱이 법적으로 혼인신고가 되어 있는 경우, 부모의 동의가 있어야만 이혼이 가능했다.[6] 따라서 남편이나 시부모의 반대, 혹은 친정부모의 만류로 인해 여성들은 쉽게 이혼할 수 없었다. 더욱이, 가난한 하층 남성들의 결혼난이 매우 심각했기 때문에 남성들은 결혼을 위해 10년 이상 남의 집 머슴살이 하면서 돈을 모아 어린 여성을 사오는 경우도 많았다. 이러한 매매혼 상황에서 여성에게 이혼의 권리가 쉽사리 주어질 수 없었다. 이 때문에 이혼을 못하여 비관하여 자살하거나, 도망 혹은 가출하는 여성들도 나타났다. 심지어 남편과의 애정이 없고 곤궁한 결혼생활이 싫어서 스스로 몸을 팔아 창기가 된 여성도 있었다.[7]

특히 도망이나 가출은 사실상의 이혼을 관철시키기 위해 여성들이 빈번하게 선택한 방법이었다. 당시 신문에는 가난한 남편과 살기 싫어 가출하거나 도망친 사례들이 다수 보도되고 있었다.[8] 이 시기 가출은

----

[6] 「부모의 승낙이 절대필요 조선관습에 의하야 경성부청 호적계 이종현씨 담」, 『동아일보』, 1927.3.30.

[7] 「창기로 전매(轉賣)시켜 몸값까지 횡식(橫食), 생활난 끝에 닥치는 신세 안동에 가련한 소부(少婦)」, 『동아일보』, 1935.11.4.

[8] 「가난한 남편 배반 달아나다 잡혀」, 『동아일보』, 1926.11.15; 「가난한 남편과는 죽어도 살 수 없소, 집을 뛰어나온 젊은 안해」, 『동아일보』, 1935.2.21; 「가난살이 싫어서 자식 버리고 도주」, 『동아일보』, 1935.7.13; 「막벌이 남편과는 죽어도 못 살겟소 본정서에 열린 고부 쟁소(爭訴) 가난은 안해도 뺏어 평양 정성삼씨처」, 『동아일보』, 1935.4.24.

'출분(出奔)'이라 일컬어지며 사회현상의 하나로 여겨질 정도로 빈번하게 발생하였다. 가출을 감행한 여성들은 주로 20세 내외의 농촌 하층 여성들로, 미혼뿐만 아니라 기혼여성들도 상당수를 점하고 있었다.[9] 가출은 시부모와 남편의 구타와 학대, 남편에 대한 불만과 혐오, 다른 남성과의 정분 등 다양한 원인으로부터 기인했지만 생활난은 그중에서도 주요 원인 중 하나였다.

이렇게 결혼생활에 대한 불만과 거부의 여성들의 몸짓은 살처(殺妻)사건과 같은 비극적인 상황을 초래하기도 했다. 1930년대 전반 동아일보에 보도된 살처(殺妻)사건의 원인은 남편의 외도, 남편의 정신이상, 시부모의 학대, 아내의 간통, 부부싸움 등 다양하게 나타났지만, 그중에서도 아내의 동거거부는 가장 빈번한 원인이었다. 아내를 살해한 남성들은 대개 하층 남성들로 불안정한 경제적 상황 속에서 더 나은 생활과 생존을 위해 남편을 버리고 다른 곳으로 개가하려는 아내와 충돌, 아내를 살해하는 극단적인 상황으로까지 나아가고 있었던 것이다.[10]

본 사건은 가난한 남편을 싫어하고 일본인 남성을 열망했던 조선인 여성의 '그릇된 욕망'에 대한 단죄라는 점에서 관심을 끌었던 것으로 보인다. 일본인 남성이 일본에 본처를 두고 온 것에 대해서는 아랑곳한 것 같아 보이지 않는다. 피고인이 선택할 수 없었던 강요된 결혼에 대한 사회적 평가는 찾아보기 어렵다. 그 결과 최목석은 사형을 선고받고 1914년 1월 18일 서대문 감옥에서 최후를 맞이했다.[11]

....

9) 김명숙, 「일제 강점기 여성 출분 연구」, 『한국학논총』 37, 국민대 한국학연구소, 2012, 517쪽.
10) 소현숙, 「식민지시기 근대적 이혼제도와 여성의 대응」, 한양대 사학과 박사학위논문, 2013, 98~101쪽.
11) 「사형집행」, 『매일신보』, 1914.1.18.

2) 김○수 판결문(1914.12.7, 경성지방법원)

　남편에게 독약을 먹여 살해하려 했다가 미수에 그친 사건에 대한 판결이다. 1914년 12월 7일 경성지방법원에서 재판을 했다. 판결문에 사건 번호는 기재되지 않았다. 현재 국가기록원에 소장 중이며 관리번호는 CJA0000022-0020이다. 사건 내용은 다음과 같다.

　경기도 개성군 성도면에 사는 20세된 김○수라는 여성이 남편 홍○모를 살해하려다가 미수에 그쳤다. 김○수는 살인죄로 기소되었으며, 조선총독부 검사 미즈노 시게카츠(水野重功)의 간여로 심리판결을 하여 징역 10년에 처해졌다.

　검사의 구형 이유는 다음과 같다. 김○수는 13세 때 개성군 송도면의 홍○모의 처가 되어 동거생활을 하던 바 그 성질에 음탕함이 많아서 나이가 많은 남편을 싫어하는 마음이 생겨 그 사이가 원만하지 않았다. 1914년(大正3年) 음력 3월경 피고는 자기보다 연하인 개성군 북부 지정 임○룡이라는 자와 정을 통해온 이래 그 사람을 애모하는 마음이 점점 심해졌다. 피고는 남편 홍○모가 있어서는 임○룡과의 관계가 자유롭지 못하고 또 그의 사랑을 온전히 받기가 어렵다고 생각했다. 그때 같은 해 음력 9월 중 반찬 구입 대금의 건으로 남편 홍○모와 싸움을 하면서 점점 남편을 살해하고 임○룡의 사랑을 오로지 하고 싶다고 바랐다. 9월 9일 자택에서 남편의 저녁을 차릴 때에 세탁용의 가성소다 작은 손가락 마디의 큰 덩어리 4개를 가루를 내어 녹여서 두 숟가락 정도를 끓고 있는 된장국이 있는 냄비에 투입했다. 그대로 남편의 밥과 반찬을 차린 바 남편 홍○모는 동 된장국을 한 숟가락 맛을 보고 맛이 이상하다고 괴이하게 여겨 나머지를 먹지 않았다. 이 때문에 입안에 통증을 느끼는 정도에 그치고 죽음에 이르지는 않아서 피고는 살해의 목적을 달성하지 못했다.

이상의 사실은 당 법정에서 피고 자신이 말한 바이다. 김○수는 13세 때에 개성군 송도면 홍○모의 처가 된 이래 동거해 왔다. 본년 음력 3월 중 친정에 돌아가 있을 때에 자신이 유혹해서 비로소 임○룡이라는 자와 정교를 통하였는데 그 때문에 나이가 많은 남편은 싫어하게 되었다. 김○수는 남편이 죽고 젊은 임○룡과 동거하기를 바랐다. 본년 음력 9월 9일 저녁 때에 남편의 된장국을 차리고 남편은 된장국을 먹었지만 맛이 이상해서 그 나머지를 먹지 않은 사실이 있었다. 일찍이 9월 12일 남편이 부재했을 때 임○룡을 방에 들어오게 하고 문을 잠그고 동침하고 있다가 남편이 발견한 일이 있었다는 내용의 공술이 있었다.

검사의 피고 심문조서에 따르면 피고인은 임○룡과 정교를 통했는데 남편을 죽인다면 한층 애인과 자신이 사랑할 수 있을 것이라고 생각했다. 그러던 중 본년 10월에 부식물을 살 때 돈 15전을 달라고 했더니 남편은 자신이 삼정국(蔘政局)[12]에 출근해서 임금을 받고 있다고 하면서 듣고 있는 자신을 구타했다. 이 때문에 김○수는 화가 나서 드디어 남편을 살해하려고 결의했다. 동월 27일 세탁용 소다 작은 마디의 덩어리 4개를 가루를 내어 녹이고 그것을 두 숟가락 정도 끓고 있는 된장국이 있는 냄비에 투입한 끝에 남편에게 차려주었다. 남편은 된장국을 세네 수저 정도 먹고 맛이 이상하다고 괴이하게 여겨 전부 먹지 않고 나머지는 도랑에 버렸다는 내용의 진술이 있었다.

....

12) 인삼 전매를 다루는 부서이다. 대한제국 시기 탁지부 사세국 삼정과에서 업무를 보던 것을 1910년 1월 삼정국 관제를 공포함으로써 삼정국에서 인삼 전매를 담당하게 하였다.

동 참고인 홍○모에 대한 심문조서 내용을 보면 자기는 7년 전 피고를 처로 삼아 동거하고 있었는데 아내는 어렸을 때부터 그 성질이 온순하지 않은데다 점점 그 성질이 커졌다. 2년 전부터 불화했는데 본년 음력 9월 8일 처가 10전을 달라고 해서 거절했더니 처가 화가 나서 싸운 적이 있었다. 다음 날 저녁 때 아내가 된장국을 내왔을 때 한 수저 먹어본 바 혀가 찌릿찌릿했기 때문에 처에게 물어봤다. 처는 남편에게는 끓을 때 연기가 들어갔다며 다른 것을 먹으라면서 간장을 권하였다. 된장국은 그만 먹고 간장을 먹은 이래 자리에 누울 수 없을 정도로 인후부에 통증이 있었다. 그 후 사람들에게 물어보아 비로소 처가 가성소다를 먹였다는 사실을 알게 되었다. 일찍이 1914년 음력 9월 12일 밤 10시경 자신이 밖에 나갔다가 돌아왔을 때 처가 방에 열쇠를 걸고 남자를 끌어들임에 그 남자에게 힐문하니 그 남자는 개성 가교에 거주하는 임○룡이라고 했다. 자기의 처가 말하기를 그 남자가 방을 넘어 들어와 20분간 처와 동침하고 담배를 피운 일이 있었다고 했다. 자기는 그 남자가 처를 간음한다고 인식하고 그 남자를 묶어서 경찰서에 고소했다는 내용의 진술을 한 바 있다. 이들 공술 기재에 따라 살인 피고에 대한 그 증빙이 충분하다.

법에 따라 피고의 행위는 조선형사령 제41조 제2항에 따라 형법대전 제498조, 제473조, 제86조에 해당하고 조선형사령 제42조에 따라 사형에 처함이 가한 바 미수에 관계되었으므로 형법대전 제137조, 형법 제68조 제1호에 따라 그 형을 감경한다. 정해진 형 중 10년 이상의 징역형을 선택하고 그 형기 범위 내에서 피고를 징역 10년에 처함이 가하다. 압수물건은 몰수함으로써 형사소송법 제202조에 의해 모두 그 소유자에게 환부함이 가하다. 이에 주문과 같이 징역 10년을 판결한다. 조선총독부 판사 츠카하라 도모타로(塚原友太郎), 판사 사토미 간지(里見寬二),[13] 판

사 이시무라 요시타로(石村義太郎)가 판결한다. 이에 따라 피고인 김○
수에 대한 재판은 징역 10년형으로 확정되었다.

해제

1910년대 행해진 본부 살해사건에 해당하는 판결문이라 할 수 있다.
미수로 그쳤기 때문에, 통례대로 사형에 처해야 하지만 감형하여 10년
형에 처한다 하였다. 상당히 중형의 처벌을 받은 사건이라 할 수 있다.
위 사건에 적용된 형법은 다음과 같았다.

조선형사령 제41조 제2항
형법대전 제473조 · 제477조 · 제478조 · 제498조제1호 · 제516조 · 제536조 및
제593조의 죄와 그 미수범에 관한 규정은 당분간 이 영 시행 전과 동일한 효
력을 가진다. 다만, 감등에 대하여는 형법 제68조의 예에 의한다.

형법대전 제498조
제12절 친속살사률(親屬殺死律) 친속존장을 살해한 자는 다음에 따라 처
함이라. 1. 본장 제1절 제2절 제3절 제4절의 이유로 조부모, 부모나 조면(祖
免) 이상 친족장이나 남편이나 남편의 조부모 부모나 조면 이상 친족장을 살
해한 자는 교(絞). 2. 본장 제5절의 소위로 조면 이상 친족장을 살해한 자는
범인(凡人)의 률(律)로 제64조 친속등급에 의하여 형을 더하고(遞加) 제6절의
까닭으로 조부모 부모나 남편이나 남편의 조부모 부모를 살해한 자는 징역 15년
이며 그 친(親)에는 징역 3년이며 대공(大功)에는 징역 2년 반이며 소공(小

---

13) 사토미 간지는 조선총독부에 소속된 법관으로 교토 출신이다. 1910년 10월 조선총
독부 판사를 하였으며 이후 검사와 판사를 번갈아가며 역임하였다. 1932년 2월에
대구지방법원 검사장이 되었으며 1934년 10월 고등관 2등으로 승진하였다(국사편찬
위원회 한국사데이터 베이스 근현대인물자료 http://db.history.go.kr/id/im_215_11133
참조).

功)에는 징역 2년이며 시마(緦麻) 이하에는 범인(凡人)과 동일함이라. 3. 시마(緦麻) 이상 친족장에게 본장 제1절의 종범(從犯)이 된 경우에는 교(絞)이며 제2절 제3절의 종법이 된 경우에는 소공 이상 친에는 교이며 시마친에는 징역 종신이라.

형법대전 제473조

사람을 모살(謀殺)한 자에 대해 모의(造意)한 자와 하수(下手)나 조력한 자를 함께 교(絞)에 처하되 수행만 하고 하수나 조력이 없는 자는 일등을 감함이라.

형법대전 제86조

제8절 미수범 제86조 죄를 범하려 하려 음모하고 준비까지 하거나 그 일을 이미 행하였으되 그 의외의 장애나 착오됨으로 인하여 범죄에 미치지 못한 자를 미수범이라 함이라.

조선형사령 제42조

제42조 이 영 시행 후 효력을 가지는 구 한국법규의 형은 다음 예에 따라 본령의 형명으로 변경한다. 다만, 형의 기간 또는 금액은 그러하지 아니하다.

구한국법규의 형	본령의 형
사형	사형
종신역형	무기징역
종신유형	무기금고
15년 이하의 역형	유기징역
15년 이하의 유형 또는 감옥	유기금고
벌금	벌금
구류	구류
과료	과료
몰입	몰수
태형	20일 이하의 구류 또는 과료

형법대전 제137조

제137조 미수범은 다음의 기록(左開)에 의하여 처단함이라. 1호. 사형의 죄에는 1등을 감함이라.

형법 제68조 제1호

제68조 법률에 의해 형을 감경할 수 있는 1개 또는 수개의 사유가 있을 때에는 다음의 예에 의함. 1호. 사형을 감경할 수 있을 때에는 무기 또는 10년 이상의 징역 또는 금고로 함.

형사소송법 제202조

피고인이 유죄로 된 여부를 묻지 않고 몰수에 관계치 아니한 차압물은 소유자의 청구가 없을지라도 이를 도로 돌려주는 언도를 할 수 있음.

일제는 1912년 조선형사령을 제정하고 서구식 법령체제를 도입하고 대한제국의 형법대전을 폐지한다는 대원칙을 공포[14]하였다. 이는 일본의 형사법을 직접 조선에 적용하지 않고 조선형사령을 의용하는 형식이었다. '친속존장'에 대한 살인의 경우는 형법대전의 법률조항에 의해 다루는 '식민지적 특례'를 남겨두었다. 아내의 남편 살인은 바로 친속존장에 대한 살인에 해당하는 것으로, 형법대전에 따라 교수형(絞刑)으로 다루어졌다. 친속존장에 대한 살인은 종종 '패륜(悖倫)'으로 인식되는 강력범죄여서, 식민지의 '민도(民度)'와 연결시켜 식민지 지배를 정당화하려는 제국 일본의 의도의 일환으로 보인다.

본 판결은 아내의 남편 살인 미수를 살인사건으로 다루되 미수범으로 처리하여 사형을 10년의 징역으로 감하는 방식으로 피고인을 처벌하였다. 주로 '본부 살해(本夫殺害)'라 불린 일제시기 아내의 남편 살해는

---

[14] 성경숙, 「일제강점초기 조선의 형사사법구조」, 『성균관법학』 24(2), 2012, 361~362쪽.

사상범, 모르핀 중독 등과 함께 조선의 특수범죄의 하나로 생각되었다. 본부 살해사건이 일본, 타이완, 독일 등에 비해 그 수와 비율에서 압도적으로 많았다고 여겨졌기 때문이다.[15] 일본인들은 조선의 본부 살해사건을 조선의 '후진적'이고 기형적인 결혼제도, 조혼, 독부(毒婦), 정신적, 신체적 결함이 있는 남성 등 제도적, 인적 병리에서 발생하는 것으로 생각했다. 사건 자체가 살인사건이기 때문에 사건의 원인규정과 단죄도 애매하거나 더 추궁되어야 할 부분이 없는 듯이 보였을 것이다. 이는 본 사건에서 재판부가 검사의 피고인 심의조서 내용이나 남편의 진술을 거의 전적으로 받아들이며 징역 10년이라는 중형을 내리는 것으로도 확인할 수 있다.

본 판결문에서 확인한 사실은 김ㅇ수가 남편 홍ㅇ모를 죽이고자 했다는 사실 뿐이다. 김ㅇ수가 13세 때 혼인한 뒤 7년간 남편과 불화했다는 사실, 생활비 문제로 남편과 다투었다는 사실 등이 언급되기는 하지만, 김ㅇ수의 비극을 배태해낸 사회맥락적 분석은 하지 않는다. 김ㅇ수의 살인 동기에서 가장 부각되는 사실은 오로지 김ㅇ수에게 연하의 애인이 있었다는 점, 김ㅇ수의 성질이 온순하지 않았다는 점 등이다. '음탕한 성질이 많다'는 표현도 판결문에 등장한다. 사건을 초래한 주변 사적, 공적 조건을 돌아보기보다 피고인 자체의 기질로 몰고 간 것이다. 그리고 그러한 기질은 '조선인의 기질'로 쉽게 일반화해버린다. 그 사실을 증명하는 존재로서 법정에 선 김ㅇ수는 정상참작의 여지가 없는 확신범으로 규정되었던 것이다.

----

15) 일본인 의사 쿠도 다케시로(工藤武城)는 조선총독부 기관지 『조선(朝鮮)』 1929년 3월부터, 또 1933년 2월부터 조선인 여성의 본부 살해에 관한 논문을 각각 총 7회에 걸쳐 연재하고 조선에는 여성 살인범이 특히 많다고 논증하였다(홍양희, 앞 논문, 88쪽).

3) 김○이 판결문
(1916년 형공 제422호, 大正5年刑控第422號, 경성복심법원)

남편을 독살하려다가 미수에 그쳤다는 혐의로 재판을 받은 사건이다. 이른바 식민지 시기 일본인 법관, 의사 등에 의하여 '조선의 특수범죄'로 지적되었던 '본부 살해'에 해당하는 사건이다. 국가기록원에 보존되어 있는 자료로서 문서번호는 CJA0000179-0013이다. 1916년 9월 27일 공주지방법원에서 징역 7년을 언도받은 사건으로 피고 김○이가 항소하여 경성복심법원에서 1916년 10월 18일 다시 심리하였으나 기각되었다.

복심법원 판결문을 통해 확인할 수 있는 사건 내용은 다음과 같다. 사건번호는 1916년 형공 제422호(大正5年刑控第422號)이다.

피고 김○이는 충청북도 청주군 남일면 박○학의 처가 된 뒤 수년전부터 비밀리에 같은 마을 남○희와 정교를 통하고 있었는데 남편(本夫)이 눈치를 챘다. 그러나 피고인은 오히려 남편 ○학을 살해하고 애인과 정교를 계속하고자 하였다. 그 기회를 살피던 중 1916년(大正5年) 음력 6월 19일 남편이 복통이 일어나서 외출했다가 자택으로 돌아온 뒤 피고인에게 익모초 즙을 달여 달라고 했다. 피고는 이 기회에 살해할 것을 드디어 결의하고 부근에서 채취해온 익모초를 달여낸 즙에 세탁용 가성소다를 계란의 3분의 1로 풀어 섞어 익모초 즙이라고 남편에게 마시게 하였다. 남편이 두 모금 마셨으나 매우 고통이 심해 구토를 하였으므로 살해 목적은 이루지 못하였다.

이상의 사실은 검사의 피고 김○이에 대한 심문조서에서 판시된 바이다. 법에 비추어 봤을 때 피고의 행위는 형법대전 제498조 제1호, 제

473조 조선형사령 제42조에 의한 죄의 미수로서 형법대전 제137조 형법 제68조 제1호를 적용하여 그 형을 감경하여 유기징역형에 처한다. 또 정범(犯正) 관계에 의하여 동법 제66조 제71조 제68조 제3호를 적용하고 그 형의 감형하여 형기범위에 대해서 피고를 징역 7년에 처한다.

해 제

본 사건의 판결은 전적으로 검사의 심의조서에 의지하고 있다. 검사 오쿠다 슌(奧田畯)이 구성한 범죄의 내용은 다음과 같다. 올해 25세된 김ㅇ이는 같은 동네 사는 남ㅇ희와 비밀리에 정을 통하고 지내며 남편 (本夫)을 살해할 기회를 엿보았다. 남편이 복통으로 익모초를 달여 달라 고 요청한 것을 기회로 양잿물을 먹여 남편을 살해하려다가 남편이 구 토를 한 탓에 실패로 돌아갔다. 이상의 내용은 김ㅇ이를 심문조서와 박 ㅇ학의 진술조서를 기본으로 재구성됐다고 한다. 익모초즙 만으로는 구 토할 수 없다는 감정인의 발언 내용이 피고의 독살혐의를 뒷받침하였 다. 이에 따라 피고인은 살인 미수죄로 징역 7년에 처해졌다.

이상의 내용은 「전약(煎藥) 중에 양잿물, 간부, 서방을 죽이고자」와 같은 제목으로 다음과 같이 당시 『매일신보』에 보도되었다.

충청북도 청주군 남일면 송림리 사는 김련이(25)란 계집은 박운학이라는 자의 처로 수년전부터 동리 남면희란 자와 남몰래 관계를 맺어오다 그러나 본부가 있어 자유를 얻지 못하여 항상 남편에 대한 악의가 있던 중 드디어 죽여 버릴 꾀를 생각하고 그 기회만 찾고 있을 때 하루는 남편 박운학이가 복통이 일어나 익모초를 달여 달라고 김련이에게 부탁하매 련이는 다행히 여겨 익모초를 달여 짠 물에 양잿물을 풀어 혼입한 후 운학에게 준 즉 운학 은 조금 먹다가 즉시 토한 까닭에 목적을 달치 못한 죄로 공주지방법원에서 징역 7년의 판결을 언도하였더니 불복하고 경성복심법원에 공소하여 심리 중 동 원에서 지나간 18일 공소 기각이 되었다더라.

(『매일신보』, 1916.10.22)

이 사건은 피고가 억울함으로 호소하여 항소한 사건이었지만, 복심법원 판결문 속에서도, 당시 사건 보도 속에서도 항소 이유를 찾아볼 수 없다. 또한 항소 내용을 둘러싼 공방 다툼도 없이 검사의 주장이 일방적으로 관철되는 경향을 보이고 있다. 범죄의 사실이 있든 없든, 피고인의 말을 듣고 판단할 기회조차 주지 않는 것은 공정한 재판이라 할 수 없다. 피고인은 1심과 같이 징역 7년형을 확정지었다.

2
주세령 위반 피고사건

1) 김주석 판결문(1916.10.18, 대구지방법원)

이 판결문은 국가기록원 소장 형사판결원본(관리번호 CJA00001237-0034, 생산년도 1916)에 수록되어 있으며 사건번호는 없다. 주세령 위반 사건에 관한 약식 판결문인데, 주세령 위반 사건은 대체로 이와 같이 간략한 내용으로 구성되어 있다. 본 사건의 내용은 다음과 같다.

경상북도 성주군 성주면 성산동에 사는 김주석은 주세령 위반으로 태 30에 처해지는 처벌을 받았다. 또 압수된 항아리 1개는 몰수되었다. 이 사건은 조선총독부 검사 호카마(外間現篤)가 간여하고 판사 스에히로(末廣淸吉)가 판결하였다.

김주석의 위반 내용은 다음과 같다. 김주석은 면허를 받지 않고 1916년 9월 1일 자기 집에서 쌀 5되, 밀가루 2되, 물 5되를 발효(醱和)시켜 압수에 관계된 항아리를 용기(容器)로 삼아 탁주(濁酒) 1말 2되를 제조했다. 법에 따라 김주석의 행위는 주세령(酒稅令) 제5조, 제31조에 해당하는 것으로써 벌금 30원에 처하고 정상에 의거 조선태형령 제2조, 제4조에 따라 태 30에 처한다. 압수물건은 위의 법조에 따라 그것을 압수한다.

해 제

일제는 1904년 메가다 다네타로(目賀田種太郎)가 한국정부 재정고문에 취임하면서 주조업을 새로운 재원으로 주목하여 주류에 대한 과세계획을 세우기 시작했다. 1909년 발포된 주세법의 주요내용은 주류를 양성주(醱成酒), 증류주(蒸溜酒), 혼성주(混成酒) 세 가지로 구분하고 주류

제조자는 제조장 1개소마다 면허를 받아야 한다. 또 주류 제조자는 매년 11월 말까지 다음해 제조할 주류와 조석수(造石數)를 정하여 관할 재무서에 신고해야 하고 면허를 받지 않고 주류를 제조하는 자는 2원 이상 200원 이하의 벌금에 처한다는 것 등이었다.[16)

강점 뒤 1916년에 조선총독부는 제령 제3호로 주세령(酒稅令)을 발포하여 주조업에 대해 본격적으로 통제했다. 주세령은 1914년에 수립한 조선총독부 재정자립계획의 일환으로 이미 예정된 것이었으나, 다소 늦게 시행된 것은 1913년에 지세를 높이고 연초소비세를 신설하여 조선인들의 민심을 일정정도 고려하지 않을 수 없었기 때문이다.[17)

1916년에 주세령을 시행할 수 있었던 것은 주세법 시행기에 주조자의 존재가 대체적으로 파악되었기 때문이다. 이를 테면 1915년 5월 29일에 『매일신보』는「조선의 양조주(釀造酒), 조선서 빚는 술이 얼마 탁주 빚는 자가 삼십만」이라는 제목으로 다음과 같은 기사를 실었다.

총독부에서 최근에 조사한 주세표(酒稅表)를 본즉 작년 11월 현재의 양주 면허 인원수는 38만 8,395명이나 되고 술 만드는 석수는 142만 1,500석이라 하며 이에서 증수되는 세금은 4,007만 3,566원이라는데 이를 대정 2년 11월 현재와 비교하면 인원에 1만 8,216인 양조석수에 10만 9,291석이 증가되었는데 이와 같이 현저히 증가되었음은 해마다 술 먹는 사람이 늘어가는 것이 아니라 각부 각군의 조사가 대단히 주밀하게 된 까닭이라더라. 그런데 그 술의 종류와 면허 인권과 양조석수로 말하면 일본청주는 8,307명의 면허인이 4만 9,176석을 양조하고, 약주는 6,613인의 면허인이 3만 2,896석을 양조하는데 그중에서 양조석수라든지 면허인이라든지 제일 많은 것은 탁주라. 31만

....

16) 『官報』, 1909.2.18.
17) 김승연, 「1905년~1930년대 초 일제의 酒造業 정책과 조선 주조업의 전개」, 『한국사론』 32, 1994, 79쪽.

9,620인이 122만 8,464석을 양조한다 하고 또 지나 황주(黃酒)와 기타 잡주를 양조하는 자도 있으나 인원은 불과 7명이오. 양조 석수도 95석에 불과하더라. 그 중에서 청주면허를 많은 사람은 일본인이지만은 기타의 종류는 다 조선사람이고 또 주세액을 종류내로 구별하면 청주 1만 1,670원 약주가 8,538원, 탁주가 33만 8,316원, 잡주 19원이라더라.

(『매일신보』, 1915.5.29)

1915년 5월의 단계에서 주조업자와 주조량에 대한 각 부 각 군의 조사가 "대단히 주밀하게" 되었다고 평가하고 있는 것이다. 이에 따라 1916년 4월,『매일신보』는 주세령의 공포를 예고했다.

주세령의 개정

대정 5년도부터 실시할 주세령 개정안은 기(旣)히 성안되어 목하 참사관실에서 심의 중인 고로 총독의 결의를 경(經)하여 불원(不遠)하여 법제국에 회부할 터인데 안의 내용은 아직 발표를 허(許)치 아니하나 종래의 주조세는 태(殆)히 조선주를 안목으로 하였음으로 비상히 저렴한데 차에 대하여 약간의 증수를 행코자 함이니 여사(如斯)하면 수이입주에 대한 세액이 자연 체감의 결과를 생(生)하여 과세의 공평을 실(失)하는 혐(嫌)이 유함으로 주조세의 인상과 공(共)히 역(亦) 차등 수이입주에 대하여 일종의 소비세를 과함에 재(在)하고 차(且) 기(其) 실시기는 상(尙) 불확실하나 어(御) 재가를 허하는대로 발포 실시함을 견하겠는데 지(遲)하여도 본년 9월을 불과(不過)하리라더라.

(『매일신보』, 1916.4.18)

이에 따라 조선총독부는 1916년 7월 25일 주세령의 시행을『관보(官報)』에 공포하는 데 이어 9월 1일부터 실시했다.[18] 주세령의 주요 내용은 조선주를 '조선 재래의 방법에 의하여 제조하는 탁주, 약주 및 소주'

라고 규정하고 종래 주세법의 양성주, 증류주, 홍성주의 구분을 양조주(釀造酒), 증류주(蒸溜酒), 재제주(再製酒)로 고친다는 것, 또 1석 당의 세율을 정하여 만드는 양에 따라 과세액을 산출하는 방식으로 전환함과 동시에 세율을 인상한다는 것, 증류주와 재제주는 그 주정(酒精) 함유 도수에 따라 세율을 구분한다는 것, 1개 주조장에서는 1주조 년도에 청주 100석 이상, 맥주 500석 이상, 주정과 비조선 탁주는 50석 이상, 조선주인 소주는 2석 이상, 기타 주류는 한 가지 당 5석 이상을 제조하지 못하는 자는 면허를 주지 않는다는 것, 기존의 자가용(自家用) 술 면허소지자에게는 '조선주'에 한하여 제조량을 소량으로 제한한다는 것 등이었다.[19] 종래 주세법과 다른 내용은 1석 당의 세율에 제조량을 곱하여 과세액을 산출한다는 것이다. 이에 따라 소비세 본연의 성격을 가지게 되면서 세율이 상당히 인상되었다. 주세령 실시에 대한 당국의 입장은 다음과 같이 사설을 통해 홍보되었다.

사설: 주세령과 소득세

구(久)히 문제되던 조선 주세령은 25일의 관보로써 발포하여 9월 1일부터 시행케 하였는데 재정독립계획의 당시에 당국에서는 장래에 가급적 부세의 다양에 긍치 않는 방침 하에서 토지, 시가지, 주(酒) 급(及) 연초의 4종을 한(限)하여 과세케 하였음은 세인의 숙지하는 바오. 차는 기정의 사실에 불과한지라 본래 대정 4년도부터 시행할 의사이더니 대정 3년에는 지조(地租)의 증징(增徵)과 공(共)히 시가지 세령을 시행하고 우(又) 7월에는 연초세의 실

----

18) 주세령의 공포: 조선주세령은 제령 제11호에 의하여 25일의 관보로써 공포하기로 하였는데 동령은 전문 53조로 성(成)하였으며, 조선 탁주는 1석 70전, 일본 청주는 1석 5원을 과세하고 수세입에 대하여 5원을 부과한다는데 기(其) 실시기는 9월 1일 이라더라(『매일신보』, 1916.7.25).

19) 『매일신보』, 1916.7.26.

시를 견(見)하는 등 과세가 상계(相計)함으로써 당국에서는 기 정상을 참작하고 시기를 사(俟)하여 금회에 공포한 터인데 기 세율은 조선주 1석에 70전이라 종래의 평균 20전됨에 비하면 일견에 고율됨과 여(如)하나 재래의 세율은 소위 간접세에 지(止)하여 인민으로 하여금 조세에 순(馴)케 하기 위함에 불외한 고로 차와 대복(對覆)할 것이 아님은 논할 것도 없고 우(又) 청주의 세율은 1석 5원인데 내지의 1석 20원을 부(賦)함에 비하면 현저히 염가라 위(謂)할지오. 차(且) 수이(輸移) 주류에 대하여도 차와 동일의 소비세를 부하여서 기 과세의 균형을 보지(保持)케 함을 기하였으니 요컨대 본령은 내지의 세법에 접근코자 함이오. 기 방법도 역(亦) 내지의 주세법을 모방함이라. 원래 주세와 여(如)함은 사치품에 불과한 고로 과세의 목적으로는 극히 습호(恰好)한 자이나 조선의 현상은 민도가 저하하고 생활이 간단할 뿐 아니라 기 주가(酒價)가 역(亦) 극히 염가인즉 차에 대하여 동일한 세율을 과함은 원래 부적당함이니 차가 금회의 세령이 내선주(內鮮酒)에 현저한 상위(相違)를 부(附)한 소(所)라 부(夫) 주류는 국민의 경제상에 악영향을 급(及)케 함이 불소한 즉 주류의 감소를 수(隨)하여 국민의 기주성(嗜酒性)까지 감각(減却)케 함이 역(亦) 위정(爲政)의 방침이라 할지니 고지성왕명주(古之聖王明酒)가 금주령을 발(發)함이 양유이야(良有以也)라. 연즉 금회의 주세령과 여(如)함도 최고도의 아직 저하한 조선의 민도를 감(鑑)하여 차에 적응한 세율을 부(附)하여도 미위불가(未爲不可)이나 연이나 아직 저하한 조선의 민도를 감하여 차에 적응한 세율을 부함은 당국의 민정을 동실(洞悉)한 증좌이니 각 주류업자가 본령의 발포된 소이를 심구(深究)할진대 스스로 감발(感發)할 바 유할지오.

소득세의 적용은 법인(法人)에 한하고 개인은 간여치 아니하니 시(是)는 조선의 현상이 아직 일반 개인의 소득에 대하여 과세할 정도에 지(至)치 못한 고야(故也)라. 개(蓋) 조선의 법인 즉 제 회사에 재하여는 기 주주가 태반 내지인사의 점한 바 되었는데 내지에서는 법인에 대하여 소득세를 과함으로서 차에 의하여 득한 각자의 소득에는 과세치 아니하나 조선에 재하여는 종래에 차 세법이 무(無)함으로 기 배당에 대하여는 경(更)히 내지에서 개인의 소득으로 과세되는지라. 고로 기 세액이 비교적 고율이 되어 내지인 자본가의 불편이 심하니 동척 대주주와 여(如)함은 일찍 조선에 법인의 소득세법을 설하여 상당한 세율을 부(賦)하기를 희망하고 타이완에서도 현재 법인의 소득세법을 통용하여 차 불편을 면하였으니 차가 원래 지당한 처치라 위(謂)할지라. 선내에서 득한 이익은 선내에서 기 일부를 철회할 것인 고로 당국에서는 과반 래(過般來)로 중앙정부와 교섭한 결과 수(遂)히 칙재(勅裁)를 앙(仰)하여 금회의 공포를 견하였으니 차가 실시되는 일(日)에는 조선내에는 거주하는 주주에 대하여는 다소 불리의 점을 불면할 것이나 자금의 유입에 공헌함은 개(蓋) 선소(鮮少)치 아니하리로다.

(『매일신보』, 1916.7.26)

1916년 주세령의 시행으로 자가 양조가 제한되고 고율의 과제로써 강권으로 주류의 상품화가 시작되자 조선인들은 '밀조(密造)'라고 불린 몰래 양조를 통해서 주세령에 대응하였다.[20] 주세령이 시행되고도 제조업자 신고를 한 사람은 10퍼센트 정도에 불과했고[21] 밀조는 광범위하게 이루어졌다. 주로 탁주가 밀조되었는데, 이는 식량으로 대용되던 탁주를 싼 값에 쌀을 팔아 비싸게 사 마셔야 하는 데 대한 불만이 컸던 데다가 제조가 쉬웠던 데 원인이 있었다.[22]

....

[20] 김승연, 앞 논문, 124쪽.

[21] 자가용(自家用) 주류제조자의 주의를 요함: 주세령 시행 전(前)에 재(在)한 경성부영내 자가용 주류제조업자는 태(殆)히 3백인에 달하였으나 주세령에 의하여 예량석수(豫量石數)를 신고한 자는 자금(自今)까지 근(僅) 29명에 불과하니 만일 9월 1일부터는 제조업자로 취급하기로 되었고 종(從)하여 1석 미만의 제조자라도 탁주 약주는 5석까지, 소주는 2석까지 제조한 자로 간주하여 탁주는 3원 50전, 약주는 7원 50전, 소주는 10원 이상의 주세를 부과할 터인즉 자가용 주류의 제조 계속을 희망하는 자는 여하간 9월말까지 예정 석수(石數)를 경성부청에 신고함에 가하겠고 혹 자가용의 신고를 아니하면 탁주 1석까지 1원이나 제조업자의 취급을 수(受)할 시는 1석에 70전을 납(納)하면 족하리라고 사유하는 자 유(有)하니 차는 다대한 오해인즉 충분히 주의함이 가하겠더라『매일신보』, 1916.9.27).

[22] 김승연, 앞 논문, 124쪽.

본 판결문의 피고인은 주세령 시행 첫 해에 그 위반자로 처벌을 받은 자이다. 자신의 집에서 탁주를 제조했다가 주세령 위반으로 검거된 사건이다. 피고인이 제조한 탁주는 1말 2되, 곧 20리터가 조금 넘는 양이었다. 쌀 생산지와 관계가 깊은 탁주는 황해도 이남지역에서 1년 내내 소비되며 남쪽지방일수록 소비가 증가한 술이었다.[23] "중산자 이상의 음료"로 인식된 약주에 비하여 "하등사회의 음료"로 인식된 술이었다.[24] 피고인이 제조한 술의 양을 봤을 때 농사일을 하는 피고인이 집에서 스스로 먹거나 손님을 접대하기 위해서 탁주를 만든 것으로 보인다. 이시기 일반적인 농가의 관습이었을 것이다.

피고인의 처벌에 관계된 법령은 다음과 같다.

주세령

제5조

주류를 제조하려는 자는 제조장 1개소마다 면허를 받아야 한다. 주류제조자가 제조를 폐지하려고 할 때에는 면허 취소를 요청한다. 주류제조 영업은 조선총독이 정한 바에 따라 상속인이 이를 계승할 수 있다.

제31조

면허를 받지 않고 주류를 제조하는 자는 2천원 이하의 벌금 또는 과료에 처한다. 이 경우에 그 주류의 용기는 제조에 쓰이지 않은 것이라도 모두 제조자에게 속한 것일 때는 그것을 몰수할 수 있다.

조선태형령 제2조

100원 이하의 벌금 또는 과료에 처함이 가할 자가 다음 각 호의 하나에 해

---

23) 김승연, 앞 논문, 71쪽.
24) 統監府財政監査廳, 『韓國酒造業調査報告』, 1907, 1~2쪽.

당할 때에는 그 정상에 의하여 태형에 처할 수 있다.

1. 조선 내에 일정한 주소를 가지지 아니하는 때
2. 자산이 없는 것으로 인정할 때

제4조

본령에 의하여 태형에 처하거나 또는 벌금 또는 과료를 태형으로 바꾸는 경우에서는 1일 또는 1원을 태 1로 절산(折算)한다. 그 1원을 채우지 않는 것은 이를 태 1로 계산한다. 단 태는 5를 내릴 수 없다.

곧 피고인은 벌금 30원에 처해졌는데, 이는 태 30에 해당했다. 이즈음 소 한 마리 가격이 54원 정도[25]였음을 생각했을 때 벌금 30원은 농가 가계에 큰 부담이었을 것이다. 자산이 없어서 벌금을 낼 수 없을 때에는 조선태형령에 따라 볼기(笞)로 대신할 수 있었다. 조선총독부는 1912년 3월에 조선태형령을 공포하여 즉결심판 대상이 되는 행위에 대해서 일본인에게는 구류 또는 과료형을, 조선인에게는 태형을 실시함으로써 경죄에 대한 형벌의 이원화 구조를 형성하였다. 조선인 죄수 대부분이 영예심이나 수치 관념이 없는 열등한 인물들이라 구류와 같은 자유형으로는 형벌 집행 효과를 달할 수 없다고 조선총독부가 인식했기 때문[26]이었다.

본래 조선태형령은 강점기 이전 조선 사회에서 태형에 처했던 범죄 종목에 조선총독부가 '처벌의 효과'를 운운하면서 그대로 태형을 부과할 수 있도록 남긴 법이었다. 그러면서 3월 이하의 자유형 및 100원 이하의 자유형에 처해야 할 경우에도 그것을 태형으로 전환할 수 있도록 했다.

....

[25] 「10원 지폐를 철필로 위조」, 『매일신보』, 1917.2.10.
[26] 도면회, 『한국근대형사재판제도사』, 푸른역사, 2014, 505~506쪽.

이로써 태형은 주된 법정형이 아니면서도 환형이 가능한 영역에 무한히 적용할 수 있는 형벌이 되었다. 태형으로 환영되는 비율은 1910년 내내 증가하는 추세[27]였는데, 이는 당시 조선총독부의 조선인에 대한 형 집행 방향이 어디에 있었는지 보여준다. 근대 행형에 비해 전근대적이고 폭력적이라 여겨진 처벌 방식으로 조선인을 길들이려 했던 것이다. 특히 "오늘에 한 법이 나오고 내일에 또 한 법이 나오는"[28] 상황 속에서 기존의 수많은 관행들이 새롭게 '범죄화'되어 태형처벌－교화의 대상이 되었다.[29] 여기에는 주세령 위반으로 처벌을 받은 피고인들도 포함되었다. 관행적으로 자급자족해오던 먹거리가 1916년에 들어와 법의 통제 안에 놓이게 되면서 어제의 관행들이 오늘의 '범죄'가 되어 처벌의 대상이 되었던 것이다.

27) 염복규, 「1910년대 일제의 태형제도 시행과 그 운용」, 『역사와 현실』 53, 2004, 205~ 206쪽.
28) 『매일신보』, 1911.3.28.
29) 염복규, 앞 논문, 211쪽.

2) 유병헌 판결문(1918.3.25, 대구지방법원)

주세령 위반과 보안법 위반이 결합된 사건으로 1918년 3월 25일 대구지방법원에서 판결을 하였다. 국가기록원에 소장되어 있는 자료로 관리번호는 CJA0001258-0121이다. 경북 칠곡군 북삼면 숭오동에 사는 유병헌(劉秉憲)은 밀주를 만들다 주세령 위반으로 검거되었는데, 자유롭게 술을 만들지 못한다는 사실에 분개하여 일본의 한국 강점을 비판하였다. 이미 두 차례 보안법 위반에 의해 처벌받은 경력이 있는 자로 평소에 정치인식이 높고 실천에 과감했던 인물이었다. 그 내용은 다음과 같다.

피고는 한일 병합을 분개하고 이후 불온한 언동을 하여 일찍이 두 차례 보안법 위반에 의해 처형된 자임에도 불구하고 전혀 개선의 뜻이 없었다. 1918년 2월 7일 관할 칠곡군에서 피고가 주류를 밀조한 사실을 발견하고 피고의 자택을 검문하여 탁주 4되를 압수하였다. 피고는 이에 분개하여 출장차 온 군서기 등에게 "일본인을 따르는 자는 살해해야 한다"고 화내고 소리 지르며 폭행함에 따라 동반한 경찰관이 이를 제지했으나 쉽게 응하지 않았다. 그 자리에서 오히려 "우리 조선에서 태어나서 우리 황제를 배반하고 일본을 따른 군수와 같은 자는 개와 말만도 못한 자이다. 세금은 우리 황제에게 납부해야 한다. 죽어도 적국에게 주어서는 안 된다. 우리보다 일본의 법률을 따를 것이 아니다. 면장 서기들아, 우리 황제에게 납부해야 할 세금을 함부로 뺏는 것은 무슨 일인가. 역적들아, 국권 회복 후 반드시 너희들을 노예로 삼고 유형(有形)에 처하며 그 가산을 몰수할 것이다"는 취지를 기재한 서면 및 광고문이라고 제목 붙인 "우리나라를 망하게 한 놈은 왜놈이고 그 보복의 생각은 한시라도 잊은 적이 없다. 그리고 나 스스로 술을 만들고 나 스스로 마시는데 감히 일본이 간섭할 필요가 없다"는 취지를 기재한 서면을 품에서 꺼내어 군수에게 교부할 것이라고 하고 군서기 고토(後藤強哉)에게 제출했다. 이어서 올해 3월 6일 약목 헌병파견소 앞으로 '일본내각 부패문(日本內閣腐敗文)'이라고 제목 붙인 "일본의 정치는 분명하지 않으면 그 멸망은 가까이에 있다. 우리는 늘 옛 임금을 원하고 이에 따르겠다"는 취지를 기재한 서면 및 '스스로 맹세의 절구(絶句)'라고 제목 붙인 "국가의 원수를 보복하지 못하고 죽음은 천추의 한이다. 일본인을 몰아내지 않으면 안 된다"는 내용의 시구를 보냈다.

또한 그날 칠곡군청 앞으로 '일본병참 소시문'이라는 제목으로 "우리나라가 망해서 옛 임금의 근심이 한이 없다. 우리는 시종 복수의 생각을 끊은 적이 없고 늘 옛 임금을 사모하고 융희(隆熙) 법률을 지키고 일본의 풍속은 하나도 준행한 적 없다. 우리 술은 우리가 빚고 우리 왕에게 바친다. 결코 일본의 간섭을 요하지 않는다. 예를 들어 몸은 토막(寸斷)이 되더라도 영혼은 반드시 당신의 원수를 갚을 것이다"라는 취지를 기재한 서면을 발송함으로써 정치상 불온한 언동을 하고 치안방해를 한 자로 이상의 각 행위는 연속의 의사로 범한 것이다.

피고는 주류 제조의 면허를 취득하지 않고 1918년 2월 4일 위의 피고 집에서 제멋대로 쌀 2되, 누룩 1되, 물 2되를 압수한 단지에 섞어 넣고 탁주 4되를 제조한 자이다. 이상의 사실은 피고가 당 공정에서 한 각 판시 동 취지의 공술과 첫 번째 판시의 각 문서와 동 취지의 기재가 있는 증 제1호~제4호를 종합하여 이를 인정한다.

법률에 비추어 피고의 첫 번째 행위는 보안법 제7조,[30] 형법 제55조,[31]

....

30) 1907년 7월 29일 통감부령으로 제정된 보안법 제7조는 "정치에 관하여 불온한 언론

조선형사령 제42조[32])에 해당하고 소정형 중 2년 이하의 징역형을 선택한다.

두 번째 행위는 주세령 제31조[33])에 해당하고 두 죄가 병합에 관계되므로 형법 제45조, 제48조 제1항을 적용하고 피고를 징역 1년 및 벌금 20원에 처해야 한다. 만약 위 벌금을 완납하지 못했을 때에는 동 제18조에 따라 20일 동안 노역장에 유지해야 한다.

차압 물건 중 탁주 4되 및 단지 1개는 동 제19조에 의해 이를 몰수한다.

그 나머지는 몰수에 관계되지 않으므로 형사소송법 제202조에 따라 각 처분하기로 한다. 따라서 주문과 같이 판결한다.

위의 판결에 따라 피고 유병헌은 징역 1년 및 벌금 20원에 처해졌으며, 벌금을 완납하지 못할 경우에는 20일 동안 노역장에 유지하는 처벌을 받았다. 조선총독부 검사 나가오(長尾戒三)의 관여 하에 심리한 사건이다.

....

동작 또는 타인을 선동 교사(敎唆) 또는 타인의 행위에 간섭함으로 인하여 치안을 방해하는 자는 50이상의 태형, 10개월 이하의 금고, 2개년 이하의 징역혜 처함"으로 규정되어 있다.
31) 형법 제55조 연속하는 몇 개의 행위가 동일 죄명에 저촉될 때에는 하나의 죄로 보아 이를 처단한다.
32) 조선형사령 제42조 이 영 시행 후 효력을 가지는 구 한국법규의 형은 다음 예에 따라 이 영의 형명으로 변경한다. 다만, 형의 기간 또는 금액은 그러하지 아니하다. 구 한국 법규의 형 이 영의 형, 사형, 무기징역, 종신유형, 무기금고, 15년 이하의 역형 유기징역, 15년 이하의 유형 또는 금옥(禁獄) 유기금고, 벌금, 구류, 과료, 몰입 몰수, 태형 20일 이하의 구류 또는 과료.
33) 주세령 제31조 면허를 받지 않고 주류를 제조하는 자는 2천원 이하의 벌금 또는 과료에 처한다. 이 경우에 그 주류의 용기는 제조에 쓰이지 않은 것이라도 모두 제조자에게 속한 것일 때는 그것을 몰수할 수 있다.

해 제

　피고인이 보안법 위반 혐의로 최초로 검거된 때는 1912년 12월로 보인다. 『매일신보』에는 「보안법의 위반」이라는 제목으로 다음과 같은 기사가 실렸다.

　　인동군 양목면 상강동에 사는 양반 유생이 항상 불량한 일이 있음으로 거년 분에 보안법을 범함으로 고발되어 그곳 지방법원에서 징역 1개월에 처분하였더니 금년 출옥 후에도 아직 불량한 행위가 있는데 거월경에 토지 소유를 신고하라 하는 명령이 있으되, 일향 신고를 아니함으로 지난 10월경에 토지조사국 서기는 토지조사령 제4조에 대하여 토지소유신고를 재촉해도 피고인은 관계치 않다 하여 신고치 아니하도록 함으로 보안법 위반으로 고발되어 지방법원으로 보냈다더라.

(『매일신보』, 1912.12.11)

　곧 양반 유생인 피고인은 1912년에는 토지조사령에 따르지 않아서, 1918년에는 주세령에 따르지 않아서 징역형에 이르는 중형을 처벌받았다. 한일병합에 따른 식민권력의 국가로서의 권위를 무화하면서 처벌에 대해서도 강하게 반발했다. 조선총독부는 조선의 근대화를 위한다는 명분으로 일방적으로 법령을 공포하고 단속했지만, 이는 조선인들의 일상을 불법으로 만들었으며, 조선인으로부터 동의를 받지 못하는 일이었다.

3

강도 등(방화, 상해, 모살/의병) 피고사건

1) 김병일 판결문
(1914년 형상 제17호, 大正3年刑上第17號, 고등법원)

　국가기록원에 소장 중인 1914년 형사재판판결서에 포함된 판결문이다. 국가기록원의 관리번호는 CJA0000197-0006와 CJA0000432-0049이다. 각각 경성복심법원과 고등법원의 판결문에 해당한다. 피고인들은 강도, 방화, 강도상인(強盜傷人) 및 살인 등으로 피소되었지만, 실상은 군자금 모집 활동에 대한 재판이다. 경북 봉화에 사는 피고인들은 1911년부터 1913년까지 군자금 모집 활동을 하다가 검거되어 1913년 12월 13일 함흥지방법원에서 사형이 언도되었다. 피고인들은 1심 판결에 대하여 항소하였으며, 사건은 고등법원까지 올라갔다. 그 내용은 다음과 같다.

　경상북도 봉화에 사는 김병일이 강도, 방화, 강도상인(強盜傷人) 및 살인 등 피고사건으로 1913년 12월 13일 함흥지방법원에서 언도한 판결 중 유죄부분에 대하여 항소하였다.

　피고인의 피의 사실은 다음과 같다.

　첫째, 1911년(明治44年) 음력 6월 20일 밤 김영수(金永壽) 외 수 명과 같이 재물을 빼앗을 목적으로 총기를 휴대하고 강원도 삼척군 원덕면 심동지 집에 돌입하여 그에게 총기를 내밀고 협박하여 돈 20원을 탈취했다.

　둘째, 같은 해 음력 6월 7일 경상북도 봉화군 소천면 성인근(成仁根) 집에서 김영수 외 수 명과 같이 그 동류 중의 천태화(千泰和) 및 그의 동생 천성화(千聖和)와 장물 분배의 건에 대하여 말다툼을 했다. 마침내 피고들은 격분하여 즉시 위 2명을 죽이려고 결의하고 당장 위 2명을 결박하여 총과 곤봉으로 차례 차례 박살했다.

셋째, 같은 해 음력 7월 15일 김영수와 같이 재물을 겁탈할 목적으로 곤봉을 휴대하고 경상북도 봉화군 소천면 권장의(權張儀) 집에 돌입하여 그에게 곤봉을 대고서는 "금전을 내놓지 않으면 죽이겠다"고 협박하고 돈 6원을 탈취했다.

넷째, 같은 날 앞과 동일한 목적으로 김석순(金碩順) 외 1명과 같이 총기를 휴대하고 강원도 삼척군 원덕면 박도화(朴道和)의 집에 돌입하여 이장 김형서(金炯瑞)를 이 집에 불러다가 결박한 후 총기로 구타하며 "돈을 내라"고 강박하고 돈 20원을 탈취했다.

다섯째, 1911년 9월 11일 오전 3시경 사문성(史文成) 외 수 명과 같이 앞과 동일한 목적으로 총기와 군도를 가지고 경상북도 소천면 강성언(姜聖彦) 집에 돌입하여 그에게 총기를 내밀고 "군용금을 내 놓으라"고 압박하여 돈 20원과 명주 1필을 탈취했다.

여섯째 같은 해 음력 7월 20일 밤 사문성 외 수 명과 같이 앞과 동일한 목적으로 총기와 검을 가지고, 강원도 삼척군 원덕면에 있는 홍이섭(洪理燮)의 집에 들어가서 총기로 그를 구타하고 돈 20원과 무명 5필을 강제로 빼앗았다.

일곱째, 1912년 음력 5월 30일 밤 성병태(成炳台) 외 수 명과 같이 앞과 동일한 목적으로 총기를 휴대하고 경상북도 안동군 풍북면 권병두(權丙斗) 집에 들어가서 그를 총기로 구타하고 돈 4원 외 3점을 탈취했다.

여덟째, 경상북도 봉화군 소천면 석포리 이장 고성기(高聖基)에게 원한을 품은 일이 있어서 이를 보복하지 않으면 안 되겠다고 결심했다. 성병태(成炳台) 등과 같이 1912년(大正元年) 음력 7월 10일 밤 총기를 가지고 그의 집에 갔다. 고성기는 그날 피고가 자기를 찾고 있다는 것을 전해 듣고 그들이 오기 전에 신속하게 집에서 도주하여 버렸으므로 피고들은 그의 집에 방화하여 불태웠다. 또한 범의를 계속하여 이 마을에 거주하는 여일구(余一九), 안봉순(安鳳順), 김유백(金有伯)이 전에 일본인을 재웠다고 하여 위 3인 집에 차례로 방화하고 모두 불태워 버렸다.

아홉째, 같은 해 음력 7월 18일 밤 성병태 외 수 명과 같이 재물을 뺏을 목적으로 총기와 군도를 휴대하고 경상북도 봉화군 소서면 김영연(金永演) 집에 들어가서 그와 그의 아들 김석숭(金石崇)을 결박하고 총기·군도로 구타하여 돈 50원을 탈취했다.

열 번째, 1913년(大正2年) 음력 3월 28일 성병태 외 수 명과 같이 앞과 동일한 목적으로 총기를 가지고 강원도 삼척군 원덕면 심제규(沈帝圭)의 집에 들어가서 그에게 총기를 내밀고 협박하여 돈 19원을 빼앗았다.

열한 번째, 성병태 외 수 명과 같이 앞과 동일한 목적으로 같은 해 음력 3월 30일 밤 총기를 가지고 강원도 삼척군 원덕면 민병두(閔丙斗) 집에 들어가 집 식구들을 총기로 협박하고 돈 10원과 백미 10말을 탈취하였다. 또한 범의를 계속하여 같은 해 음력 4월 2일 앞과 동일한 방법으로 이 집에 돌입하여 돈 10원과 무명 1필을 탈취했다.

열두 번째, 정(鄭)모 이외 수 명과 같이 같은 해 음력 4월 4일 밤, 총기를 휴대하고 경상북도 봉화군 소천면 김진청(金鎭淸)(일명 김충백(金忠伯)) 집에 들어가 그를 붙든 후 손가락을 결박하고 손가락 사이에 나무 조각을 끼워넣어 이를 비틀었다. 또한 총기를 내밀어 그를 협박하고 돈 2백 원을 내겠다는 증표와 무명 80여 척을 빼앗았다. 그 후 같은 달 12일 재차 이 집에 와서 앞에서 기록한 증표의 내용을 지불할 것을 요구하여 돈 20원을 받았다.

열세 번째, 같은 해 음력 4월 12일 밤, 정모 이외 수 명과 같이 앞과 동일한 목적으로 총기를 가지고 경상북도 봉화군 소천면 박주한(朴柱漢)의 집에 들어가서 총기를 내밀고 협박하여 좁쌀 2말과 삼신 5켤레를 탈취했다.

열네 번째, 같은 해 음력 4월 6일 밤 정모 이외 수 명과 같이 앞과 동일한 목적으로 총기를 휴대하고 강원도 울진군 서면 이원칠(李元七)의 집에 들어간 뒤 이장 이순옥(李順玉)을 이 집에 불러다가 총기를 내밀어 협박하고 그에게서 그 이튿날 7일 아침 돈 7원, 백미 2말, 좁쌀 2말을 탈취했다.

열다섯 번째, 같은 해 음력 4월 8일 밤 정모 이외 수 명과 같이 앞과 동일한 목적으로 총기를 휴대하고 강원도 울진군 서면 정석준(鄭錫俊) 집에 들어가서 총기를 내밀어 협박하고 돈 2원 50전을 탈취했다. 또한 동시에 그 이웃집 전진옥(全振玉)을 이 집에 불러다가 총기를 내밀어 협박하고 무명 1필을 빼앗았다.

열여섯 번째, 같은 해 음력 4월 8일 밤 정모 이외 수 명과 같이 앞과 동일한 목적으로 총기를 휴대하고 강원도 울진군 서면 한정원(韓政源) (일명 한성칠(韓成七)) 집에 들어가 총기를 대고 그를 협박하여 돈 6원과 무명 3필을 빼앗았다.

열일곱 번째, 같은 해 음력 4월 20일 밤 강병수(姜炳守) 외 수 명과 같이 앞과 동일한 목적으로 총기·군도를 휴대하고 강원도 삼척군 상장면에 침입하여 이장 박문석(朴文石)을 결박하고 같은 지역의 김광숙(金光淑)의 집에서 그를 구타한 후 동민에게서 금전, 삼베, 무명, 짚신 및 돈 40원을 지불하겠다는 증표를 탈취했다.

열여덟 번째, 같은 해 음력 4월 25일 밤 권(權)모 이외 수명과 같이 앞과 동일한 목적으로 경상북도 봉화군 소천면 이두형(李斗炯)의 집에 들어가서 그의 아들 이재창(李在昌)의 양 손을 결박하고 손가락 사이에 나뭇가지를 끼워 넣어 손가락 끝을 꼭 조르고, 또한 발로 차서 돈 10원, 백미 1말 및 삼신 3컬레를 탈취했다.

열아홉 번째, 같은 해 음력 4월 28일 앞과 동일한 목적으로 경상북도 봉화군 소천면 이재학(李在學)의 집에 들어가서 그의 아내에게 "너의 남편이 이두형의 피해 사건을 관에 보고하였기 때문에 우리 동류 1인이 체포되었으니, 너의 남편을 수색하러 왔다"며 그의 아내를 협박하고 백미 1말, 좁쌀 2말을 탈취했다.

스무 번째, 같은 해 음력 5월 2일 강원도 울진군 서면 김정수(金正守)(일명 김매리(金梅里))의 집에 앞과 동일한 목적으로 들어갔다. 김정수에게 "자기는 적괴 성병대의 부하다. 앞서 네가 밀고하였기 때문에 동류들이 관에 체포되었다"고 하며 새끼로 그를 결박하고 가지고 있던 곤봉으로 구타하여 돈 4원을 제공할 것을 약속시켜 즉석에서 돈 1원 80전을 빼앗았다. 그 후 같은 달 6일 다시 이 집에 와서 위의 잔금 2원 20전을 탈취하였다.

스물한 번째, 같은 해 음력 5월 6일 강원도 울진군 서면 한광삼(韓光三) 집에 들어가서 앞과 동일한 목적으로 이장 이순옥을 이 집에 불러다가 "자기는 적괴 성병태의 부하다. 군수금을 내 놓아라"고 협박하고 삼베, 삼신, 담배와 돈 92전을 탈취했다.

이상의 사실 중 첫 번째는 사문성(史文成) 외 강도 3인 등에 대한 피고사건 기록, 김영수의 제2회 예심조서 중 "자기는 1911년 음력 6월 20일 밤 김희명(피고 병일을 가리킴) 외 수 명과 같이 총기 4정을 휴대하고 앞에 기록한 심동지 집에 가서 자기들 3, 4명은 문 밖에서 망을 보고, 다른 자들은 집 안으로 들어갔다"는 내용의 공술 기재, 검사의 피고 김희명(金喜明)에게 대한 조서 중 "자기들 여러 명은 화승총, 양총을 가지고 앞에서 기록한 원덕면 심(沈)모의 집을 습격하여 20원을 탈취하였다"는 내용을 공술한 기재가 있다.

두 번째는 앞에 기록한 사문성 등 피고사건 기록, 성인근(成仁根)의 예심조서 중 1911년 6월 6일 "도적 7명이 나의 집에 와서 그날 밤은 자고 이튿날 7일 그 일행인 천태화와 천성화를 살해하였다. 이날 도적 7명은 저의 집 뜰에서 말다툼을 시작하더니, 양총을 가진 자 한 명이 "나는 일당에서 헤어지겠다"고 해서 천태화가 "왜 헤어지는가" 하고 물으니 "그 자가 나를 죽이려하므로 헤어지겠다"고 말했다. 자신의 이 싸움을 귀로 흘리고 밭에 나갔다. 후에 어머니에게 들은 바로는 "일당에서 헤어지겠다"고 한 자가 천태화에게 "너는 7백 냥을 벌었는데 왜 일행에게 분배하지 않는가"라고 하면서 떠나가려했다. 천태화는 그 자에게 "갈 테면 자기를 죽이고 가 봐"라고 하면서 붙들었다. 그 자는 분노하여 천태화를 쳤다. 천태화는 "손대는 것을 기다리고 있었다"라고 하면서 그 자에게 달려들었다. 다른 도적들도 모두 일어나서 천태화에게 달라붙고, 천성화도 형과 같이 떠나가려던 자를 붙잡았다. 도적 일행은 2패로 나뉘어서 천성화에게도 달려들어 가지고 있던 총으로 두 명을 산산이 때리고 뜰에 있던 우리 집 지게의 새끼로 천성화를 결박하였다. 도적 3명은 천태화를 붙들고, 1명은 천성화를 붙들고 사문성이란 자가 감시하고 있었다. 또 천태화의 시체를 파냈는데, 천태화는 새끼로 묶여 있었다는 취지의 공술 기록이 있다.

사문성의 제2회 예심조서 중 천태화 등이 피살된 날은 일당인 김희명(병일을 가리킴) 외 5명이 모두 있었다. 그때 나는 밖에 나갔다가 돌아왔더니 천태화가 굵은 새끼로 묶여서 거의 숨이 끊기게 되어 있었다. 상당히 심하게 총으로 팬 듯하였다. 그의 머리는 깨져 사방이 피투성이가 되어 있었으며, 김화경(金和敬)의 총대는 부러져서 던져져 있었고 그는 몽둥이로 천태화를 때리고 있는 중이었다. 또 조금 떨어진 곳에서 천태화의 동생도 굵은 새끼로 묶여서 머리가 깨지고 숨이 끊어지고 있었다는 내용의 공술 기재가 있다.

셋째는 앞에서 기록한 김영수 제3회 예심조서 중 "자기는 김희명과 둘이 권장의(權張儀)의 집에 가서 6원을 탈취했다"는 내용의 공술 기재가 있다. 권장의 도난계 중 판시(判示)한 일시에 판시한 방법으로 돈 6원을 빼앗겼다는 내용의 기재가 있다.

넷째, 앞의 기록인 김형서 도난계 중 앞의 날짜와 장소에서 앞에 기록한 방법으로 돈 20원을 빼앗겼다는 내용의 기재가 있다.

피고의 제2회 예심조서 중 빙동의 박(朴)모 집에 가서 김순석 외 한 명은 집 안에 들어가서 이장을 불러다가 돈을 내라고 명령한 것은 틀림없다는 내용의 공술 기재가 있다.

다섯째는 강성언(姜聖彦)의 피해 시말서 중 판시한 일시와 장소에서 판시함과 부합되는 피해가 있었다는 내용의 기재가 있다. 원심 공판시 말서 중 피고의 공술로 1911년 음력 7월 중에 사문성 등 여러 명과 같이 총기와 군도를 휴대하고 앞서 기록한 강성언의 집에 강도하러 간 것은 틀림없으나 자기는 문 앞에서 망을 보았다는 내용의 공술 기재가 있다.

여섯 번째는 사문성 외 강도 3명 등의 피고사건 기록, 홍이섭(洪理燮)의 도난계 중 "판시한 일시와 장소에서 판시 내용과 일치하는 피해가 있었다"는 내용의 기재와 기록이 있다.

김영수의 제2회 예심조서 중 "사문성 등이 괴수가 되어 김희명(김병일) 등 10여 명이 총기 5, 6정을 휴대하고 원덕면 오저동 광대골 홍(洪)모 집에 침입하여 돈 30원인가를 강탈하였다는 것을 김희명에게 전해 들었다"는 내용의 공술 기재가 있다.

일곱 번째 권병두(權丙斗) 조서 중 판시 내용과 일치하는 피해가 있었다는 공술 기재가 있다. 원심 공판 시말서 중 피고의 공술로 "1912년 5월

30일 밤 안동군(安東郡)인지 누구의 집인지는 모르나 돈 4원을 탈취하여 온 일이 있다"는 내용의 기재가 있다.

여덟 번째는 고성기(高聖基)에게 대한 청취서 중 "1912년 음력 7월 10일에 나는 집에 있었는데 장인이 나의 집에 와서 지금 적도 6명이 성황동에 와서 이장인 나를 죽이려고 수색하고 있다고 해서 나는 곧 현동으로 도망쳤다. 이날 오후 9시경 아내가 집에 있었는데 도적 6명이 와서 '주인은 집에 있는가'라고 물어 아내가 '없다'라고 대답했다. 그 후 도적은 곧 나의 집에 불을 질렀다. 아내가 '주인을 데려 올 터이니 집을 불태우는 것은 봐 달라'고 해서 일단 붙였던 불을 껐다. 아내는 나를 찾았으나 결국에는 있는 곳을 몰라서 그 사실을 도적에게 일렀더니 도적은 재차 나의 집에 방화하였다. 그 도적 중에는 김희명도 있었다. 그날 석포로의 여일구, 동 안봉순, 동 김유백 집 등 일본인이 이 동리에 왔을 때 잤거나 들렸던 집 3채가 모두 불타버렸다. 나의 집에 도적이 불을 놓는다는 것은 그 이전부터 듣고 있었기 때문에 귀중품은 남에게 맡겨 두었다"는 내용의 공술 기재가 있다.

검사의 제2회 피고 신문조서 중 "1912년 7월 10일경 성병태의 부하 6, 7인과 같이 소천면 석포리 이장 고(高)모 집에 갔더니 이장이 없어서 그를 부르러 보냈으나 오지 않았다. 그때 김소모(金召募) 외 1명이 불을 놓겠다고 하며 방화하여 그 집을 불태웠다"는 내용의 공술 기재가 있다.

아홉 번째는 김영연(金永演) 청취서 중 판시한 일시와 장소에서 판시와 일치되는 강도의 도난을 당하였다는 내용의 공술 기재가 있다.

제3회 피고 예심조서 중 판시한 일시에 판시 내용과 같이 김영연 집에 가서 자기 외 2인은 밖에서 망을 보고, 다른 3명은 방안에 들어가 주인에게 군용금을 제공해 달라고 명령하고 금전을 탈취하였다는 내용의 공술 기재가 있다.

열 번째는 심제규(沈帝圭)에 대한 피해조서 중 "1913년 음력 3월 28일 밤 자고 있는데, 적도 11명이 각각 총기를 가지고 들어와서 돈을 내라고 강박했다. 부득이 소를 판 돈 19원이 있어서 이것을 주었다"는 내용의 공술 기재가 있다.

원심 공판 시말서 중 피고의 공술로 "1913년 음력 3월 28일 성병태 등과 원덕면 심제규 집에 강도하러 갔을 때 나는 다만 문 밖에서 번을 섰을 뿐이어서 구타하거나 돈에 대한 것은 모른다. 이덕춘은 집안에 들어갔던 모양이다"라는 내용의 기재가 있다.

열한 번째는 민병두(閔丙斗)에 대한 피해자 청취서 중 "내가 없을 때인 올해 음력 3월 30일 밤 적도 12명이 총을 가지고 들어와서 나의 부친과 장남을 깨워 일으켜서 2명은 모두 안방으로 피해 들어갔다. 장남은 이웃집으로 피해 달아났으나 도적은 쫓아가서 붙들고 돌아와 '돈 6백 원을 내라'고 하면서 때리면서 협박하고 가택 수색을 하여 돈 10원과 쌀 10말을 탈취하였다. 그리고 '후일에 또 올 테니 준비해 둬라'고 한 후 곧 어디론가 도망쳤다. 그 후 올해 4월 2일 밤 또 도적 12명이 총기를 휴대하고 들어 와서 돈 10원과 무명 1필을 강탈하여 갔다"는 내용의 공술 기재가 있다.

원심 공판 시말서 중 "1913년 음력 3월 30일 밤, 성병태 등과 같이 앞서 기술한 민병두 집에 강도하러 갔던 일이 있다. 그때 나는 문 앞에서 번을 섰다. 두 번째의 경우도 앞과 동일한 인원이 갔는데 자기는 문 앞에 있었기 때문에 집 안에서의 일은 모른다"는 내용의 피고인 공술 기재가 있다.

열두 번째는 천봉이(千奉伊) 외 강도 한 명 피고사건 기록의 김진청(金鎭淸) 청취서 중 "판시한 날짜와 시간에 판시 장소에서 판시와 일치되는 강도의 도난을 당하였다"는 내용의 공술 기재가 있다.

피고 김희명(金喜明) 제3회 예심조서 중 "김진청의 집을 습격하였을 때 권(權)과 정(鄭)은 방 안에 들어가고 우리들은 망을 보았다. 안에 들어 간 자가 주인으로부터 수표 200원과 무명 25척을 탈취하였다. 수표의 돈은 11일에 수령하기로 약속하여 두었다가 당일에 4명이 가서 권과 정이 집안에 들어가 약속한 돈을 내라고 하였다"는 내용의 공술 기재가 있다.

열세 번째는 천봉이 외 1명 강도 피고사건 기록의 박주한(朴柱漢) 청취서 중 "판시한 연월일과 장소에서 판시와 일치하는 강도 도난을 당하였다"는 내용의 공술 기재가 있다.

피고 김희명 제3회 예심조서 중 "1913년 음력 4월 4일 밤 봉화군 소천면 박충한(朴忠漢)의 집에 들어가 좁쌀 2두, 삼신 5켤레를 강탈하였음이 틀림없다. 4명이 총기를 휴대하고 권과 정이 방안에 들어가고, 우리들은 망을 보았다"는 내용의 공술 기재가 있다.

열네 번째는 피고 김희명에 대한 제3회 예심조서 중 "판시한 일시에 판시한 이원칠의 집에 가서 이장 이순옥을 불러다가 '군용금을 내라'고 하였더니 그가 돈 7원, 백미 2말, 좁쌀 1말을 내주었다. 그때는 아무도 방안에 들어가지 않았다. 이장이 '내일 아침까지 물품을 가져 오겠다'고 했기 때문에 그날 밤은 이원칠의 집에서 하룻밤 묵고 이튿날 아침 이장으로부터 금품을 받아가지고 떠났다. 이장을 때리지는 않았으며 총기는 각각 1정씩 가지고 갔다"는 내용의 공술 기재가 있다.

열다섯 번째는 피고 김희명에 대한 제3회 예심조서 중 "판시한 날짜에 판시한 전석준의 집에 가서 돈 2원 50전을 빼앗고, 또 그 이웃집에 사는 전진규(全振圭)를 불러다가 무명 1필을 탈취하였다. 그때는 4명이 총을 가지고 가서 2명에게 군용금을 내라고 하였더니 2명 모두 즉시 승낙하고 내놓았다"는 내용의 공술 기재가 있다.

열여섯 번째는 피고 김희명에 대한 제3회 예심조서 중 "판시한 일시에 한성칠의 집에 들어가서 '군용금을 내라'고 하여 돈 6원, 무명 3필을 탈취하였다"는 내용의 공술 기재가 있다.

검사의 피고에 대한 제2회 신문조서 중 "판시한 밤에 4명이 각각 총기를 휴대하고 광천동 한모 집에 들어가 군용금을 내라고 강박하여 금품을 강탈하였다"는 내용의 각 공술 기재가 있다.

열일곱 번째는 증인 박성수(朴聖守)에 대한 신문조서 중 "1913년 5월 29일(음력 4월 20일) 적괴 성병태의 부하 강병수 외 십수 명이 총기를 가지고 동점동에 침입하여 나의 아들인 이장 박문석을 결박하고 동민들을 협박하여 '금전을 내라'고 협박하였다. 그때 폭도는 박문석을 붙들고 김광숙의 집으로 연행하여 '군용금 2백 원을 속히 내라'고 했다. 나는 내 아들이 죽게 될지도 몰라서 곧 집으로 돌아와서 가지고 있던 돈 10원을 가지고 갔다. 그때 폭도는 내 아들에게 '돈을 내지 않으면 죽인다'고 말하고 있었다. 그래서 나는 돈 10원을 폭도에게 주었으나 폭도는 내 아들을 납치하여 산속으로 들어갔다. 그러나 내 아들은 산 속에서 틈을 타서 도망쳐 돌아왔다"는 내용의 공술 기재가 있다.

증인 김광숙에 대한 신문 조서 중 "폭도가 이장 박문석을 결박하고 '군용금을 내라'고 하고 또 내게 '동리 어른을 불러 오라'고 하여 나는 마을의 김성로(金成老), 김덕로(金德老) 등 6명의 집을 돌며 '폭도가 돈을 내지 않으면 이장을 죽인다고 말하고 있다'는 내용을 알리고 곧 집으로 돌아와 가지고 있던 삼베 2필과 무명 1필, 짚신 5켤레를 폭도에게 주었다. 장개봉(張介鳳)은 삼베 1필, 김덕로는 짚신 10켤레, 김성로는 짚신 5켤레를 각각 가지고 와서 폭도에게 주었다. 폭도는 '군용금 1백 원 중, 40원을 깎고 나머지 60원 중에서 10원을 삼베와 무명 등으로 받았으니 잔금 40원을 내라. 내지 않으면 이장을 죽이겠다'고 하였다. 그러나 이장과 나는 '돈이 없다'고 대답했다. 폭도는 40원 짜리 증표를 만들어서 '나중에 돈을 가지러 올 터이니 이 증표에 날인하라'고 했다. 그러므로 나와 정원백(鄭元伯), 장사명(張士明)도 그 증표에 날인하였다"는 내용의 공술 기재가 있다.

검의 이덕춘(李德春)에게 대한 신문 조서 중 "나는 1913년 음력 4월 20일 밤 괴수 성병태의 명령으로 부장(副將) 강병수 이하 김희명(김병일) 등과 총기 6정, 군도 1개를 가지고 삼청군 상장면의 어느 농가에 들어가 이장과 동민들을 불러다가 현금 10원을 탈취했다. 그리고 '음력 5월 10일까지 40원을 만들라'고 약속하여 증표를 받고 이장을 결박하여 연행하였는데 이장은 도중에 도망쳐 버렸다. 그때 나는 망을 보고 있었기 때문에 방 안 사정을 모른다. 그 후 나는 음력 7월 13일에 가서 위의 약속된 돈을 받아 여비로 생각하여 그 동리 권(權)모 집에 갔다가 헌병에게 체포되었다"는 내용의 공술 기재가 있다.

피고 김희명(金喜明)에 대한 검사의 신문조서 중 "나는 판시한 마을에서 강병수 등과 같이 총기를 휴대하고 침입하였다"는 내용의 공술 기재가 있다.

열여덟 번째는 이누형에 대한 청취서 중 "판시한 사실과 일치하는 강도의 도난을 당하였다"는 내용의 공술 기재가 있다.

피고 김희명에 대한 제3회 예심조서 중 "판시한 연월일에 이두형의 집에 침입하였다"는 내용의 공술 기재가 있다.

열아홉 번째는 이재학의 도난계 중 "판시한 시일과 장소에서 판시와 일치하는 피해가 있었다"는 내용의 기재가 있다.

피고 김희명에 대한 제3회 예심조서 중 "판시한 시일에 이재학의 집에 침입하였다"는 내용의 공술 기재가 있다.

스무 번째, 피고 김희명에 대한 검사의 신문조서 중 "1913년 5월 2일

낮 즈음에 혼자 아무것도 갖지 않고 울진군 서면에 있는 김매리의 집에 가서 '나는 적괴 성병태의 부하다. 밥을 내놓아라'고 하였더니 '없다'고 하므로, '그러면 돈을 달라'고 하자 주인이 나의 멱살을 붙잡았다. 나는 '나의 동류 박문술도 이 마을 놈의 밀고로 관헌에게 붙잡혔는데 지금 또 나까지도 포박하는가'라고 하면서 가지고 있던 곤봉으로 때리고 굵은 새끼로 결박했다. 그가 '돈을 내겠다'고 하여 그 날 엽전 1원 80전을 탈취했다. 그리고 2,3일 후에 다시 이 집에 가서 은화 2원 20전을 탈취하였다"는 내용의 공술 기재가 있다.

스물한 번째는 피고 김희명에 대한 검사의 제2회 신문조서 중 "1913년 음력 5월 6일 낮쯤 울진군 서면 한광삼의 집에 한 명이 가서 이장 이(李)를 불러다가 '자기는 적괴 성병태의 부하다. 군용금 4원을 내놓아라'고 하여 삼베, 삼진, 담배를 은으로 환산하여 92전 어치를 탈취하였다"는 내용의 공술 기재가 있어 모두 그 증빙이 충분하다.

법에 비추어 보건대, 앞에서 기술한 피고의 행위 중, 첫 번째와 세 번째 내지 일곱 번째, 아홉 번째 내지 열여섯 번째 및 열여덟 번째, 스무 번째는 형법대전 제593조 제1호 기득재율(既得財律),[34] 열아홉 번째 및 스물한 번째는 동 제2조와 제593조 제1호 기득재율에 각각 해당한다. 또한 열한 번째에 대하여는 형법 제55조를 적용한다. 두 번째는 형법대전 제477조, 형법 제55조, 여덟 번째는 형법 제108조, 제55조에 해당하여 사형을 선택한다. 열일곱 번째는 형법대전 제593조 제3호의 기득재율에 해당한다. 위에서 방화를 제외하고는 모두 조선형사령 제42조에 의한

[34] 제593조 재산을 협박하여 뺏을(劫取) 계획으로 다음의 행위(左開所爲)를 범한 자는 수종(首從)을 나누지 않고 교(絞)에 처하되 이행(已行)하고 미득재(未得財)한 자는 징역 종신에 처함이라. 1. 1인 혹은 2인 이상이 밤낮을 가리지 않고 벽정처(僻靜處) 또는 대도상(大道上)이나 인가(人家)에 돌입하여 주먹, 다리, 몽둥이(拳脚杆捧)나 병기를 사용한 자.

병합죄이므로 형법 제45조와 제46조, 제10조 제3항에 의하여 살인형을 과할 것이며, 압수 물건은 형사소송법 제202조, 재판 소송비용은 형사소송법 제201조에 의해 전부 피고의 부담으로 해야 한다. "피고가 이덕춘 등과 같이 강원도 울진군 원북면 황덕앙의 집에 들어가서 금품을 빼앗았다"는 공소에 대하여는 그 범죄의 증빙이 불충분하므로 형사소송법 제224조, 제236조, 제258조에 따라 처분해야 한다고 여긴다.

원 판결에서 피고는 천태화와 천성화 2명을 동시에 박살한 자이다. 즉 하나의 행위에 의해 위 2명을 살해한 자라고 인정한 점과 피고가 황덕앙의 집에서 강도를 한 증빙이 충분하다고 인정한 것은 모두 실책으로 피고의 항소는 이유가 있다. 따라서 형사소송법 제261조 제2항에 의하여 다음과 같이 판결한다. 원 판결 중 피고에 대한 유죄 부분을 취소한다. 피고 김병일을 사형에 처한다. 피고가 황덕영의 집에서 강도를 하였다는 항고에 대하여는 피고를 무죄로 한다. 압수 물건은 그 제출인에게 반환한다. 공소 소송 비용은 전부 피고의 부담으로 한다.

해 제

의병의 군자금 모집 활동을 하다가 검거되어 강도, 방화, 살인 죄 등으로 재판을 받은 김병일(金炳一)의 판결문이다. 이명은 김희명(金喜明)이다. 그는 일본이 강점하자 경북에서 의병을 일으켜 일본 군경에 손해를 입히며 활동했다. 1911년 음력 6월 20일에서 9월 11일 사이에는 김영수(金永壽), 사문성(史文成)외 여러 명과 함께 강원도 삼척군과 경북 소천면 일대에서 군자금 모집활동을 하였다. 사문성은 김병일보다 먼저 검거되어 대구지방법원에서 사형선고를 받고 대구복심법원과 고등법원에 항소했으나 1912년 11월 27일에 사형을 확정지었다(大正1年刑上第28

號). 따라서 현재 보훈처 독립유공자공적조서에 사문성의 사망일을
1911년 12월 18일로 기재한 것은 잘못이다. 사문성은 1999년 애국장을
받았다. 사문성과 관련된 신문기사는 다음과 같이 찾아볼 수 있다.

사형수의 상고

강원도 울진구 서면 후곡동 사는 사문성(史文成), 경상북도 예천군 의라면
산합동 사는 김영수(金永壽), 강원도 삼천군 원덕면 빙곡동 사는 심학이(沈
學伊), 경상북도 진보군 동면 삼의동 사는 이석이(李錫伊) 등은 공모하고 작
년 음력 8월 30일 밤에 강원도 울진군 근남면 천전동 류문겸(劉文謙)의 집에
들어가서 주인을 뜰로 끌어내어 흉기를 보이면서 돈을 내지 않으면 죽이리
라 위협하니 류문겸은 도리어 항거하여 강적 2,3명을 쳐서 넘어뜨리니 그 중
의 한 놈이 총을 놓아 죽인 것으로 시작하여 경상북도 각군읍 내로 출몰하며
강도살인 절도를 한 범죄로 모처에 검거되어 제1심 제2심에 다 사형의 선고
를 받고 목하 고등법원에 상고한 중이라더라.

(『매일신보』, 1912.11.8)

사문성과 함께 활동하던 김병일은 1913년 검거되었다. 김병일은 1912년
5월 30일에서 7월 18일에도 성병태(成炳台)외 수 명과 함께 경북 안동군
(安東郡)과 봉화군에서 군자금을 모집했다. 7월 10일에는 일본인에게
협조한 봉화군의 여일구(余一九), 안봉순(安鳳順), 김유백(金有伯) 등 3인
의 집에 방화하였다. 그 후 1913년 3월 28일에서 5월 6일에도 역시 성병
태 등과 함께 강원도 삼척군, 봉화군, 울진군 등지에서 군자금 모집활동
을 하다가 체포되었다. 『매일신보』는 「흉적 부하의 취박(就縛)」이라는
제목으로 김병일의 체포 소식을 다음과 같이 보도하였다. 기사에서 사
상두는 사문성을 가리킨다.

폭도 부하로 행악하다가 울진 헌병분대에 잡혀서. 경상북도 봉화군 소천 면 생장한 당시 주소 미상자 김병일(金炳一)은 당년 28세인데, 명치 44년 음 력 6월 20일부터 초모장이라 자칭하고 사상두(史相斗)의 부하가 되어 김간성 (金杆城), 백수영(白琇瑛), 김철근(金鐵根), 김화경(金化京) 김석순(金錫順), 심학길(沈學吉), 이모 등과 한 가지로 경상 강원 양도로 출몰하며 군수금이 라 칭탁하고 인민의 재물을 강탈하며 무고한 생명을 살해하여 포악이 자심 하더니 죄지은 자는 천망을 벗어나지 못하는 법이라. 과연 일전에 김병일과 이모와 백모 3인을, 강원도 울진 헌병분대에 포착되었다더라.

(『매일신보』, 1913.7.23)

　　김병일은 1913년 12월 13일 함흥지방법원에서 소위 강도방화, 강도상 해 및 살인죄로 사형 언도를 받고 항소하였으나 1914년 2월 18일 경성 복심법원에서 다시 사형을 언도받았다. 다시 고등법원에 항소하였으나 법원은 항고를 기각하고 사형을 확정지었다. 의병 활동을 하다 강도, 살 인, 방화 등의 죄목으로 재판을 받은 의병 들은 계속된 항고를 통해 자 신들에게 가해진 '죄'의 내용과 의미를 따져 묻고 싶어 했다. 그러나 김 병일의 판결문에서 확인할 수 있는 것은, 김병일의 항소 내용보다는 그 의 '죄목'을 다시 한 번 확인하는 법원의 입장뿐이다. 사형으로 생을 마 감한 김병일은 1991년 보훈처에 의해 애국장을 받았다. 공적의 개요로 서 "1911. 6. 일제가 조선을 강점하자 경북에서 의병을 일으켜 활동하다 가 경북 봉화군, 강원도 삼척군 일대에서 군자금을 모집하고 일인(日人) 에게 협조한 자를 방화 응징한 후 피체(被逮)되어 사형을 받아 순국한 사실이 확인됨"으로 적혀 있다.[35]

35) http://e-gonghun.mpva.go.kr/diquest/Search.do

2) 이석용 판결문(1914년 형 제27호, 大正3年刑上第27號, 고등법원)

    국가기록원에 소장 중인 형사재판판결서이다. 관리번호는 CJA00001725-0005와 CJA0000709-0025, CJA0000433-0054로서 모두 3건의 판결문이다. 각각 광주지방법원 전주지청(1914년 형공 제16호, 大正3年刑公第16號), 대구복심법원(사건번호 없음), 고등법원(1914년 형 제27호, 大正3年刑第27號)의 공판 내용을 담고 있다.

    전라남도 임실군 상동면에 본적지를 두고 경남 하동지역에서 서당 훈장을 하면서 지내던 이석용이 방화, 상해, 모살, 강도상인 피고사건으로 기소 당했다. 이석용은 1913년 12월 10일 하동에서 체포되었고, 1914년 2월 7일 광주지방법원 전주지청에서 1심을 받고 사형 판결을 받았다. 이석용은 이에 대해 항고하여 상고 공판이 1914년 3월 6일 대구복심법원에서, 1914년 4월 16일 고등법원에서 있었다. 그러나 2심, 3심 모두 상고이유가 받아들여지지 않았고 이석용에 대한 사형 선고를 확정지었다.

    대구복심법원 판결문의 내용은 다음과 같다.

    피고 이석용은 폭도 수괴로서 행동 중 첫째, 남원군 보현면 사촌 유공준(劉公俊), 이경삼(李京三), 백영래(白英來)가 남원 수비대의 밀정 장운규(張云規)에게 피고 등의 행동을 밀고하여 불리한 행위를 한다고 생각하고 분노하여 그들의 집을 소각하려고 기도하였다. 1908년(明治41年) 음력 1월 23일 밤 외에 수십 명과 함께 공모하고 그곳에서 달려가서 위 3명의 집에 차례로 불을 질러 유공준, 이경상의 집을 불태우고 백영래 집의 지붕을 전부 불태워버렸다.

    둘째, 이석용은 1908년 3월 7일 외에 여러 명과 공모하고 임실군 화덕면 오수역의 김용원(金龍元) 집으로 돌입하여 김용원의 장남 김재식(金在植)으로 하여금 순사로 봉직하는 것은 옳지 못하다 하고 김용원을 때리고 칼로 머리를 찔러 45일간의 치료를 필요로 하는 창상을 입혔다. 동시에 그 집에 불을 질러 전부 태워버렸다.

셋째, 이석용은 1908년 3월 7일 밤 외에 여러 명과 공모하고 임실군 강진면 박해룡(朴海龍)이 피고의 말을 듣지 않고 인민으로부터 불법으로 금품을 약탈하는 것은 옳지 못하다고 하고 살해하려고 기도하여 임실군 화력면 오수역의 김용원의 주택 부근에서 박해룡을 총격하여 중상을 입게 하고 다음 8일 오후 1시에 마침내 죽음에 이르게 하였다.

넷째, 이석용은 1908년 4월 11일 외에 수십 명과 함께 공모하고 임실군 석현면에 거주하는 당시의 면장 겸 공금 영수원 한용주(韓容周)의 집에 들어가서 현 정부를 위해 세(稅)를 징수하는 것은 옳지 못하다 하고 곤봉으로 동인을 때리면서 위협하고 망건 1개와 연관 3개를 협박하여 빼앗고 동시에 한용주의 집 창고에 방화하여 태워버렸다.

다섯째, 이석용은 1908년 4월 11일 외에 수십 명과 공모하고 임실군 오지면 공금영수원 최병익(崔秉益)의 집으로 들어가서 현 정부를 위해 세금을 징수하는 것은 옳지 못하다 하고 그 집의 창고에 방화하여 태워버렸다.

여섯째, 이석용은 1908년 4월 12일 외에 여러 명과 공모하고 남원군 남원 읍내 유봉춘(柳逢春) 등이 임실군 아산면에 와서 자기들의 행동을 수사하였다. 또 인민으로부터 불법하게 금품을 약탈하는 것은 옳지 못하다 하고 아산면 사촌 최순서(崔順西)의 집 뒤뜰에서 유봉춘을 총살하고 이어서 그 마을 앞쪽 제방 옆에서 유액고(劉液膏) 및 빙ㅁ보(氷ㅁ甫) 2명을 총살하였다.

일곱째, 이석용은 1908년 5월 13일 외에 수십 명과 공모하고 임실군 상동면 상이암의 승려 만하(滿河)가 그곳 김봉수 집 안방에 침입하여 기타 부정한 일이 있었다고 하며 상동면 수철리의 길 위에서 김봉수를 총살하였다.

여덟째, 이석용은 1908년 5월 23일 외에 수십 명과 공모하고 임실군 남면 평당동 주막의 유한일(劉漢一)의 집에서 남면 면장 한규만(韓圭滿)을 붙들어 총으로 구타하고 유한일을 위협하여 돈 8원을 강제로 빼앗았다.

아홉째, 이석용은 1909년 2월 17일 밤 외에 여러 명과 공모하여 총을 가지고 임실군 남면 엄동영(嚴東永)의 집으로 들어가서 엄동영을 결박하고 총을 겨냥하여 돈 50원, 의류 2점, 그 외에 3점을 강제로 빼앗은 다음 다시 엄동영을 도당에 가입시키려고 약 2 키로미터(18町)쯤 되는 거리까지 납치하여 도당에 가입할 것을 권유했다. 그러나 엄동영이 응하지 않으므로 임실군 남면 국평리 길 위에서 "자네가 서당을 차려 놓고 일본말을 가르치는 것은 옳지 못한 처사라" 하고 총으로 엄동영의 오른쪽 발을 사격하여 오른 발의 기능을 상실케 하였다.

열 번째, 이석용은 1912년 10월 22일 밤 김필수(金必洙), 박보국(朴甫局), 김운서(金雲瑞) 외에 여러 명과 공모하고 조선 칼(朝鮮刀) 한 자루와 총 6정을 휴대하고 장수군 내진전면에 있는 내외진전(內外眞田) 면사무소로 돌입하였다. 휴대한 총 및 칼로 그 장소에 있던 공금영수원 이용구(李龍九), 육동기(陸東基), 면서기 한용배(韓容倍) 및 전 면장 이순영(李順榮)을 구타하고 동일한 의사를 지속하여 이용구, 육동기, 이순영에게 타박상을 입혔다. 또 이순영의 오른쪽 뺨을 칼로 찔러 치료를 필요로 하는 상처를 입힌 뒤 세금 1백 33원 70전, 면비 50월 44전, 개인의 소지금 28원 82전 및 손 금고(金庫) 2개 외에 여러 점을 강탈하였다.

열한 번째, 1912년 12월 17일 밤 김필수, 박보국 외에 여러 명과 공모하여 총 6정을 휴대하고 임실군 남면 야당리 공금 영수원 강정수(姜正秀) 집으로 돌입하여 강정수의 아내에게 총기를 보이고 돈을 내지 않으면 죽이겠다고 협박하고 안경 1개 외에 3점을 강제로 빼앗았다.

이상 첫째, 셋째, 다섯째 내지 일곱째의 사실은 피고에 대한 제1심 공판 시말서에 피고가 각각 전시 사실을 인정한다는 공술 기재와 둘째 사실은 김재식(金在植)의 청취서와 피고에 대한 검사의 신문조서와 판시의 같은 내용의 공술 기재와 넷째의 사실은 한규현의 신문조서와 판시 같은 내용의 공술 기재와, 피고에 대한 검사의 신문조서와 재물 강탈의 점을 제외한 외에 판시의 같은 내용의 공술 기재와 여덟째의 사실은 한규만의 신문조서와 판지(判旨)와 동일한 내용의 기재와 피고에 대한 사법경찰관의 신문조서에 자신의 부하가 한규만을 붙들어 징수한 공금 2원을 가지고 있던 것을 자신에게 넘겨주므로 그 돈을 받았다는 내용의 기재와, 아홉째의 사실은 엄동영의 청취서에서 판시와 같은 내용의 기재와 피고가 당 법정에서 "엄동영은 일본어를 가르친다는 명분을 내세우고 양민으로부터 금전을 징수하여 인민의 원성이 심하므로 부하를 시켜 엄동영에게 설유하게 하였다"는 내용의 공술 및 전남주(全南柱)의 청취서와, 이학사의 부하가 판시한 일시와 장소에서 엄동영의 발을 사격하였다는 내용의 기재와, 열째의 사실은 피고에 대한 검사의 신문조서의 판시 내용과 동일한 내용의 공술 기재와 김필수 외에 6명의 강도, 상해 및 강도 피고사건의 기록 중 이용구의 청취서에 판시의 일시와 장소에서 판시와 같은 피해가 있다는 내용의 기재, 아울러 김필수, 박보국에 대한 검사의 신문조서에 판시와 같은 내용의 기재와 열 한 째의 사실은 김필수 외에 6명의 전시(前示) 피고사건의 기록 중 미사카(三坂) 순사의 복명서와 강정수(姜正洙)의 강도 피해물 신고서 및 그 추가 신고서에 판시된 일시와 장소에서 판시와 같은 피해가 있었다는 내용의 기재, 아울러 김정수, 박보국에 대한 사법경찰관 및 검사의 신문조서에 판시와 같은 내용의 공술 기재에 따라 인정한다.

법에 비추어, 피고의 앞의 첫째 내지 아홉째의 행위는 조선형사령 이행 전에 범한 사건이므로 조선형사령 제45조에 따라 동 령을 적용한다. 첫째 방화의 소위는 형법 제108조, 제55조에, 둘째 방화의 소위는 동 제108조에 해당하므로 모두 무기징역형을 선택한다. 넷째, 다섯째 방화 행위는 각각 동 제109조 제1항에 둘째, 아홉째 상해의 행위는 동 제204조에 해당하므로 모두 징역형을 선택한다. 셋째, 일곱째 모살의 행위는 각각 조선형사령 제41조 제2항, 제42조 형법대전 제473조 전단에, 여섯째 모살의 행위는 조선형사령 제41조 2항, 제42조 형법대전 제473조 전단 (前段), 형법 제55조에 넷째, 여덟째, 아홉째, 열한째 강도의 행위는 각각 동 형사령 제41조 제2항, 제42조 형법대전 제593조 제1항 기득재율에, 열 번째 강도상인의 행위는 동 형사령 제41조 제2항, 제42조 형법대전 제516조, 형법 제55조에 해당하고 병합죄가 되므로 형법 제45조, 제46조, 제10조에 준하여 그 중에서 가장 무거운 여섯째의 모살죄에 따라 피고를 사형에 처한다. 압수된 물건 중 조선칼(刀)은 범인의 소유로 범죄에 사용된 물건이므로 형법 제19조 제1항 제2호, 제2항에 의하여 이를 몰수하고, 판임관(判任官)용의 검 및 기타 잡품은 형법 시행령 제612조에 준하여 피해자에게 돌려주기로 한다. 기타는 형사소송법 제202조에 따라 각각 차출인에게 돌려주기로 한다.

그러한 즉, 위 재판 내용(判旨)과 적합한 원 판결은 정당하므로 항소는 이유가 없으므로 형사소송법 제261조 제1항에 준하여 상고를 기각한다.

피고의 상소로 열린 고등법원의 판결 내용은 다음과 같다. 1914년 3월 6일 대구복심법원에서 언도한 판결에 대하여 피고가 상고를 제기하였으므로 본원은 검사 데라다(寺田恒太郞)의 의견을 참작하고 다음과 같이 본 상고를 기각한다.

피고의 상고이유는 다음과 같다. 피고의 상고 내용 및 추가 취지는 누누이 진술하였다. 요지는 피고가 대한(大韓)의 지사로서 위로 황실의 일을 애통해 하고, 1907년(光武11年) 정미(丁未) 8월에 의병을 전라북도 임실군에서 일으켜 다음해 8월까지 전투에 종사하였으나 무자비한 폭행을 금하고 부호를 타일러서 추호도 범한 바가 없었다. 1908(戊申)년 9월 이후 1909(己酉)년 3월에 이르러 나아가고 물러날 길이 없어 부득이 무리(衆)를 해산하고 깊은 산중에 몸을 감추고 우연히 고향땅에 왔을 때 체포된 몸이 되어 지금 살인 방화 강도죄의 악명이 씌워져서 극형에 처해진 것은 원통한 일이다.

방화, 상해 운운에 관한 건은, 남원군 보현면의 유참봉(劉參奉) 및 이장 백성인(白姓人)의 두 집에 방화한 이유는 당일 오후 2시 기병에게 추격되어 싸우지도 못하고 패하였을 무렵 사람들의 감정이 유와 백의 두 집에 불을 놓아 버리라고 함으로 보초 서는 군인으로 하여금 불을 지르게 한 것이 불행하게도 그 가운데 이씨 일가가 있어서 화재에 걸린 것이다. 이는 부하 중 이씨에게 혐의를 가진 자가 몰래 방화한 것이다. 이는 피고가 시킨 것이 아니다. 임실군 둔덕면 오수역의 순검 김가 집에 방화한 이유는 김가가 우리 무리(自黨)의 기밀을 정탐하므로 부하 최덕일(崔德逸)로 하여금 그 순검의 아비를 불러 타일러서 그 아들로 하여금 개과하여 순검 직에서 물러나도록 시켰는데, 최는 술이 취한 기분에 이를 볼기치고 또 그 집 순검에 방화하였다. 피고는 놀라 가서 이를 구제하려고 하였으나, 이미 미치지 못하고 역인(驛人) 노소에 대하여 이를 사과하였다.

임실군 석현면 영수원(領收員) 한씨의 집과 임실군 오지면 영수원 최씨의 집에 방화한 이유는 그 2명이 의병 지휘에 반대하고 세금만 독촉하므로 부하 윤정오(尹正五)로 하여금 방화하도록 한 것이다. 한민(韓民)을 볼기치고 망건이며 연죽 등을 빼앗은 일이 있으나 피고는 멀리 있어서 이를 살필 수 없었고 또 금지할 수도 없었다.

모살, 강도 운운의 사건에 대해서는, 임실군 아산면에서 남원군의 순검 1명이 동자 두 명을 대동하고 우리 무리를 탐정한다는 말을 듣고 부하 김성학이 3명을 그 마을에서 붙잡아 죽이고 동자는 놓아 주라고 하였다. 그러나 김성학은 동자 두 명이 그의 얼굴을 알고 있으므로 후환이 될 것을 염려하여 아울러 죽였다.

또 의병을 사칭(私稱)하는 자 1명을 임실군 둔덕면 오수역에서 죽인 이유는 그 자가 천도교원으로서 부하라고 함부로 말하고(冒稱) 재물을 약탈하고 부녀자를 강간하여 죽일 놈이라고 대중의 지탄을 받고 있는 자이므로 부하 박창원(朴昌遠)에게 시켜 체포하여 죽여 버렸다.

부하인 중(僧) 1명을 임실군 상동면에서 죽인 것은 그 자가 중으로 있을 무렵 통양립(統樣笠)을 마을 사람 김성수(金成洙)에게 팔아 대금 10냥을 얻었는데, 지금은 의병이 되어 통양립이 없어서는 안 된다 하고 김성수에게 돈도 주지 않고 통양립을 돌려 달라고 밤중에 그 며느리 방에 돌입하여 세 번이나 소란을 일으켰다. 김성수가 세 번이나 읍소(泣訴)하여 피고도 세 번이나 금지케 하였으나, 성수가 와서 자부가 낙태까지 하였다고 호소하는 말을 듣고 나는 사람들에게 명령을 내려 이 중놈을 죽여 버렸다.

지폐 2원을 임실군 남면 영수원 한민(韓民)의 처소로부터 받은 이유는 부하 황성문(黃成文)이 한민을 데리고 와서 볼기를 치겠다고 요청하므로 다만 그 돈을 받고 그를 놓아 준 것이다.

임실군 남면을 지나 갈 무렵 면민 모두가 야당면 후봉산리의 엄성인(嚴姓人)을 원망하므로 그 이유를 묻자 엄성인이 순사를 끼고 마을을 마음대로 하여 학교일로 사람들의 돈을 긁어서 자기 배를 불리는 데에만 소모하므로 피고는 부하 조영국(趙榮國)에게 시켜 가서 이를 타이르게 하였는데 영국이 그 허리(腰部)를 총으로 쏘았으므로 나는 밖으로 나갔다.

강도, 상해 운운에 관해서는 내가 임실군 상북면에 도착하였을 무렵 김운서(金雲瑞) 등이 오늘 저녁 군중을 결집시켜 장수군 내외진전면청(內外眞田面廳)의 세금을 취하려 한다고 하므로 나는 지금은 군사를 일으킬 때와 달라서 세금을 빼앗아서 무엇을 하려는가 하고 물었다. 김운서는 하려던 일을 그만둘 수 없는 형세라고 하여 그 무리를 거느리고 갔는데, 박성횡(朴成橫), 홍윤무(洪允武), 김성률(金成律) 등이 그 무리의 오른 날개(羽翼)였다. 나는 이를 금지하고자 뒤를 쫓아 괴로운 투쟁을 하였다. 오늘은 서로 평등하다고 하면서 듣고도 못들은 척을 하여 나 역시 분노(怒)하였다. 동화시(桐花市)에서 멈추어 가지 않고 그들이 총을 가지고 직접 면청으로 들어가는 것을 보고 놀라서 곧 돌아왔다. 그 다음날 김운서 등은 한 뭉치를 가지고 와서 어젯밤 검 하나(一劍)을 얻은 것이 이 뭉치 속에 들어 있다. 또 돈 70원을 얻었으나 20원은 홍윤무 등에게 분배하고 여기 50원이 있으니 그대와 분배하자고 하였다. 그러나 나는 이것을 거절하며 그들 3명이 각기 분배하여 가지고 갔다.

그 뒤에 칼을 감추어 두고 장수군 상동면에 사는 임성인(林姓人)의 집으로 옮겨 둔 것은 김운서의 의뢰에 의한 것인데 약속을 지키기에 참을 수 없다. 야당리의 영수원 엄성인(嚴姓人, 姜正秀의 別名)의 집에서 충돌 위협한 사건은 김필수(金弼壽), 박보국(朴輔國)이 공모한 것으로 나는 당시 비를 만나서 다른 곳에서 머물고 있어서 공모한 것이 아니다. 안경 필통 및 측량 기계의 일부 물건(一片物)은 나의 소유물이다.

진전면청(眞田面廳)에서 세금을 탈취한 사건에 관해서는 임실에서 감옥에 수용된 뒤 서장이 신문을 할 때 스스로 주모자인 것을 밝혔다. 그러나 그 뒤에 남에게 속은 것을 깨닫고 이를 뉘우쳤으나 소용이 없었다. 검사청, 재판정에서도 말을 취소할 수가 없었다. 비로소 공소원에서 본 사실을 대략 진술하여 증인의 호출을 요청하여도 차가운 태도로 응하지 않고 당일 범죄자는 이미 모두 경성감옥에 수용 중인 바 다시 불러서 문초하되 나와 대질만 시키면 실정을 파악할 수 있을 것이다.

각자의 성명은 다음과 같이 김필수(金弼壽), 박성모(朴成模), 홍윤무(洪允武), 김성률(金成律) 등 십여 명과 장수면청의 그 당시 영수원 육씨(陸氏), 이씨(李氏) 및 상해를 입은(被傷人) 이원일(李元一) 등 여러 명과 야당리 영수원 엄가(嚴家) 1명과 현재 감옥 안에 있는 조영국(趙榮國) 1명이라고 말할 수 있다.

살피건대 원 법정(原院)의 공판 시말서 중 재판장으로부터 피고의 이익을 위한 반증을 제출할 수 있다는 고지를 하였으나 피고는 반증으로 제출할 것이 없다는 내용의 기록이 있다. 또한 원 법정에서 피고가 증인을 불러 달라고 했다는 흔적이 없다. 또 당 법원에서 증인을 불러, 아울러 대질시키는 것은 당 법원의 직권에 속하지 않은 바이므로 상고할 적법한 사유가 되지 않는다. 기타의 논지는 피고가 한국을 위해 의병을 일으켰다는 행동이라는 사실을 전제로 한 것이다. 이는 원 판결이 인정하지 않을 뿐 아니라 원 법정에서 증거에 의해 판결문에 기재된 각 범죄를 인정하고, 거기에 해당하는 법조문에 적용한 것이므로 피고의 상고는 결국 원 법정의 직권에 속한 사실 인정을 비난하는 데 불과하다. 따라서 상고할 적법한 사유가 되지 않는다. 본 건 상고는 이유가 없으므로 형사소송법 제285조에 준하여 주문과 같이 기각하고 사형을 확정한다.

해 제

의병 이석용의 판결문 내용이다. 이석용의 본적지는 전북 임실이나 체포당시 이석용은 가족과 함께 경남 하동에서 살았다. 공판 기간 중에는 대구감옥에 수감되어 있었다. 이 때문에 2심은 대구에서 진행한 듯이 보인다.

이석용은 1913년 12월 10일 체포되어 1914년 4월 28일 사형집행을 당하였다. 꽤 빠르게 심문과 재판, 사형집행이 이루어졌음을 알 수 있다. 이석용이 체포될 당시의 상황은 당시의 신문을 통해 확인할 수 있다.

삼남 적괴의 취박, 민활한 경찰수단, 삼남 적괴를 잡아: 전라북도에서 적괴로 유명하던 이석용 37세된 자는 본월 10일에 전라북도 임실군에서 경관에게 체포되었는데 이석용은 본래 유생의 집안으로 재주가 표일하여 향당린리에서 학자라 일컬어 인물로 지목하더니 지나간 융희 연간에 정변이 일어나매 오합지중 100명을 모아가지고 여러 번 수비병과 다툰 일이 있었으나 그 후는 강도가 되어 전라남북도와 경상남북도로 돌아다니며 또는 간혹 충청도 지방으로도 출몰하여 대범 7개년을 두고 강도 살인 약탈 등 악한 행동이 무소부지하였으나 몸을 숨기어 법망을 벗어나 있더니 악한 일을 행한 자는 제 죄를 도망치지 못하는 법이라. 임실군 경찰서 김순사가 각면의 청결을 검사차로 동군 하동면에 이르러 점심을 사서 먹고 있는 중 어떠한 조선사람 한 아이가 도주하여 가는 것을 보고 괴히 여겨 뒤를 밟아 쫓아가던 즉 이는 곧 연래로 수색하던 이석용이라 즉시 달려들어 포박하려 한즉 이석용은 죽을힘을 다하여 순사에게 항거하다가 드디어 도망치 못하고 김순사에게 체포되었는데 일곱해 동안을 숨어있던 이석용은 명치 42년 여름에 가족 여덟 식구를 데리고 경상남도 지방으로 이사하여 정기석이라 변명하고 부근 아동들을 모아 서당을 벌이고 한문을 가르치며 이웃사람들에게도 상당한 신용을 얻어 지내는 중 항상 전라북도 지방에 일이 있어 다닌다 일컫고 집에 있는 날은 적더니 관헌의 수색이 점점 엄중함을 알고 이석용은 동년 7월 1일경에 가족을 모두 데리고 부지거처가 되었으며 작년 11월 22일에는 12명의 부하를 데리고 전라북도 장수군 내진면 사무소에 돌입하여 세금 수백원을 강탈 도주하였는데 그중 강도 7명을 당시에 경관이 포박하여 화승총 다섯 자루를 압수하였고 나머지 무리는 도주하였더니 그 번에 그 괴수 이석용을 포박함에 이르렀다더라.

(『매일신보』, 1913.12.15)

이석용(李錫庸)은 전라북도 임실군 성수면 삼봉리에서 태어났다. 이석용의 집안은 임실지역의 향반(鄕班) 신분을 근근이 유지한 것으로 보인다. 1894년 봄 고부에서 시작된 동학농민혁명은 전라도 일대를 휩쓸자 대부분의 사람들이 농민군을 두려워하여 피난했으나, 이석용은 이들의 활동에 대해, '소요를 일으킬 뿐 '동병(動兵)', 즉 군사 행동을 하기에는 부족하다'고 평하였다. 그해 겨울 그는 부친의 지시로 겸재(謙齋) 김관술(金觀述)의 문하에 나아가 공부하였다. 이듬해인 1895년 음력 8월에 명성황후시해사건이 발생하고, 이어 단발령이 내려지자 이석용은 학업을 중단하고 일본에 대해 비분강개하였다.

이석용은 전라북도에서 후기 의병역할을 담당했다. 1905년 11월 이후 을사늑약과 통감부 설치로 전국 각지에서 의병이 크게 일어났다. 이석용은 1906년 가을부터 1년 동안 거사 준비에 동분서주했는데, 이 과정에서 고광수(高光秀), 이평해(李平海) 등과 수시로 상의하였다. 그는 뜻을 같이하는 동지들과 함께 임실군 상이암(上耳菴)에서 의병을 일으키기 위한 전략을 세우고 무기를 조달하는 한편, 사방에 격문을 전하여 의병을 불러 모았다. 이들은 처음에는 주로 무기를 수습하여 투쟁역량을 강화하기 위해 노력하였다. 마침내 1907년 음력 9월 12일 진안 마이산(馬

耳山)에서 의병을 일으켰다. 이석용은 의진의 명칭을 호남창의소(湖南倡義所)라 하고 의병장에 추대되었다. 이들은 대체로 임실을 비롯한 전라북도 동부지역에 거주하는 가난한 유생들이 지휘부를 형성하였으며, 병사층은 주로 농민들과 일부 천민들로 구성되었다. 이석용 의병부대는 창의동맹단(倡義同盟團)이란 이름으로 불리기도 하였으나, 이석용 스스로는 호남창의소를 표방하였다.

이석용은 의병 조직을 결성한 지 하루만인 음력 9월 13일 진안읍 공격에 나섰다. 이들은 의진을 결성하자마자 진안읍을 공격하여 헌병분파소와 우편취급소를 점령하여 파괴하였으며, 일본어 통역의 집에 있는 일본 상품을 불사르고 통신망을 사용할 수 없도록 전선을 끊었다. 아울러 일진회원 스스로 사무소의 깃발을 내리게 했다. 내부 군율은 엄하여 민폐를 끼치지 않아 주민들로부터 환영을 받았다고 한다.

이석용은 의병 모집과 무기를 수습하며 의진 정비에 노력하던 중 용담 화암(華巖)에서 일본군의 공격으로 심각한 타격을 받았다. 인근 마을에서 밀고하여 관헌의 불의의 기습을 받았던 것이다. 그는 중상을 입은 선봉장 안관서(安寬瑞)를 민가에 맡겨 치료를 부탁한 후 상황을 수습하려 헀으나 흩어진 병사들을 찾을 수 없었다. 결국 이석용은 의진을 일시 해산한 후 광주의 기우만(奇宇萬)과 태인의 임병찬(林炳瓚) 등을 만나 시국에 관한 의견을 교환하였다.

1907년 음력 11월 중순 그는 다시 의병을 규합하고 군자금을 확보하여 의진을 재정비하였다. 이후 그는 투쟁역량을 제고하기 위해 전투능력이 있는 의병의 모집과 무기의 구득 및 성능 향상에 노력하였다. 뿐만 아니라 이석용은 의진의 정비에도 심혈을 기울였다. 그는 일본세력 구축, 일본 상품 배격, 인물 본위 모병, 무기제조 기술자 영입, 푸른색 군복 착용, 간략한 군례(軍禮), 일진회를 비롯한 친일세력 처단, 엄격한 군율 적용, 민폐 근절 등을 내세웠다. 특히 그는 일본 군경을 죽이거나 체포한 의병에게는 후한 상금을 주겠다고 선언하였다. 이는 강력한 의병부대를 만들기 위한 그의 의지의 소산이었을 것이다. 또한 이들은 탄환과 화약, 군량 등을 조달하기 위해 부유한 집안의 형편에 따라 군자금을 할당하였다.

이를 바탕으로 이석용은 전라북도를 중심으로 항일투쟁을 재개하였다. 이들은 친일활동을 일삼는 일진회원을 처단했으며, 공전영수원 등 세금을 징수하는 사람이나 세무서 등을 공격하였다. 그리고 의병의 동향을 보고하는 자위단 활동을 금지시키고, 가짜 의병 및 탐학을 일삼는 관리 그리고 의병 배반자들도 응징의 대상으로 삼았다. 의병 활동에 필요한 군자금은 부호가의 자발적인 협조를 통해 해결하거나 일본 군경으로부터 빼앗은 노획품, 그리고 면장이나 공전영수원 등이 거두어들인 세금을 빼앗아 충당하였다. 다른 한편으로 납세거부투쟁을 병행하였다. 특히 이석용은 자신들을 후원한 내역을 기록한 「불망록(弗忘錄)」을 남기고 있다. 이 자료는 1908년 음력 9월부터 1913년 음력 7월까지 후원받은 내용인데, 후원자의 이름과 거주지, 금액, 물품 등이 낱낱이 기록되어 있다고 한다.

이석용 의진의 의병투쟁은 1909년에 들면서 더욱 어려움에 처해졌다. 장기항전으로 인해 의병의 전력이 크게 약화된 데다 군경의 탄압이 갈수록 강화되었기 때문이다. 일제는 이들의 행적을 집요하게 추적하여 귀순하라고 회유하는 한편, 이들을 완전히 섬멸하기 위해 토벌대를 집중적으로 편성하여 압박을 가했다. 특히 14연대장 기쿠치(菊池) 대좌는 이석용의 지기(志氣)와 글을 높이 평가하면서도 시세를 들먹이며 귀순을 하면 후하게 대우할 것이라며 적극 회유하였다. 일제의 압박이 갈수록 커지자, 전라북도에서 활동하던 의병장들은 1908년 음력 12월 하순

순창의 모처에 모여 향후 대책을 논의한 것으로 보인다. 얼마 후인 1909년 음력 2월 하순에는 이석용, 신보현 등은 전라남도 장성의 백양사에서 다시 만나 앞으로의 활동에 대해 협의하였다. 1909년 음력 3월에 결국 이석용은 3년에 걸친 의병활동을 접고 후일을 기약하며 눈물을 머금고 의병을 해산한 후 자신도 잠복하였다[36].

이석용은 하동에 근거지를 두고 전라북도를 왕래하면서 후일을 도모하다 1913년 12월에 체포되었다. 재판정에 섰을 때 그의 죄명은 방화 상해, 모살, 강도, 강도상인(强盜傷人)이었다. 미국에서 발간된 『신한민보』에는 재판과정이 상세하게 실려 있다.

4천여 년 지켜오던 조국이 강적에게 합병 당함을 원통히 생각하여 한 번의 의기를 들고 전북, 경남 일대에 풍운을 일으키며 감사(敢死) 의병을 모집하여 왜적을 토멸하고 한국 강토를 회복하고자 하다가 불행히 작년 11월에 원수에게 사로잡힌 의병대장 이석용씨는 방금 나이 37세에 명성이 전국에 전파됨으로 원수들은 이씨를 없애고자하여 살인, 강도범으로 몰아놓고 금년 2월 5일에 전주지청에서 소위 공판이라 하는 것을 시작하고 이씨에게 대하여 심문하였는데 (중략) 방청인은 각 신문기자와 통신원들이며 기타 여러 사람이 풍우를 무릅쓰고 당외 당내에 다수가 둘러 구경하더라.

얼마 후에 옳은 일을 하고자 하던 일로 피고된 이석용씨는 옥졸의 보호로 출정하였는데 평복에 초혜를 신고 성긴 수염, 화평한 얼굴을 조금도 굴하지

---

36) 이상 이석용의 약력과 활동에 관해서는 김현주의 석사학위논문(「한말 이석용의 의병운동에 관한 연구」, 원광대 사학과 석사학위논문, 1998)을 참조해서 정리했다. 이석용에 관한 연구는 이외에 홍근식의 석사학위논문(「정재 이석용의 의병활동에 관한 일 연구」, 전주대 교육대학원 석사학위논문, 1998)이 하나 더 있다. 그러나 이들 연구에서 판결문을 활용하지는 않았다. 최근 김항기가 1895년부터 1915년까지 의병 판결문을 중심으로 의병항쟁기 의병의 성격을 분석하여 주목된다(김항기, 「의병항쟁기 의병판결과 그 성격(1895~1915)」, 2020). 이 글에서 이석용의 의병활동에 대해 다루고 있기는 하지만, 논문의 중점이 1915년 이전 시기의 의병 활동에 두어진 만큼 이석용의 최종 판결문 분석은 포함하지 않았다.

않고 서서히 걸어 들어오니 보기에 일개 조그마한 남자요 외모가 미약하야 성문에 들던 말보다 웅장한 기상은 없으나 흔연히 웃는 얼굴로 의기 자득하여 최후 결심이 있는 듯 하더라.

(「의병장 이석용 공판」, 『신한민보』, 1914.5.14)

판결문에는 이석용의 11가지 범죄사실이 적시되어 있는데, 일본 군경과 전투한 내용은 전혀 없이 친일파의 처단과 그 가옥의 방화, 군자금 모금 등이 집중적으로 기술되어 있다. 이는 일제가 그를 의병장이 아닌 파렴치한 잡범으로 호도하려고 했던 의도가 반영되어 있다고 판단된다.

이석용에 대한 재판은 1914년 2월 5일 시작하여 같은 달 7일 1심 사형 선고가 있었다. 같은 해 음력 2월 그는 대구감옥으로 이송되어 복심법원 재판을 받아 3월 6일 원심대로 기각되었으며, 서울의 고등법원 역시 4월 16일자로 상고를 기각하였다.

1914년 4월 28일 이석용은 사형을 당했다. 당시 매일신문은 이석용의 최후의 모습을 다음과 같이 전하였다.

폭괴(暴魁)는 필수사형(必受死刑), 아니 죽으려 애를 쓰더니 필경 사형집행을 당했군: 의병 수괴라 자칭하고 메이지 40년 이래로 전라북도 임실군 등지로 돌아다니며 살인 방화 강도질로 종사하던 이석용은 전주지방법원에서 사형 선고를 받고 대구복심법원으로 공소하였더니 또한 기각되고 또 상고하였다가 또 기간된 말은 이기 기재하였거니와 필경 지나간 28일 오후 1시 대구감옥에서 사천옥 감옥의가 입회하고 사형을 집행하여 대략 13분 동안에 절명되었다는데 이석용은 마지막 유한이 많은 모양으로 아무것도 할 말은 없고 죽은 시체는 가족에게 내어주게 하여 달라고 유언하고 의용이 태연하였다더라.

(『매일신보』, 1914.5.8)

보훈처는 1962년 이석용을 국가유공자로 선정하고 독립장을 수여하였다. 2012년에는 11월의 독립운동가로 선정하였다.

3) 채응언 판결문
(1915년 형상 제108호, 大正4年刑上第108號, 고등법원)

마지막 의병으로 알려진 채응언의 고등법원 판결문이다. 이 판결문은
국가기록원 소장 형사재판서원본(관리번호 CJA0000432-0047, 생산년도
1915)에 수록되어 있다. 판결문에는 채응언의 출생지는 평안남도 성천
군 능중면 고익리이며 본적지와 주소는 알 수 없다고 기재되어 있다.

채응언의 죄명은 강도살인, 강도상인, 살인, 방화, 절도, 공무집행방해
였다. 1915년 9월 28일 평양복심법원에서 위와 같은 죄명으로 채응언에
대해 사형 판결이 있었다. 피고인이 이에 불복하고 상소하였으므로
1915년 10월 28일 고등법원에서 최종 심리가 있었다. 조선총독부검사
쿠사바 린고로(草場林五郎)[37]가 간여하였고 주문에 따라 상고를 기각하
고 사형을 확정지었다. 당시 최응언의 나이는 33세였다.

판결문에 따르면 채응언이 제1심 및 제2심 판결에 불복한 이유는 다
음과 같다. 피고가 불행으로 어지러운 세상을 보내면서 나라의 난리(國
亂)를 맞아 희생적 사상으로 나라를 위해 힘을 다하고 창생을 구제하고
자 했다. 그러나 하늘과 하느님의 도움이 없이 애초의 목적을 달성하고

....

[37] 1873년 1월 12일생. 후쿠오카현 미츠이군(三井郡) 출신이다. 1899년 7월 도쿄제국대
학 법과대학 법률과를 졸업했다. 오사카, 도쿠시마(德島), 사가, 나가사키, 도쿄 등
지 재판소에서 검사로 근무했다. 1908년 1월 통감부 법무원 검찰관으로 조선에 건
너왔다. 통감부 검사, 조선총독부 서기관, 조선총독부 검사 겸 서기관을 역임했다.
1911년에는 경성공소원 검사, 1912년에는 경성복심법원 검사에 임명됐다. 1914년 4월
조선총독부 고등법원 검사로 임명되었다. 1921년 현재 여전히 고등법원 검사직에
재임하고 있는 사실이 있다(한국사 데이터베이스 한국근현대 인물자료
http://db.history.go.kr/item/level.do?levelId=im_215_23537).

못하고 지금 체포된 몸이 되었다. 그러나 이 일을 시작할 무렵부터 성공하지 못하리라는 것은 잘 알고 있던 바다. 단지 한 번 죽음으로써 보국(報國)의 정신을 드러내고자 했다.

피고가 무학, 문맹한 사람으로 자연(山野)에서 자라서 들은 바 없고 지식도 부족하여 세상일에 어둡고 세상의 이치, 사람의 일(天理人事)에도 알지 못하나 목숨에 악착같고 죽음을 두려워하는 만만한 무리와는 다르다. 제1심에서 정당한 판결이 있음에는 한 마디 말이 없고 죄를 받아들여 죽음에 나아감에 판관(判官)이 자국의 정치에 방해자로서 인정하고 배일(排日)을 미워하고 정법(正法)을 틀리게 쓴다. 이 같은 법안(法安)으로 애국, 충군, 분골쇄신(粉骨碎身)의 마음을 다하는 피고를 가리켜 소위 강도, 살인, 강도상인(强盜傷人), 방화, 절도, 공무집행 방해 등 여러 가지 죄명을 씌워 일세의 영웅의 이름을 훼손함으로써 크게 오욕하려는 것에 있다. 우리 동방은 역사 이래 지금까지 3, 4천 년에 걸쳐 국민의 고유한 성질이 인자박애하고 충의와 열절(烈節)을 장려하니 이는 우리 동방 예의 국가의 특색이다. 단군·기자 양 성인이 국가에 군림하여 충효로 국민을 가르치고 크게 교화가 이루어져 윤리와 의리를 중시하는 미풍이 일정한 습관이었다. 옛날 신라, 백제 당시를 말하자면 그때 일본과 우리나라는 야만과 문명의 별이 엄연하여 의복, 수레와 말, 문장 제도와 각반의 기예가 실로 세계에도 으뜸이어서 일본이 우리를 스승으로 한 역사가 뚜렷하다. 도요토미 히데요시(豊臣秀吉)가 무명(無名)의 사(師)를 일으켜 이웃 나라를 유린하여 오랫동안 풀리지 않는 원한을 맺히게 하고, 최근에는 경복궁 뜰 안에서 우리의 지존한 국모를 시해하여 신민(臣民)의 피눈물을 금할 수 없게 하였다. 임진난(壬辰亂) 당시 적의 창과 검(槍劍)이 땅에 넘치어 팔도가 모두 위험에 빠져 위기일발과 같았다. 우리 선조(宣祖) 임금이 애조(哀詔)를 세상에 내려 의롭고

용감한 지사들이 눈물을 머금고 종군(從軍)하고 관심이 일심동체로 항전하여 적을 격퇴하고 국가를 유지하고 지켜 왔다. 왜란 이후 오늘에 이르기까지 국가의 세가 피폐하고 쇠약해져서 예전의 모습(面目)은 다시 없다. 청일전쟁은 완전히 한국독립을 돕는 것이라 하여 한국이 일본의 뜻에 감동되기도 했는데 뜻밖에도 간섭이 지나치고 권고가 심하여(刻勵) 한국인의 감정을 불러일으켰다. 미우라 모(三浦 某)[38]가 와서 을미(乙未)의 변[39]이 있어 이로부터 국내의 선비, 여자(士女)들이 모두 원한이 더욱 깊어졌다. 국가에 해를 주고 임금을 잃어버려 나라를 어지럽히는 불충한 무리(亂臣賊子)들이 가득하고 권세를 희롱하니 어찌 마음이 아프지 않을까. 일본은 그 후 점차 야심을 드러내고 통신 기관을 시작해서 경찰관을 빼앗고 국가가 중시하는 군대를 해산시키고 사법권을 위임받는 등의 일을 감행하였다. 이때는 바로 우국지사가 힘을 떨쳐 일어나 우뚝 솟아야하는 때이다. 정치는 부패하여 인민이 짓밟혀 없어질(魚肉)의 지경에 이르렀으니 이는 피고가 통곡하는 바이다. 오늘 일본은 세상에 이름을 날려 세상 사람들이 영국과 독일에 견주고, 우리나라는 폴란드와 이집트임을 면하지 못하였으니 오호 슬프도다. 같은 대륙에 머물고 같은 시대를 살면서 하나는 용과 호랑이가 씨름하는 것과 같이 온 세계를 흘겨보며 위세를 부리고(睥睨), 하나는 거북이와 자라처럼 바짝 엎드려(龜縮雌伏) 타인에게 눌려 보이니 이는 피고의 탄식하고 눈물이 나는 바이다. 기강이 무너지고 국가의 맥이 이미 상하여 무고한 동

---

38) 미우라 고로(三浦梧樓, 1846~1926). 1895년 이노우에 가오루(井上香) 후임으로 특명전권공사로 조선에 왔다. 1895년 삼국간섭으로 일본의 세력이 약화되고 고종과 명성황후의 친러정책이 강화된 상황이었다. 1895년 10월 8일 경복궁에서 벌어진 명성황후 시해사건을 배후에서 지휘하였다. 명성황후 시해 사건 이후 히로시마 지방재판소의 예심에 회부되었으나 증거불충분으로 풀려났다.

39) 을미사변. 명성황후 시해사건.

포로 하여금 무지하고 어두운 장막으로 끌려 들어오게 하여 노예처럼 만들었다. 이에 피고가 슬픔과 분노와 의를 들음으로써 도탄에 빠진 인심을 구하고 이미 추락한 국권을 회복하려고 한 것은 그 행위의 올곧음(正正方方)으로 예의를 높이고 대의를 부르짖어 자선(慈善)을 힘쓰고 인도(人道)를 받든 것이다. 모든 곳에 위엄이 떨쳐졌으며 결코 무단히 사람의 목숨과 재산을 빼앗을 이유가 없다. 조악한 옷과 음식을 달게 여기고 부하와 먹고 자는 것을 함께 하며 간 곳마다 어느 곳에도 털끝만치도 침범한 적이 없다. 따라서 각처 인사들이 군자금을 기부하기를 간청하고 옴으로 일일이 조사하여 받아들이고 관계없는 것은 군자에 충당하고 온당하지 않는 재물은 사절했다. 불의의 재산을 가진 자에게 가서 청구하여 빈민에게 널리 나누어주고 피고는 조금의 이익도(一毫一利)도 착복한 적이 없음은 모든 세상이 아는 바이다.

살인과 상인(傷人)에 대해서는, 부하로서 적에게 기밀을 누설하여 수비대로 하여금 피고를 토벌케 하고 그 틈을 타서 도망하려는 자를 죽인 경우이다. 양 진영이 상대하여 전쟁을 하는 중에 적을 죽여 방위하는 경우이다. 소위 면장, 이장 등의 공리(公吏)가 피고 등의 행동을 방해하여 자기의 조국을 위태롭게 하는 자를 죽인 경우이다. 의병의 이름을 가지고 국가에 대해서 무거운 책임을 짊어진 자와 그 친족으로 오히려 피고를 체포할 것을 적과 약속 또는 정탐 내통하는 자를 죽이는 경우가 있었다. 인민을 위해서 위험을 무릅쓰고 의병에 종사하는 피고 등을 몰래 관에 밀고하는 비국민 등을 죽이는 것이다. 소위 의병으로서 장령(將令)에 위반하여 남의 처자를 강간하는 자를 눈물을 머금고 총살하는 등의 경우이다. 여러 곳에서 적을 격파하고 유기물을 획득한 경우와 체포하는 관리에게 저항하여 그에게 창상(創傷)을 입힌 경우는 피고가 명백하게 원심 법정에서 자백한 바이다. 이상의 사실은 피고가 의를 부르

짖음에 그칠 수 없어 실행한 일임으로 하지 않을 수 없는 일을 한 것이다. 이를 보통의 순전한 강도살인, 강도상인과 같이 가혹한 형(刑)을 가해서 무리한 죄명으로 재판하는 것은 이를 문명의 법률이라고 말할 수 없다.

방화죄 중 두세 곳에 방화한 것은 피고가 실로 알지 못하는 바이다. 이러한 내용을 원심 법정에서 부인하였음에도 피고의 부하가 행한 것으로 하는 데 어렵지 않았다. 의롭지 못한 재산가로서 피고가 인정한 금전의 청구에 따라 부득이하게 돈을 낸 자는 물론 자의로 군자금을 제공 출원한 자까지 피고에게 강탈당한 것처럼 해당 관서에서 변명한 것은 실로 사람의 마음을 헤아리기 어려운 일이다. 이는 해당 사람들이 자신이 죄기 될 것을 두려워하여 무소(誣訴)한 것이다. 피고가 바른 충심과 큰 절개를 가진 것(正忠大節)과 청렴하고 결백한 것(淸白)은 범할 수 없는 사실임은 천지신명이 알고 있는 바이다. 조금도 수치스러운 마음이 없고 또 피고가 해온 처사의 이유를 보아도 분명하게 불을 보는 것과 같다. 한번 태어나 한번 죽는 것이 정해진 이치라면 의로움에 죽는 것은 다행스러운 일이다.

피고가 의를 들은 것은 1907년(융희 원년) 즈음 의병대장 석유 유인석(碩儒 柳麟錫)이 우리 태황제(현재 이태조) 폐하의 의대조(衣帶詔, 密勅)를 받들고 의병을 세상에 모집한 까닭이다. 사방의 동지들이 소리에 응하여 피 같은 충성으로써 봉기했을 때, 피고는 그때 강원도 북변에서 일어난 서태순(徐泰順)의 부하에 속하고 하늘을 가리켜 맹세하고 나라의 치욕을 씻으려 부하를 고무하여 독립국의 면목을 만드는 것을 피로써 맹세했다. 그 후 각지로 돌면서 싸운 것이다. 대개 이들 의병은 모두 유생이 도(道)를 외치는 바임으로 군사상의 지식은 부족해도 적개심은 몹시 우세하였다. 서태순은 황해도 곡산군에서 원산 수비대를 맞아 싸우고 불행하게 날아오는 탄환에 맞아 전사하였다. 따라서 피고가 그 뒤를 이어 그 뜻을 계승하고 여러 문서장부(文簿)와 기타 앞서 서태순이 유인석에게 받은 군율행정(의병준수규칙) 등의 서책까지 전부 인계를 마쳤다. 그 후 각지에서 접전 중 1914년 음력 7월(일자 미상) 평안남도 성천 아파리에서 적과 충돌한 적이 있었는데 마침 그때에 비가 내려 그 곤란은 이름붙이기 어려운 상황이었다. 피고는 부하를 이끌고 죽음에 이르기까지 싸웠으나 적은 수로 적을 대적할 수 없어(衆寡不敵) 패배하였다. 후면에는 쫓아오는 적병이 있고 전면에는 큰 강이 있었으나 배 1척도 없어 부득이하게 행장문부 및 군율서책을 버리고 얕은 곳에서 강을 건넜다. 판시(判示) 중 첫 번째 내지 열한 번째의 행위는 강을 건널 때에 잃어버린 군율서책에 의해 처단된 바이다.

이밖에 피고는 오랜 세월 불평등함과 경력 또는 원심 판결 등에 율(律)을 비추어 정상적이지 못한 일을 들어 호소하려 하나 앞에서 진술한 바와 같이 배움의 기회를 잃고 일어난 피고에게 현대 법률을 아직 해석할 수 없다. 다만 상식 판단으로써 우둔한 언사로 진술한다. 법에 밝은 판관의 앞에서 처분을 청하니 밝게 비추어 응분의 판결이 있기를 엎드려 바란다고 말한다. 또한 추가 취의서는 원심 판결에 대해 피고가 불복하는 이유는 증빙이 충분치 않은데도 불구하고 법률적용을 오해하였기 때문이다.

그 대략을 들어 해명하면, 판문(判文) 중 일곱 번째의 (1) 열두 번째, 열네 번째의 (1)은 함께 형법대전 제478조[40]에 해당함에도 불구하고 피고가 결코 강도 또는 절도의 목적으로 인명을 해한 것이 아니고 충군애

---

[40] 고살인률(故殺人律)을 말한다. 478조의 내용은 다음과 같다. '강도나 절도를 행할 때에 사람(人)을 죽인(殺) 자는 수종(首從)을 나뉘지 않고(不分) 함께 교(絞)에 처함이라.'

국의 혈성으로써 의병을 일으킨 것은 앞의 취의서에 따라 검토할 바이다. 그러나 당시 관헌과는 적국 사이와 다름없어서 서로 정벌하지 않으면 안 될 처지에 있었다. 혹은 이기고 혹은 패하여 피차 사상자가 있고 유기물 기타를 주워가지는 것도 쌍방이 함께 행하고 있었다. 이를 재산을 강탈하고자 살인했다는 것은 정당한 판결이라고 할 수 없다.

두 번째, 세 번째의 (2) 네 번째의 (2) 다섯 번째의 (2) 열네 번째의 (2)는 형법 제180조에 해당한다고 하나 피고가 악의로써 불을 놓아 그때 사람이 거주하거나 사용, 또는 사람이 현재 있는 건조물 기타를 불태운 것이 아니다. 피고의 행동거지를 적과 같이 보는(敵視) 관헌에게 밀고하여 피고 등으로 하여금 멸망의 비운을 면치 못하게 하여 국가(전 한국)의 대계를 그르치게 하였기 때문에 이런 무리들은 마음의 큰 화근인 까닭으로 이를 미워한 것이고 복수할 의도로 행한 것은 아니다. 뒷사람을 징계하고 예방할 생각으로 행한 것이므로 그 당시의 형편으로는 부득이하여 행한 것이다. 사사로운 원한을 풀거나 악한 일을 행하려고 한 것이 아니다.

첫 번째는 형법대전 제477조에 해당한다고 하나 피고가 흉계를 세우고 사람을 고의로 죽인 것이 아니다. 몸을 의에 바쳐 나라를 위해서 힘을 낼 것을 맹세한 자로서 도중에 배신하고 그들을 이끄는 피고를 속여 한편으로는 적과 같이 보는 수비대로 피고 등을 토벌케 하여 몸에 해를 끼쳤으므로 이와 같은 악인은 사람이 벌을 주지 않으면 하늘이 벌을 주기 때문에 보통의 의도적인 살인(故殺)과는 크게 달라 법률로써 죄를 줄 수 없다.

세 번째의 (1) 열다섯 번째는 모두 형법대전 제593조 제3호 기득재율(既得財律)에 해당한다고 하나, 피고가 재산을 강탈할 계획으로 무리들을 모아 병력을 가지고 여항(閭巷) 또는 시정(市井)으로 난입한 것이 아니다. 앞에서 진술한 바와 같이 무력에 호소하여 국가(전 한국)을 구하려고 하였기 때문에 민병을 불러 모으고 하늘을 대신하여 도를 행함(替天行道)에 있다. 결코 보통 좀도둑(草賊)의 목적으로 작당한 것이 아니다. 토벌해 오는 순사와 응전한 것도 부득이하게 행한 것으로 정당방위로 해야 한다. 외투 2벌은 그들의 유기물로 생각하고 습득한 것이므로 당연한 것이다. 이를 강탈이라고 한다면 피고 등이 전쟁 중에 유기한 물건을 그들 관헌이 습득한 것도 강탈이라고 할 것인가. 또 순천군 승인동 이재정(李在正)은 피고 등의 행동을 찬성하고 자의로 사금(砂金) 및 납(鉛)을 기부하였다. 그 당시 피고가 창의구국(倡義救國)하는 뜻을 세상에 발표하였으므로 가령 피고가 재산을 강제로 뺏을 생각이 있었다 하더라도 사람의 얼굴에 짐승의 마음이 아닌 이상은 대중의 경봉(敬奉)을 망각하고 위협과 화근으로써 인민을 압박하여 탐욕의 행동을 할 수 없다.

네 번째의 (1), 다섯 번째의 (1) 여섯 번째, 열한 번째의 (2)는 형법대전 제473조에 해당한다고 해도 피고가 무고한 사람을 모살한 것이 아니다. 불행하게도 무정부 상태에 빠져 있는 국가(전 한국)을 자주독립의 면목을 유지시키기 위해서 세상의 추대(推位)에 의해서 민병의 장이 되었다. 그 뒤에 먹고 자는 것을 잊어버리고, 충성을 다하는 백성이 되는 (竭忠爲民) 책임이 두 어깨에 있는 것을 생각하고 중대한 임무를 다하면서 고심하고 있을 그 당시 군중(軍中)의 행정, 법률, 재정, 군무, 기타 여러 일을 장악한 것은 물론, 도처의 인민 등에 대하여서도 똑같은 경우에 있다고 생각하였다. 따라서 조매봉(趙梅奉), 김응팔(金應八)의 음모 또는 내통 등의 행위에 대해서 처분한 것과, 김덕수(金德洙), 안병록(安炳錄) 등의 부정행위를 범한 것은 안신(安身)의 계획과 후환을 끊을 것과 민의 폐를 생각하고 민병 등을 경계한 것이므로 부득이하게 행하지 않을 수 없는 일이었다.

열세 번째는 형법대전 제593조 제1호 기득재율에 해당한다고 하나, 피고가 재물을 강탈할 계획으로 밤낮을 가리지 않고 후미진(僻靜) 곳 혹은 큰길 위(大道上) 또는 인가로 들어가서 몽둥이 또는 병기를 사용한 것이 아님은 피고의 목적과 행위의 설명에 비춰 보아도 의심이 없을 것이다. 순천군 영천면 처인리 사는 한상만(韓相晚)은 군내에서 굴지의 재산가로 그 부형 등이 전(前) 한국의 관리로서 국은을 입었던 입장으로 이를 보답하고자 의병이 되어 피고 등의 병량 부족을 걱정하고 자원해서 군자금을 기부한 사실이 있었다. 당시의 인심은 애국 우민하는 피고의 행동을 매우 찬성하고 삼척의 어린이까지도 피고 등을 환영하였다. 금수가 아닌 피고가 사람의 재물을 강탈하여 더러운 이름을 장래에 남길(遺臭萬年) 악명을 스스로 만드는 어리석은 짓을 할 리가 만무하다.

열한 번째의 (1)은 형법대전 제593조[41] 제1호 미득재(未得財)에 해당한다고 하나, 피고가 재산을 강탈할 목적으로 밤낮을 가리지 않고 후미진 곳 또는 대도상, 또는 인가에 들어가서 몽둥이와 또는 병기를 사용한 것이 아니다. 비국민이라고 할 악한의 무리가 종종 피고 등의 군중(軍中) 형편을 살피고 몰래 해치려고 함으로 평원군 동송면 상차구리의 동

----

[41] 『형법대전』 593조는 강도율에 대한 처벌 조항이며 그 내용은 다음과 같다. 제593조 재산을 겁취(劫取)할 계(計)로 다음 기록한 행위(左開所爲)를 범한 자는 수종(首從)을 나누지 않고(不分) 교(絞)에 처하되 이행(已行)하고 미득재(未得財)한 자는 징역 종신에 처함이라 1호) 1인 혹 2인 이상이 주야를 불분(不分)하고 벽정처(僻靜處) 혹 대도상(大道上)에나 인가(人家)에 돌입(突入)하여 권각간봉(拳脚杆捧)이나 병기(兵器)를 사용한 자, 2호) 인가에 잠입하여 휘검(揮劍) 혹 횡검(橫劍)하고 위혁(威嚇)한 자, 3) 도당(徒黨)을 소취(嘯聚)하여 병장(兵仗)을 지(持)하고 여항(閭巷) 혹 시정(市井)에 난입한 자, 4) 약으로 인(人)의 정신을 혼미케 한 자, 5) 인가에 신주(神主)를 장닉(藏匿)한 자, 6) 분총(墳塚)을 발굴하거나 산빈(山殯)을 개(開)하여 시구(屍柩)를 장닉한 자, 7) 유아를 유인 혹 겁취(劫取)하여 장닉한 자, 8) 발총(發塚) 혹 파빈(破殯)하겠다 성언하고 괘방(掛榜) 혹 투서(投書)하여 공혁(恐嚇)한 자, 9) 산빈(山殯)을 훼파(毁破)하고 의금(衣衾)을 삭취(剝取)한 자라고 규정하고 있다.

장 차봉렬(車鳳烈)을 인질로 하여 마을 주민에게 적같이 보는 관헌에 몰래 보고하는 것을 예방하기 위한 위협의 한 수단으로 한 데에 불과하다. 결코 재물을 취할 계획이 아니었다.

열여섯 번째 강도상인의 행위는 형법대전 제516조에 해당한다고 하나 피고가 강도 또는 절도를 할 때 사람에게 상처를 입힌 사실이 없다. 한상만(韓相晩)이 피고 등에 대해서 군자 기부금을 약속한 중에 예약금의 전액을 납입하지 않았고 잔금 80원이 남아 있음에도 불구하고 날짜만 연기시켰다. 그뿐 아니라 오히려 적같이 보는 관헌에게 피고 등의 움직임 및 내정을 몰래 보고하는 움직임이 있었다. 그 아들은 지난날 피고와 삶과 죽음을 같이하고 맺어졌던 자인데 그 전의 약속을 배반하였으므로 분개하여 산 속으로 끌고 가 후일을 경계하려 한 것이지 결코 재산을 탐한 것이 아니었다.

공무집행방해의 행위는 형법 제95조 제1항에 해당한다고 하나, 피고가 결코 강도상인(傷人)한 것이 아니고 체포를 피하고 언제라도 최초의 목적을 달성하고자 한 것이다. 피고의 사상과 이유에 대하여 원심 판결은 전연 반대되는 법률을 잘못 인용하지 않았다고 할 수 없다. 피차 나라를 사랑하는 것은 일반이므로 피고는 미워해도 그 이유는 존중하지 않으면 안 된다. 자기 나라를 위하고 자기 민족을 사랑하는 일을 행한 자를 강도 살인 기타 종종의 오명을 씌우는 법률은 세상에 어떠한 국법에 있는 것인가. 이런 소위 만국공법이 한 주먹에도 차지 못하는 듯이 하여도 세상이 일변하고 해와 달이 다시 빛을 밝히는 날, 오늘의 악명 밑에서 한을 품고 죽는(寃死) 피고가 이와 같은 원한을 씻고 백 년 동안 이름을 남기는 일(遺芳百歲)이 될 것은 정해진 하늘의 법칙이다. 생과 사는 당연한 하늘의 이치인데 위업을 성취치 못한 것을 슬퍼한다 해도 의로써 죽는 것을 기뻐하므로 추호도 여한이 없다.

일본 법관의 불공평한 처분과 조선인에 대한 태도는 실로 삼천리 강산을 제어하지 못한다는 증거이다. 이 소위 선공무덕(善功無德)은 노력해도 이루지 못하는 것이다. 우리나라의 보잘 것 없는 기쁜 바람(喜望)은, 일본인이라서 애석하게 생각하는 것이다. 오장원(五丈原)에서 한상(漢相, 제갈량)의 별이 땅에 떨어지고 평범한 감옥에서 피고의 주성(主星)이 떨어져 흩어지는 것은 겉으로 보기에는 그 뜻이 서로 먼 것 같아도 그 실상은 다르지 않다. 업을 달성치 못하고 가는 원통한 기운을 머금고 돌아가는 것은 같은 일이라고 생각한다. 후일 일본이 타국으로부터 오늘날 우리나라와 같은 경우에 이르고, 다른 나라 사람이 강도, 살인, 방화 등의 죄명을 씌울 경우 잠자코 앉아서만 보고 있을 리가 만무하다. 피고에 대해서 너희가 한일 병합이 된 오늘 이와 같이 하는 행위는 이미 시대에 뒤떨어진 짓이라고 말하는 일본인이 있어도 합방 전에 일으킨 일들을 피고가 중도에 그칠 수는 없는 일이다. 합방 후는 더욱 진력하여 회복하려 하는 것은 버릴 수 없는 사정이다. 동문동종(同文同種)의 일본인으로서 한국을 삼키고 그 백성을 학대하는 것은 목전의 이익만 탐하고 영원한 앞날을 생각하지 못하는 것이다. 콩을 삶는데 콩대를 태운다면 솥 안의 콩이 어찌 울지 않으랴. 나라를 영위하는 데 그 토지를 취하기를 즐기지 말고 인심을 받아들이는 데 노력하며 해와 달과 같이 직법(直法)을 암흑 중에서 곡용(曲用)하여 민망(民望)을 잃지 않을 것이다. 피고의 당당한 행위는 교육 서적에 등사하여 장래 자국(일본) 청년 등을 고무하고, 후일 나라에 배반하고 임금을 잊는 자가 없도록 하라.

대저 위정자의 기본은 충효 두 글자에 불과하다. 피고는 한 생각으로 조국을 위해 혁신할 사상으로 진력하는 것이므로 법률 범위 이외에 벗어난 구구한 편법으로 벌하는 것은 불가하다. 무리한 법률로써 죄를 씌우지 말고 내란법 즉 형법 제77조에 의해서 처단해야 한다.

일본이 우리나라를 병합한 이래 일월이 아직도 짧아서 온갖 법률과 제도가 초창기(百度草創)에 있다. 어진 정사를 행하고 민중의 원망을 없게 하는 것은 공정한 형률(衡律)로써 형옥(刑獄)을 신중히 함에 있다. 한 사람도 국정에 대해서 불만이 없이 하고 사람으로 하여금 감복(感服)보다도 인복(仁服)하게 부리는 것이 필요한 것은 물론이다. 피고의 일편단심은 영원히 변하지 않을 것이며 천부(天府)에 호소하여 원한을 씻어 보려 한다고 운운해도 본 논지 중 두세 건의 방화는 피고 부하의 행동으로 피고가 아는 바가 아니라는 내용의 논지는 원심의 직권에 속한 사실 인정을 비난하는 데에 불과하다. 기타의 논지는 소론과 같이 피고가 국운의 쇠망, 기강의 해이를 개탄하고 국민도탄의 괴로움을 교정, 구원하고 이미 기울어진 국가를 회복할 목적으로 무력에 호소하여 관헌에 항쟁한 것이 된다고 하면 조헌(朝憲)을 문란케 할 것을 목적으로 한 폭동을 한 자로 삼아 내란죄로서 다뤄야 한다.

그러나 원 판결은 각 증거를 종합 판단하여 피고가 1907년(메이지 40년) 음력 7월경 적의 무리 전병무(全兵武)의 권유에 의해 그 무리에 참가하고 다음해 음력 3월까지 잡역에 복무하고 그 뒤에 앞서 전병무의 명령에 의해서 모집한 포수 약 30명 및 전병무의 부하였던 전상모(全相模) 외 1명을 피고의 부하로 하여 재물 탈취를 기도하고 이래 이들을 인솔하여 총기를 휴대하고 각 지방을 횡행 중 강도, 강도살인, 강도상인, 살인방화, 공무집행 방해 등의 범죄를 한 사실을 인정하고 상당한 법조를 적용하여 처단한 것이다. 내란죄의 사실을 인정하지 않은 것이므로 본 논지는 자기의 주장하는 사실을 근거로 하여 부질없이 원심의 전권인 사실의 인정을 비난하고, 나아가 법률의 적용을 부당하다고 논란하는 데에 불과하므로 상고할 적법의 이유가 되지 않는다. 이상 설명과 같이 본 건은 상고의 이유가 없으므로 형사소송법 제285조에 준하여 주문과 같이 기각으로 판결한다.

1915년 10월 28일 고등법원 재판부 판사 와타나베 토오루(渡辺暢), 아사미 린타로(浅見倫太郎), 이시가와 타카하시(石川正), 김낙헌(金洛憲), 미즈노 쇼노스케(水野正之丞)가 판결하였다.

해 제

마지막 의병장으로 알려진 채응언에 대한 고등법원 판결문이다. 1915년 7월 5일 평안남도 성천군에서 채응언이 헌병파견소 헌병에게 체포[42]된 이래 1심 재판은 1915년 8월 28일 평양지방법원에서 개최[43]되었다가 8월 30일 사형 판결을 받았다.[44] 채응언은 항소하여 평양복심법원에서 2심을 진행하였으나 1915년 9월 28일 다시 사형 판결이 내려졌다.[45] 평양지방법원과 평양복심법원에서 진행된 1심과 2심 판결문은 현재 한국 국가기록원에서는 찾아볼 수 없다.

채응언의 사형 판결을 확정지은 고등법원 재판부의 판사는 와타나베 토오루(渡辺暢), 아사미 린타로(浅見倫太郎), 이시가와 타카하시(石川正), 김낙헌(金洛憲), 미즈노 쇼노스케(水野正之丞)이다. 재판장 와타나베 토오루는 "조선에서 재판소의 대선배로 불릴 정도로 당시 물정이 혼란하던 때에 능히 조선의 사회 민풍과 시대의 진운을 안배하여 질서 정연히 조직 합법의 재판소를 수립하고 실제로 모범을 보이며 각종 사안을 재단하지 않는 것이 없었다"고 평가받는 인물로, 3·1운동 시기까지

---

42) 「폭도 괴수는 전멸」, 『매일신보』, 1915.7.8.
43) 「적괴의 공판, 28일 오전 9시에 채응언을 논고」, 『매일신보』, 1915.8.29.
44) 「채는 사형, 기타는 징역 10년 이하의 선고」, 『매일신보』, 1915.8.31.
45) 채응언 고등법원 판결문. 1915.10.28.

고등법원장을 지냈다.[46] 와타나베의 판결은 일제의 의병판결 의도를 볼 수 있는 대표성을 띤다고 할 수 있다.[47] 그가 맡은 의병 관련 판결 중 내란죄가 아니라 강도 및 살인 판결을 받은 경우가 75%에 달했으며, 그 중 절반 이상을 사형 판결을 내리고 있었다. 원심에서 내란죄를 받은 사건이 항소심에서 강도죄로 판결받자 상고심에서 그대로 인정한 경우도 있었다. "무지문맹한 무리로서 본시 정치상의 의견을 가진다는 것과 같은 고상한 사상이 없고 한갓 생활할 재산을 얻기 위해 폭도의 무리에 들어가 이름을 의병이라 빌려 쓰고 백성의 재물을 약탈"한 것이라는 것이 의병을 보는 와타나베 토오루의 시각이었다. 이것은 곧 통감부의 시각이라고도 할 수 있다.[48]

판사 중 경북 안동 출신인 김낙헌(1874년생)은 이 중 유일한 조선인 판사이다. 을사늑약 이후 1905년 12월에 법부 형사국장으로 승진하여 1909년 11월까지 형사재판과 사변 복권 및 가출옥, 검찰 및 변호 업무 전체를 관장했다. 1908년 9월부터 약 보름 동안 법부 민사국장 이시영(李始榮)과 함께 일본의 재판 사무를 시찰하고 왔다. 이후 법전조사국 위원 등을 역임했다. 재판소 구성법 및 부속법령 심사를 맡고 『형법대전』 개정을 위한 형법 교정관으로 활동했다. 병합 후인 1911년 8월부터 1918년 6월까지 고등법원 판사를 지냈으며 1919년 7월 2일 사망했다. 1912년 8월에는 한국병합기념장을, 1915년 11월 '다이쇼(大正) 천황' 즉위기념 대례기념장을 받았다. 퇴직 후인 1918년 6월 조선총독의 자문기구인 부찬의에 임명되어 매년 800원의 수당을 받았다.[49]

....

46) 김항기, 앞의 논문, 113~114쪽.
47) 김항기, 앞의 논문, 114쪽.
48) 이상 와타나베 재판의 특징에 대해서는 김항기, 앞의 논문, 114~148쪽.
49) 민족문제연구소, 2009, 『친일인명사전』, 민족문제연구소(앱 검색).

일반적으로 채응언은 '마지막 의병장'으로 불리는 인물로서 채응언이 체포됨에 따라 1894년 일본의 경복궁 침범사건에서 시작된 약 20년간의 의병전쟁이 상징적으로 대단원의 막을 내렸다.[50] 그러나 그 유명세에 비해 이름이나 생몰연대, 출신배경 등이 불분명한 편이다. 고등법원 판결문이 제공하는 정보는 사실에 가장 가까운 내용을 제공하고 있다고 볼 수 있다. 판결문에 따르면 채응언은 1915년 당시 33세였으며 출생지는 평안남도 성천군 능중면 고익리이다.

『매일신보』는 1915년 7월 10일자 기사에서 「희세거적(稀世巨賊), 체포된 채응언」이라는 제목으로 상당한 지면을 할애하여 채응언의 체포 소식을 보도했다.

채응언은 자신의 행동에 대하여 '도탄에 든 인민을 구원하고 떨어진 국권을 회복하기로 하여 분연히 의거'한 것이라고 의의를 분명히 하고 이는 정정당당하고 예의를 높이며 인도를 숭상한 행위였다고 자리매김한다. 따라서 강도, 살인, 상인(傷人)이라는 죄명은 타당치 않다는 것이다.

법정이 채응언의 행위를 따진 법률은 다음과 같다.

- 형법대전 사시잔해률(死屍殘害律) 제472조: 버려진 시체가 있음을 발견하고 관사(官司)에 신고하지 아니하고 다른 지역에 함부로 옮기(輒移)거나

50) 홍영기, 「채응언 의병장의 생애와 활동」, 『한국독립운동사연구』 26, 2006, 117쪽.

매장하는 자는 태 80에 처하고 이로 인하여 시체를 잃어버리거나 훼손하거나 물이나 불에 넣어 두는 경우에는 태 100에 처함이라.

- 형법대전 고살인률(故殺人律) 제477조: 사람을 고의로 살해한 자는 수종 (首從)을 가리지 않고 교(絞)에 처함이라.
- 형법대전 고살인률(故殺人律) 제478조: 강도나 절도를 행할 때에 사람을 살해한 자는 수종을 가리지 않고 모두 교(絞)에 처함이라.
- 형법대전 투구상인률(鬪毆傷人律) 제516조: 강도 또는 절도를 행할 때에 사람을 상하게 하는 자는 수종(首從)을 가리지 않고 모두 교(絞)에 처함이라.
- 형법대전 강도율 제593조: 재산을 협박하여 취할(劫取) 계획으로 다음과 같은 행위를 범한 자는 수종(首從)을 가리지 않고 교(絞)에 처하되 자기가 행하고 재물을 얻지 아니한(未得財) 자는 징역 종신에 처함이라.
- 제593조 제1호: 1인 혹은 두 사람 이상이 주야를 가리지 않고 벽지의 조용한 곳 혹은 큰 길이나 인가에 돌입하여 협박, 몽둥이나 병기를 사용한 자.
- 제593조 제3호: 도당을 모집해서 병장기를 가지고 여항(閭巷) 또는 시정 (市井)에 난입한 자
- 형법 공무의 집행을 방해하는 죄 제95조 : 공무원의 직무를 집행함에 당하여 이에 대하여 폭행 또는 협박을 가하는 자는 3년 이하의 징역 또는 금고에 처함. 공무원 하여금 혹 처분을 하게 하고 또는 아니하게 함을 위하여 또는 그 직을 사직케 함을 위하여 폭행 또는 협박을 가한 자도 역시 동일함.
- 형법 제180조: 앞의 4조의 죄(제176조: 13세 이상의 남녀에게 대하여 폭행 또는 협박으로 외설의 행위를 한 자는 6월 이상 7년 이하의 징역에 처함. 13세에 미치지 아니한 남녀에게 대하여 외설의 행위를 한 자도 역시 동일)는 고소를 기다려 이를 논함.

법정에서 채응언의 죄는 살인, 강도, 절도, 시신훼손, 공무집행방해

따위로 다뤄졌다. 이러한 죄명은 1심인 평양지방법원에서부터 다뤄졌는데, 채응언은 여기에 반발하며 계속해서 상고하였다. 자신은 함부로 사람을 죽이거나 해친 것이 아니라 대의에 따라 군율로써 다룬 것이라는 주장이다. 의병부대의 질서를 다스렸던 군율에 대해서는 채응언의 판결문에 의병장 유인석이 서태순에게 전달했다는 방식으로 언급되어 있다. 군율의 자세한 내용은 이른바 채응언 격문을 통해 확인할 수 있다.[51]

군물을 은닉한 자는 왜적과 더불어 참수한다.
의진을 엿보아 왜적에 알린 자는 바로 참수한다.
의병을 빙자하여 백성을 약탈한 자는 바로 참수한다.
장수의 명령을 따르지 않는 자는 바로 참수한다.
몰래 술을 마시고 떠들거나 예를 잃은 자는 바로 참수한다.
적과 접전할 때 겁을 내어 후퇴한 바는 바로 참수한다.
몰래 귀가한 자는 바로 참수한다.
일진회원을 보고도 죽이지 않는 자는 바로 참수한다.
행군할 때 떠드는 자는 바로 참수한다.
무기를 정제하지 않고 태만히 한 자는 바로 참수한다.
파수를 볼 때 항상 시간을 지키지 않는 자는 즉시 참수한다.
파수를 볼 때에는 두 시간씩 교대하여 보초를 선다.
사사로운 일로 서로 싸운 자는 형벌에 처한다.
약속을 하고서 지키지 않는 자는 형벌에 처한다.

. . . .

51) 채응언 의병부대의 격문은 '대한보국창의장(大韓輔國倡義將)'으로 시작하여 '진동본진분파대장(鎭東本陣分派大將) 채응언(인)'으로 끝나있다. 이 자료는 원산경찰서 덕원군 출장순사대가 함남 안변군 서곡사 사동 부근에서 1908년 7월 25일에 입수한 것으로서 원산경찰서장이 마츠이(松井茂) 경무국장에게 7월 29일자에 보고한 것이다. 국사편찬위원회가 편찬한 『독립운동사』 1, 1970, 668~670쪽에서 살펴볼 수 있다 (홍영기, 위의 논문, 128~129쪽).

이에 따라 채응언은 법정에서 다루는 죄의 증빙이 충분치 않다고 말하고 잘못 해석하여 법률 적용을 하지 말라고 주장한다. 강도나 절도의 목적이 아니라 충국애국의 혈성으로 의병을 일으킨 것이며, 그 과정에서 재산 강탈이나 사람을 고의로 죽이는 행위는 없었다는 것이다. 사람을 상하는 일이 있었다면 부정행위자나 배반자에 대한 처단이었을 뿐이고 오로지 국권회복과 백성구원이라는 애초의 목적을 이루기 위해서 충돌이 있었으니 자신의 행위를 다루는 법률은 맞지 않다고 주장했다. 그리고 무리한 법률로 죄를 씌우지 말고 형법 제77조, 곧 내란죄로 자신을 처단하라는 것이다. 내란죄의 내용은 다음과 같다.

- 형법 내란에 관한 죄 제77조: 정부를 전복하고 또는 나라를 참절하고 기타 조헌(朝憲)을 문란함을 목적으로 하고 폭동을 한 자는 내란의 죄로 하여 다음의 구별에 따라 처단함.
- 제1호 수괴는 사형 또는 무기금고에 처함.
- 제2호 모의에 참여하고 또는 군중의 지휘를 하는 자는 무기 또는 3년 이상의 금고에 처하고 기타 제반의 직무에 종사하는 자는 1년 이상 10년 이하의 금고에 처함.
- 제3호 부화순행(附和順行)하여 기타 단순히 폭동에 간여하는 자는 3년 이하의 금고에 처함.
- 전 항의 미수죄는 이를 벌함. 단 전항 제3호에 기재하는 자는 이에 해당하지 않음.

채응언은 죽음을 두려워하기보다 자신의 행동이 일제의 법정에 의해서 왜곡되는 것을 더욱 우려했다. 사실 채응언은 체포된 당시부터 죽음을 예감하며 의연하게 행동했다고 한다. 평남 성천에 일시 구금되었던 채응언은 1915년 7월 8일 평양헌병대 본부로 이송되었는데, 당시 언론을 그 모습을 다음과 같이 보도하였다.

> 자동차로 평양헌병대 본부에 도착하였는데, 이 유명한 괴물을 보고자 하
> 는 사람들이 골목 골목에 가득하여 시중 분잡이 대단하였더라. 채응언은 엄
> 중히 수갑을 차였는데 보기에 한 사십 가량쯤 되었고 갈색 헌병복으로 튼튼
> 한 몸을 싸며 사납고 겁 없고 담차고 고집 센 성질이 그 얼굴에 나타났더라.
> 얼굴은 포박할 때에 서로 싸운 까닭으로 난타되어 왼편 눈퉁이가 좀 상하여
> 거무스럽게 부어올랐더라. 곧 유치장에 구금되었는데 반듯이 드러누운 대
> 로 꼼짝도 아니하며 이미 운수가 다하였다 하여 태연한 모양이더라.
>
> (「희세거적」, 『매일신보』, 1915.7.10.)

체포되면서도 채응언이 당시 헌병에게 "매우 애를 썼구나"라고 말했
다고 하는데, 그 후 이송 과정에서도 시종일관 죽음에 초연한 모습을 보
였다. 평양지방법원에서 사형을 선고받은 그는 곧 항소하였다. 그는 재
판과정에서 살인, 강도죄를 적용받는 것에 불복하였으며 그것이 받아들
여지지 않자 자살을 기도하였다. 9월 초순 채응언은 자신이 입고 있던
옷으로 만든 새끼줄로 감방 대들보에 목을 매려다 간수에게 발각되어
미수에 그치고 만 사건이 있었던 것이다.[52]

2심은 1915년 9월 21일부터 평양복심법원에서 열렸다.[53] 채응언은 살
인, 강도죄를 적용하는 점에 대해 지속적으로 문제를 제기하였으나 평
양복심법원 역시 그 주장을 받아들이지 않고 사형을 확정하였다. 채응
언은 다시 상고하여 강도, 살인죄명으로 죽는 것은 옳지 않으므로 의적
의 명분으로 사형에 처해달라고 주장하였다.[54] 판결문에서 살펴본 대로

----

[52] 「채응언은 자살코자」, 『매일신보』, 1915.9.15.

[53] 「사형확정」, 『매일신보』, 1915.9.22.

[54] 「불원(不遠)한 채의 최후」, 『매일신보』, 1915.10.13.

내란죄로 처벌해달라는 것이다. 그러나 고등법원에서 기각 결정이 내려 채응언은 그대로 강도, 살인, 공무집행 방해죄로 사형이 확정되었다. 채응언은 1915년 11월 4일 오후 2시 평양감옥에서 교수형에 처해졌다. 『매일신보』는 채응언의 최후 모습을 다음과 같이 전하였다.

교수대상의 채응언, 채응언은 사일 오후 두시 사형 집행 태연 자약히 삼십 분 동안에 절명됨: 희대의 흉적이라는 말은 들으나 그 대담함과 출몰자재한 행동 등을 보면 참으로 보통사람 이상의 뛰어나다 할 만한 채응언은 필경 10월 28일 고등법원에서 상고기간의 판결을 당하여 사형이 확정되었으므로 11월 4일 오후 2시부터 평양감옥에서 삼정(三井) 복심법원 검사, 염강(鯰江) 전옥, 천구(川口) 서기의 입회하에 교수대에 올라갔는데 태도가 극히 태연하며 스스로 시세를 모르고 폭거를 시작하였다가 마침내 잡혀 사형을 당함을 부득이한 일이라 하고 또 '성천군에 나의 형이 있으니 이곳에서 죽었다는 기별을 하라' 그 외에는 유언이 없다 하고 13분에 마침내 절명하였더라.

염강 전옥의 말. 채응언이가 '나는 의병인즉 강도살인의 죄명으로 사형을 받기는 싫다' 하고 상고는 하였으나 사형을 면하지 못할 줄은 짐작한 모양이더라. 감방 중에 있어서도 책을 보는 등 태연하더라. 또 죽일 때에 내 형에게 기별하라고 유언은 하였으나 그 형이라 함은 한번 와서 면회는 한 모양이나 아주 냉담하여 감방에 무엇 하가지를 들려보내는 일도 없었는데 이와 같이 냉담한 형이 어떠한 생각을 할는지.

기타의 3인. 명치 43년에 재령 서기 금광 사무원 빈전(濱田), 기포(箕浦) 양인이 사리원 농공은행지점에서 삼천원의 정금을 가지고 돌아오는 줄을 알고 도중에서 양인을 참살한 후 돈을 탈취한 흉한 황해도 옹진군 마산면 원성호(33)는 4일에 채응언의 다음으로 사형집행을 당하고, 또 황해도 해주군 천결면 동녕동 이근식과 및 동도 평산군 용산면 김경칠(37)은 강도살인의 죄명으로 고등법원에서 사형이 확정되어 다 3일 오후에 평양감옥 교수대 위의 귀신이 되었더라.

(『매일신보』, 1915.11.6)

채응언은 사형을 당하기 직전까지 태연한 모습을 잃지 않았으며 일본 법정이 적용한 강도, 살인죄를 전혀 승복하지 않았다. 이는 일제의 사법권을 부정하는 것일 뿐만 아니라 일제의 지배정책을 거부하는 것이라 하겠다.[55) 그러나 판결문에서 드러났듯이 채응언의 외로운 법정투쟁은 일본의 법정에서 전혀 받아들여지지 않았다. 그것은 일제가 의병을 '폭도', 의병장을 '적괴(賊魁)'로 간주함으로써 의병의 야만성과 불법성을 부각시키려는 의지가 작용하였기 때문일 것이다.[56) 그러나 채응언은 재판과정에서 의병의 활동 목적과 정치적 의도를 밝혔다. 이를 통해 자신이 행한 의병 활동은 강도가 아닌 정치상의 목적을 가진 내란임을 주장하면서 정당성을 확보하는 논리로 대응하였다. 곧 일제가 의병을 처벌하기 위해 만든 법정을 의병항쟁의 정당성과 합법성을 논파하는 곳으로 만들며 처벌의 '정당성'과 '적법성'을 무력화시키는 공간으로 변화시켰던 것이다.[57) '마지막 의병장' 채응언의 사형 이후에도 의병들의 산발적인 저항은 계속되었다.

---

55) 홍영기, 앞의 논문, 139쪽.
56) 홍영기, 위의 논문, 140쪽.
57) 김항기, 앞의 논문, 184~185쪽.

4

보안법 등 위반 피고사건

1) 김재성 판결문
(1915년 형상 제111호, 大正4年刑上第111號, 고등법원)

　살인 및 보안법 위반 혐의로 재판을 받은 김재성의 2심과 3심, 곧 경성복심법원과 고등법원 판결문이다. 국가기록원에 소장되어 있으며 관리번호는 각각 CJA0000197-0006, CJA0000432-0049이다.

　경성복심법원에서 진행된 2심 판결문은 다음과 같다.

　살인 및 보안법 위반 피고사건으로 1915년(大正4年) 8월 16일 공주지방법원에서 언도한 유죄 판결에 대하여 피고가 공소를 신청하였기로 조선총독부 검사 오다(奧田畯)의 관여로 심리하여 판결하고 형을 확정한다.

　피고는 피의 사실은 다음과 같다. 첫째 스스로 의병이라 칭하고 총기를 휴대하게 한 부하 수십 명의 수괴가 되어 일본인을 습격할 목적으로써 충청북도 각 지역을 돌아다니다 1907년(明治40年) 8월 28일에 충북 보은군 읍내에 침입하였다. 이날 저녁에 조덕건(趙德建)이란 자가 시미즈(淸水民治)의 아내 도요(トヨ)를 붙잡았다. 이튿날 29일에 폭도에게 가담한 마을사람이 기타무라(北村千束)와 그 아내 요시(ヨシ) 및 시미즈를 붙잡아서 각 피고들 앞으로 끌고 옴으로써 피고는 이날 그의 부하를 시켜 보은읍내 보은군청 문 밖에서 위의 4명을 연달아 총살했다.

　둘째, 1914년(大正3年) 음력 8월 중에 충청북도 괴산군 청천면 지촌리 정운기(鄭雲淇) 집에서 정운기 외 수 명에게 대하여 "자신은 이태왕(李太王) 전하의 내명을 받아 현재 의병을 일으키고자 계획 중이다. 주모자는 전라도의 홍재식(洪在植)과 서간도에 사는 이래춘(李來春) 및 자신

3명이다. 지금 경성에서는 각 도로부터 모인 학자 2~3백 명이 비밀리에 군사를 모집하고, 또한 민병승(閔丙昇)이란 사람이 군용금 20만 냥을 지출하기는 것으로 되어 있으니 계획이 이루어지면 먼저 일본 내지인 전부를 경성에서 격퇴하고 이완용(李完用), 박영효(朴泳孝) 등을 살해한다. 총기는 중국(支那)으로부터 구입하고 동시에 중국군(支那兵)의 응원을 구하기로 되어 있음에 동지되기를 권유한다"는 내용의 정치에 관한 불온 언동을 하고 치안을 방해하였다.

첫 번째 사실은 당 법정에서 피고가 "자신은 의병대장이 되어 판시(判示)한 목적으로 각 지역을 돌아다니던 중 판시한 날짜에 서(徐) 및 이남규(李南奎)의 군(軍)과 함께 충청북도 보은군 읍내에 침입하여 군 관아에 있을 때에 총소리가 들려서 조사하였더니, 일본인 4명 중 3명을 총살하였다는 것이었다"는 내용의 공술을 하였다. 원심 공판 시말서 중 피고가 판시 8월 20일에 자신의 부하가 "하상촌리에서 체포하였다"면서 일본인(內地人) 1명을 끌고 왔는데 그 일본인은 "만약 목숨을 살려준다면 의병 동지로 가입하겠다"는 내용을 말했어도 의병이 된다는 것은 한국의 국권 회복을 위한 것으로 일본인이 의병에 가입한다는 것은 부당하다고 믿고 신으 부하 장덕근(張德根)을 시켜 그 일본인을 살해하였다는 내용의 공술 기재가 있다.

검사 이길선(李吉善) 신문 조서 중 1907년(丁未年) 음력 7월 20일에 피고는 부하를 데리고 보은읍내에 침입하여 군 관아에 있었다. 이날 해질녘에 총을 가진 조덕건이란 사람이 일본인 시미즈 모(淸水某)라는 24, 25세의 부인을 붙잡아 끌고 왔다. 그때 피고는 무엇을 명령하였는지 모르나, 다른 데로 끌고 가서 이튿날 자기가 군 관아에 있을 때 병원 마을(幷院里) 사람이 일본인 기타무라(北村) 부부를, 강상막 마을(江上幕里) 사람이 시미즈라는 일본인을 피고 앞에 끌고 왔으나 피고가 어떤 것을 말하였는지는 몰라도 얼마 안 되어 밖으로 데리고 나갔으며 잠시 후 총소리가 들렸다. 의병이 "일본인이 시장에서 총살되었다"고 말하였다. 그후 25일에 가서 군 관아 문에서 100미터(1丁) 정도 떨어진 곳에 시미즈와 기타무라 두 부부의 시체가 있음을 보았다는 내용의 공술 기재가 있다.

증인 안경운(安敬云) 예심조서 중, 자기는 1907년(丁未年) 음력 7월 20일부터 동 24일까지 폭도의 수괴인 피고의 부하가 되어 있었다. 그 당시 군 관아 안쪽에서 경비를 서고 있을 때 피고는 부하 5, 6명을 이끌고 "일본인을 죽이러 간다"고 하면서 나갔는데 잠시 후 시장 쪽에서 총소리가 났다. 피고 등은 "일본인을 죽였다"면서 돌아 왔는데 후에 들으니 읍내에서 일본인 부부가 살해되었다는 것이었다는 내용의 공술 기재가 있다.

증인 미야사카(宮坂直一郎)의 예심조서 중, 자기는 시미즈와 기타무라 두 부부가 살해된 지 2, 3일 후에 하쿠이(羽咋) 순사부장과 함께 보은에 가서 읍내에서 남쪽으로 300, 400미터(3, 4町) 정도 떨어진 강가에 부부 각 한 쌍씩 90센티미터(3尺) 정도의 깊이로 매장한 것을 발견하고 검시(檢視)함에 시미즈 시체의 등에 산탄(霰彈)이 여러 발 명중하였고 복부에는 손가락 크기의 탄환 1개를 맞았으며, 다른 3명의 각기 등에는 탄환 3개 또는 4개를 맞았다는 내용의 공술 기재를 종합한다.

두 번째의 사실은 영치(領置)된 정운기(鄭雲淇) 외의 2명에 대한 보안법 위반 피고사건 기록 중, 사법경찰관이 정운기를 신문한 조서에 "피고는 자신의 집에 30일 동안 머물렀는데, 그 사이 김은좌(金殷佐)가 3번가량 와서 피고와 밀담했다. 음력 8월 15일경 자신이 피고에게 밀담한 사실을 물었더니 피고는 판시한 대로 말하였다. 또한 그때 피고가 성을 지키는 대장(守城將)은 보은군에서 김영백(金永伯), 연풍군에서 이상곤(李相坤), 괴산군에서 김은좌로 정하고, 자신은 약 100명 정도의 군사를 이끄는 초관(哨官)으로 정하겠다고 하였다. 자신은 피고의 명령으로 한

두 번 맹명여(孟明汝)와 이상곤의 집에 가서 명여에게는 앞서 자신의 집에서 피고를 면회한 용건을 물었더니, 그는 의병을 일으킬 계획을 듣기 위한 것이었다고 대답하였다. 피고가 의병을 일으키는 것에 대하여 논의를 하였다"는 내용의 공술 기재에 의하여 각각 이를 인정한다.

법률에 따라 위에서 제1의 행위는 조선형사령 제45조에 의하여 형법대전 제473조 조의율(造意律), 형법 55조 조선형사령 제42조에, 제2의 소위는 보안법 제7조, 조선형사령 제42조에 각각 해당하므로 제2의 죄에 대하여는 소정의 형 중 유기징역형을 선택하고 병합죄이므로 형법 제45조, 제46조 제1항에 의하여 제1의 죄에 따라 피고를 사형에 처한다. 압수 물건은 형사소송법 제202조에 의하여 각 제출인에게 반환하고, 원심의 공소(公訴) 재판 비용은 동법 제201조 제1항에 의하여 전부 피고에게 부담시켜야 한다.

그러니 위에서와 동일한 이유로 동일한 처분을 한 원 판결은 타당하여 피고의 공소(控訴)가 이유가 없음으로 형사소송법 제261조 제1항에 의하여 주문과 같이 판결한다. 경성복심법원 판사 스즈키 고사부로(鈴木伍三郎), 와다 시로(和田四郎), 아오야마 토루세(靑山暢性)가 1915년 10월 15일에 판결하였다.

김재성은 다시 항소했으나 1915년 11월 4일 고등법원에서 기각당하였다. 검사 쿠사바 린고로(草場林五郎)의 주문 이유는 다음과 같다.

상고의 취지는 1907년(明治40年) 정미(丁未) 6월 중에 국군(國兵)이 해산되고 인심이 황망하여 의병이 사방에서 일어났을 때 피고도 역시 초야(草野)에 태어나 적어도 의무의 마음이 있어 부하를 이끌었다. 7월 20일에 서상현(徐相顯), 이남규의 양 진(陳)과 함께 해가 저물 때를 타서 보은군에 들어갔다. 서, 이 두 부하는 읍의 동쪽 길 위에 늘어서고 피고의 부하는 읍의 서쪽 길 위에 늘어섰다. 서, 이 및 피고는 모두 군청에 머물다가 다음날 포성이 있어 동쪽 길 위로 나와 놀라 물었다. 졸병 한 명이 이남규에게 와서 말하기를 "지난밤에 여자 2명을 붙잡고 오늘 아침 그리고 일본인 2명의 도망자를 포박해 데리고 옴에 따라 모두 4명을 포격했"고 말하였다. 부하가 함부로 죽인 것(亂殺)은 주요 대장 이남규도 처음부터 알고 있는 바이다. 하물며 부분이 다른 피고가 어찌 관계가 없다고 할 수 있겠는가.

그 후 6년 뒤인 1913년(大正2年) 계축(癸丑) 음력 3월 중에 피고가 마침 경성에 왔을 때 곽한일(郭漢一), 전용규(田龍圭) 두 사람이 피고에게 말하기를 "지금 민권을 단합하기 위해 창덕궁에서 조서를 발함에 따라 우수한 인재에게 조서를 내려 보내어 경북 문경군 최욱영(崔旭永)에게 그 명을 전해 주자"는 일이 있었다. 피고는 욱영에게 전하고 그 후 1914년(甲寅) 음력 7월에 괴산 지촌리 정운기 집에 갔을 때 이병억(李秉億), 김상익(金相翊)의 말에 "서양의 난리가 동양에 미침에 조선인민을 살육함에 따라 재능과 덕을 모두 갖춘 사람을 구해 민을 보존토록 하는 것은 좋은 일이다." 피고가 그에 응하여 작년 상경했을 때 사람들이 나에게 말하기를 "청나라 사람 송더칭(宋德淸)이란 자가 재주와 덕을 함께 갖고 조선의 백성을 위해 조선에 남아 있는 것이 20년이 됨에 따라 재산이 있다면 이 사람과 상업을 함께 하여 만약 난세가 되면 그것으로 민을 지키면 어떠한가 라고 말한 일이 있다"고 진술하였다. 그때 이병덕은 민병승(閔丙昇) 집에 가서 재산 천원을 구한다고 말했지만 그 후 서신이 온 것을 보면 조달하지 못했다는 것으로 이후 이러한 일들은 그것으로 다하여 두었던 것이다.

작년 음력 12월 중에 피고가 음성에서 붙잡혀서 청주 감옥에 구류되었을 때, 검사의 심문에 대하여 보은군에서 일본인 4명을 죽인(物故) 사건을 변명하고 그 후 또 며칠 지나 검사의 심문에 대하여 중국인(支那人)

우동의 일을 변명함에 검사로부터 홍재식(洪在植), 이래춘을 아느냐는 질문을 듣고 알지 못한다고 대답했다. 그 후 음력 정월 초6일 공주감옥에 압송되어 머문지 10여 일이 지난 후 검사가 "어째서 의병을 일으켰느냐"는 심문을 받고 피고는 "나라가 망해서 의병을 일으키는 것은 자연스러운 과정이다"라고 응답하고 다시 한 마디 없이 퇴출되었다. 며칠이 지난 뒤 다시 청주에 압송되고 음력 정월 23일이 된 후 한 달 남짓이 되었을 때 판사가 "너는 안경오(安慶五)를 알고 있느냐"고 심문하는 것에 대해 "알지 못 한다"고 응답했다. 이에 한 사람을 불러들여 그 사람에 대하여 "이것은 김재성이 아니지 않냐"고 물으니 그 사람은 처음부터 알지 못한다고 대답함에 공갈(恐喝) 소리를 하였음으로 그 사람이 겁을 내어 그에 응하는 것과 같이 있게 되었다. 판사가 피고에 대해 안경오의 말을 들음에 "피고가 보은에 들어왔을 때 네가 이끈 부하 여러 명이 일본인을 포살시킨 일이 있었는가" 했다. "과연 그러한가"라고 심문함으로써 피고는 "안경오라는 자는 피고가 처음부터 알지 못하는 자이다. 그때의 사실은 이미 검사의 심문에 대해 변명했던 것과 같이 전부 관계없다"고 응하였다. 그 후 판사의 결정서를 봄에 경성을 격파하고 박영호, 이완용을 죽이겠냐고 말한 일, 또 힉자 수백 명을 경성에 소집했다고 말한 일의 기재가 있다. 이러한 여러 건은 검사 및 판사가 심문했을 때에도 심문하지 않은 일이 있는데도 그것을 기록하여 보은의 사건을 전부 비고에게 돌아가게 함은 매우 원망함에 따라 상고한다고 말함에 있어도 원판결을 열람해 보니 증거에 기초하여 피고가 1907년(明治40年) 중에 스스로 의병이라고 칭하고 총기를 휴대시킨 부하 수십 명의 수괴가 되어 일본인 습격의 목적으로 각 곳에 돌아다닌 중 그 부하에게 명하고 붙잡아온 일본인 4명을 총살시켰다는 내용의 사실 및 피고가 1914년(大正3年) 중에 정운기 외 여러 명에 대하여 이태왕 전하의 내명을 받아 현시 의병을 일으킬 계획 중이라고 알리고 동지가 될 것을 권유하며 정치에 관하여 불온한 언동을 하고 치안을 방해했다는 내용의 사실을 인정해서 처단함에 따라 이 논지는 결국 원심의 직권에 속하고 위 사실 인정을 비난하는 데 돌아감으로써 상고 적법은 이유가 없다.

이상 설명함과 같이 본 건 상고는 그 이유가 없으므로 형사소송법 제285조에 따라 주문과 같이 판결하고자 한다. 1915년 11월 4일 고등법원 재판장 아사미 린타로(淺見倫太郎), 이시가와 타카하시(石川正), 마에자와 나리미(前澤成美), 김낙헌(金洛憲), 미즈노 쇼노스케(水野正之丞)가 판결하였다

해 제

의병 활동에 관한 1915년 판결문이다. 의병장 김재성은 살인 및 보안법 위반으로 재판을 받고 사형선고를 받았다. 당시 이 사건은 조선총독부의 기관지 『매일신보』에서 큰 관심을 보이고 연달아 보도하기도 하였다. 애초 시작은 동지인 최욱영의 공소 보도였다.

지나간 22일 공주지방법원으로터 경성복심법원에 큰 형사 사건이 공소되어 올라왔는데 그 원심에서 판결한 내용을 본 즉 경상북도 문경군 영순면 백포리 사는 최욱영(崔旭永)(60)이란 자는 명치 40년 음력 8월 중에 폭도 수괴 이강년(李康年)의 부름에 의지하여 군사장이 되어 연래로 각 처를 횡행하다가 명치 사십일년 음력 5월에 이강년의 말에 의지하여 최욱영을 권태준(權泰俊)이라 변명하고 전기 주소에 잠복하여 시기를 가만히 엿보던 중 대정 2년 음력 6월에 '이태왕 전하의 밀사'라 칭하는 경성 사는 김재성(金在聖)에게 칙명이라 일컫는 비단 방탕의 사령서(辭令書)를 받고 그때로부터 뜻을 국권회복에 두고 이왕부터 친면이 있는 경북 안동군 내남면 사는 류승만(柳承

晩)(53)과 예안군 사는 이중화(李重和)(50), 산청군 사는 조감역(趙監役)(64), 강원도 강릉군 사는 김병연(金秉淵)(34), 이인화(李仁和) 등과 서로 찾아다니며 국권을 회복하기에 이를 쓰며 한 가지 군사를 들어 '내란'을 일으키기로 하고 계획의 의론함이 모든 사람도 크게 찬성하여 최욱영의 획책을 죽기로써 보조하기로 되어 최욱영은 널리 동지자를 모집하던 중 대정이년 음력 칠월에 동지자 되는 노병식(盧炳植)의 소개로 이중호를 찾아보고 일을 같이 하기로 맹세를 받은 후 기틀을 보아 돈을 변통하여 가지고 군사를 들기로 작정하였으나 그러나 어언간 동지자 17명을 얻어 생사를 물고하고 내란의 준비를 하고자 하여 화승총 열아홉 자루와 군도 두 개와 철봉 한 개를 준비하고 또 검은 양복 열 벌을 얻어놓고 팔방으로 분주히 다니며 운동하였으나 첫째, 비용이 군졸하여 김중매와 의론한 결과로 대정 이년 섣달에 군자금으로 돈 백원과 김숙헌으로부터 또 백원을 제공한 고로 최욱영은 운동비(運動費)에 궁하여 드디어 여러 부하를 지휘하여 대정 이년 음력 6월에 구권을 회복한다는 말을 드러내고 군자금을 주선한다는 이름을 붙여 작년 음력 5월에 강원도 영원군 어떤 집에 가서 돈을 빼앗았고 또 그 길로 원주군 금물산 구성회(具聖會)의 집에 가서 160여원을 강탈한 일과 그해 섣달 하루날 밤에 충북 제천군 근우면 면장의 집을 읍습하여 삼줄로 면장을 결박하고 보관하여 두었던 공금을 강탈하여 가지고 그면 서기의 집으로 가서 역시 보관하여 둔 공금 100여 원을 강탈한 외에도 부지기수임으로 이래 관헌은 그 거괴되는 최욱영을 체포하기에 애를 쓰다가 드디어 다만 한 명만 잡아 제천경찰서에서 취조를 마치고 공주지방법원으로 보내어 양각(兩角) 검사의 심리판결로 징역 15년에 처한 것을 불복하여 이번에 공소한 일이라더라.

(「괴수 이강년(李康年)의 군사장(軍師長), 징역 15년에 불복 공소,
국권회복한다고 강도질」, 『매일신보』, 1915.6.25.)

위 기사에서 김재성(金在性)의 한자 이름이 김재성(金在聖)으로 기록된 것은, 나름 가명을 표시하는 이 시기 언론의 보도 방식이었다. 최욱영의 공소 내용을 다루는 재판 중에 등장한 김재성은, 1915년 6월 시점에서 그 활동 내용이 아직 드러나지 않은 듯하다. 이강년, 최욱영으로 얽힌 의병 사건 속에서 김재성의 역할은 '이태왕', 곧 고종의 뜻을 내세워 동지를 모으는 일이었던 듯싶다. 김재성의 첫 공판은 1915년 8월 16일 공주지방법원에서 있었으며, 이때 김재성은 살인과 보안법 위반죄로 기소된다. 그리고 사형을 판결받는데, 청나라 사람과 연결되어 일본인을 죽었다는 사실이 주목받았기 때문으로 보인다.

몇 해 동안 이름을 국권회복에 붙이고 부하 수십명으로 더불어 각도 지방을 횡행하여 내지인이라면 저항하고 살행한 일이 적지 않은 바 필경 잡혀 공주지방법원 양각(兩角) 검사의 신중히 조사한 결과 살인과 보안법 위반으로 사형선고를 하여 드디어 사형팔결에 불복하고 경성복심법원에 공소한 김재성(주소부정, 金在性)(54)이란 자는 자칭 의병대장이 되어 총기 탄약을 가지고 부하 수십명으로부터 국권회복을 목적하여 일본 사람이라면 반항할 목적으로 충청북도 각군 지방을 횡행하던 중 명치 40년 8월 28일 충북 보은군 읍내에 침입하여 그날 저녁 때에 조덕건, 내지인 청수민치(清水民治)의 처「도요」를 포박하여 읍내 이장 장원서(張元西)에게 맡겨두고 그 이튿날 29일에 폭도에 들라는 말에 못견디어 리민 등은 다른 곳으로 피난하던 사람 중에 내지인 북촌(北村)과 그 처「요시」와 또 청수민치까지 체포하여 가지고 당초의 목적대로 그 부하를 지휘하여 전기 청수의 부처와 북촌의 부처 합 네 명을 총살하였고 또 대정 3년 음력 7,8월 중에 충청북도 괴산군 청천면 지촌리 정운기의 몇 명에게 대하여 자기는 이태왕 전하의 내명이 있어 지금 의병을 일으키는 중인데 주모자는 전라도 홍재식(洪在植), 서간도에 있는 이래춘(李來春)과 및 자기 등 3인이라. 목금 경성에는 각도로부터 모여있는 학자 이, 삼백 명이 비밀히 병사를 모집하는 중이오 또 민병승이란 사람이 군용금으로 이천원을 내어 놓기로 되었는데 그 계획이 성취하는 날에는 먼저 내지인 전부를 경성으로부터 쫓아내고 또 조선 귀족 이완용, 박영호 등을 죽일 터이오, 모든 총기는 지나(支那)로부터 사들이는 동시에 지나의 구원병을 청하기로

되었다 하고 공연히 민심을 선동하며 동지자를 모집하는 중이라 하고 정치
에 관한 불온한 행동을 하여 치안을 방해하는 데 이 자는 임자년 섣달에 시
종 전용규(田溶奎)에게 충북 회인, 청주, 보은군 초토사의 사령까지 이태왕
전하께서 내어주신 것을 받았다가 일이 발각되어 내어버린 일까지 자백하였
다더라.

(「자칭 의병대장, 사형에 불복하고 공소 신청」, 『매일신보』, 1915.9.2)

이미 기재한 바 병합 전 충북 각지를 횡행하던 근세의 드문 흉적 김재성
(金在性, 54)은 스스로 수괴가 되어 총기 탄약을 가진 부하 수십 명을 거느리
고 각 지에서 흉토한 일을 자행하여 명치 40년 8월 중에는 충북 보은군 읍내
에 사는 내지인 청수민치(淸水民治) 부처와 도 북촌천속의 두 내외를 총살하
기를 위시하여 기타 내지인을 살상하고 전 조선에 있는 주모자와 서로 연락
을 하여 가지고 경성에 있는 내지인과 및 조선 귀족을 격퇴할 계획을 하던
김재성의 사건은 공주지방법원에서 사형의 선고를 당한 것을 불복하고 경성
복심법원에 공소하여 역시 사형의 판결을 하였더니 이 자는 죽기가 억울타
하고 고등법원에 상고하였다더라.

(「又一敵魁 上告, 유명한 폭도 괴수」, 『매일신보』, 1915.10.20)

거듭된 상고에도 불구하고, 일본 법정은 김재성에게 사형 선고를 유
지한다. 김재성 본인이 말하는 의도와 의미가 어떠했든 간에 일본인 살
해와 '한국의 국권회복을 운운해 치안을 어지럽혔다'는 사실이 변하지
않기 때문이라고 밝힌다. 이는 식민권력이 식민지를 타파하고자 하는
조선인의 의병활동에 대해 가진 기본적인 시각이었을 것이다. 1915년에
순국한 김재성은 2003년 보훈처에서 애국장을 수여했다.

2) 김동목 등 판결문(1916년 형상 제118호, 大正5年刑上第118號, 고등법원)

김동목(金東穆), 김석호(金錫護), 이필화(李苾和)의 보안법 위반 및 사기, 공갈 사건에 대한 재판 판결문이다. 국가기록원에 소장되어 있으며 관리번호는 CJA0000720-0058과 CJA0000434-0017이다. 각각 대구복심법원과 고등법원 판결문에 해당한다. 김동목과 김석호는 제2심까지 가서 보안법 위반 및 공갈죄가 성립되어 각각 징역 7월과 징역 5월을 확정했고, 이필화는 고등법원에서 무죄를 선고받았다.

1916년 8월 10일 대구복심법원에서 있었던 2심 판결은 다음과 같다. 사건번호는 1916년 형공 제485호(大正5年刑控第485號)이다. 김동목은 경기도 강화 출신, 농업, 35세이다. 이필화는 경기도 경성부 출신이며 광산업, 63세이고, 김석호는 전라남도 제주 출신, 농업, 42세이다.

이들 세 명에 대한 보안법 위반, 사기 및 공갈 피고사건에 대하여 1916년(大正5年) 6월 30일 광주지방법원 목포지청에서 피고 이필화를 무죄로 하고, 보안법 위반 및 공갈의 점에 대해 피고 김동목을 징역 7월, 피고 김석호를 징역 5월에 처하고 사기에 대해서는 김동목과 김석호를 각각 무죄로 한다는 내용의 판결에 대해 원심 검사가 공소 신청을 했다. 당 법원은 조선총독부 검사 아카이(赤井定義)의 간여로 심리를 마치고 피고 이필화에 대한 원심을 취소하고 금고 5월에 처하고(단 미결구류 일수 90일을 위에 산입), 사기죄에 대해서는 무죄를 주문한다. 그리고 피고 김동목과 김석호에 대해서는 공소를 기각한다는 주문을 하였다.

피고 이필화, 김동목은 1915년(大正4年) 음력 6월 중 서로 상의하고 곽종원(郭鍾元)의 명의로 이강공(李堈公) 기타 여러 인사들에게 허위의 사항을 돈을 청하여 돈을 사취하기로 했다. 이필화는 여비 10원을 피고 김동목에게 주고 독일의 원조를 구하여 구 한국의 독립을 계획하는 것으로 꾸미고 여기에 필요한 자금인 것처럼 허위사실로 돈을 청하기로 하고 그 방법을 협의하였다. 피고 김동목은 전라남도 제주도에 있는 피고 김석호의 집에 가서 자기와 이필화가 공모한 것을 이유로 근거삼아 공갈수단으로 불법이득을 취하기로 공모했다. 1915년 음력 8월 30일경 충청남도 서산군 읍내에서 곽종원이라는 거짓 이름으로 "현재 독일은 강성하고 대한은 미약한데 혈기가 있는 자는 편안하게 집에서 생산업에 종사하고 있다. 이때에 뜻 있는 신사로부터 100만 원을 모아서 독일에 가서 그 황제를 설득하여 이강공을 한국의 황제로 삼고 대한을 독립시키기 위해 빨리 1만 원을 경기도 강화군 삼산면 김동현(金東顯)의 집의 김석호 앞으로 보낼 것이다. 7월 20일 내에 그로부터 받았다는 통지가 없으면 강한 불로 천리(天吏)의 제재를 받아 마을 전체에 닭과 개 소리가 없어지고 사람의 흔적도 없어질 것이다."라고 했다. 현재 외국의 간섭으로 인한 조선의 독립계획과 같은 불온한 사항을 말하고 이에 대한 도움을 구하기 위해 돈의 제공을 요구하고 응하지 않으면 천벌로 마을 주민에게 재앙을 내려 마을의 황폐함을 본다는 편지를 만들어서 충남 서산군 태안면 이기석(李基奭)에게 보내어 통고함으로써 치안을 방해하고 이기석을 공갈하였다. 그러나 이기석이 돈을 보내지 않아 목적을 이루지는 못하였다.

판시(判示) 사실은 제주도 경찰서에서 피고 김동목에 대한 제2회 심문조서 중에 "피고 이필화는 10년 전부터 알고 지내는 사이이다. 1915년 음력 6월 중에 그의 집에 갔는데 이필화는 피고에게 금액의 성적이 불량하고 생계도 궁핍하다. 사기의 수단으로 돈을 뺏으려 해도 보통의 수단으로는 그 목적을 이루기 어렵다. 독일과 교제하여 그 힘으로 구한국의 독립을 도모하고자 하나 이에 대한 자금이 없으므로 위의 자금으로 출금을 구한다는 내용으로 곽종원이라는 명의로 편지를 보내면 혹시 그 목적을 이룰 것이라고 권유받았다. 이에 제주도에 가서 김석호에게 위와 같은 편지를 보낼 것을 정하고 이필화로부터 여비 10원을 받아 7월 상순에 제주도 김석호 집에 가서 이강공 앞에 편지를 적어 발송하고 돌아왔다. 그리고 김석호에게 이 편지의 목적은 사취라는 것을 알리고 돈을 받으면 분배해주겠으니 바로 통지하라고 부탁했다. 이어 이강공 관련 두 번째 편지를 쓰고 김석호와 상담한 후 교신자의 신용을 얻게 하기 위해 곽종원의 도장을 주문하고 김석호에게 부탁하여 보내게 했다. 이어서 음력 8월 말 발각의 우려가 있어서 편지로 이필화를 강화도로 초대하고 함께 경성을 거쳐 서산군 읍내의 안(安)모의 집에서 머물면서 이기석의 집 정황을 살폈는데 아무 얻을 것이 없었다. 김석호와 협의한 후 이기석에 대한 두 번째 편지, 곧 강화도 삼산면 석모리 김동현 집의 김석호에게 1만 원을 보내라. 응하지 않으면 복수하겠다는 내용의 편지를 넣고 보냈다"는 내용 및 "음력 7월 중에 경성에 가서 이필화에게 대강의 상황을 알렸는데 이필화도 크게 기뻐하며 자신도 현재 운동 중이라고 답했다"는 내용의 공술 기재가 있다.

김석호에 대한 제2회 심문조서 중에 "김동목의 편지를 접하고 강화도인 김동목의 집으로 가서 함께 서산군에 갔는데 이기석에게 편지를 보낸 건에 대해 상황을 살피기 위함이었다. 그러나 아무런 풍문도 들리지 않아서 김동목은 다시 편지를 보냈다"는 내용과 "곽종원의 도장을 경찰서로부터 취조당할 위험이 있다고 생각해서 목포를 출발할 때 버렸다"는 내용의 공술 기재가 있다.

예심에서 피고 김동목의 심문조서 중에 "1915년 음력 6월 15일 이필화의 집에서 그로부터 요즘 곽(郭) 장수가 해도(海島)에서 나왔다는 말이 있는데 곽종원이라는 이름을 만들어 제주도 사람인 것처럼 꾸미고 그 이름으로 애국사상에 관한 사항을 적은 편지를 이강공에게 보내고 돈의 받으려한다는 상담을 받고 이에 찬성했다"는 내용 및 제주도에서 경성으로 돌아오는데 이필화를 만났을 때, "이필화가 이강공, 이기석, 기타의 사람들이 편지의 요구에 응하도록 운동하겠다는 내용을 답했다"는 내용의 공술 기재가 있다.

김석호의 제2회 심문조서 중에 "압수한 제2호, 제3호 봉투 및 편지는 김동목이 작성한 것이다"라는 내용의 공술 기재가 있다.

이기석에 대한 예심조서 중에 "1915년 음력 7월과 8월 중에 아직 본 적이 없고 성명조차 들어본 적이 없는 곽종원이란 명의의 편지를 받았다. 7월 중의 편지는 증제2호이며 8월 중의 것은 증제3호이다. 모두 그 요구에 응하지 않았다"는 내용의 공술 기재가 있다.

압수한 증제3호의 내용 중 이기석에게 보냈다는 판시 사실과 일치하는 내용의 기재 등에 비추어 판시 사실을 인정할만한 증빙이 충분하다.

법률을 살펴보니 판시 사실 중 피고 이필화, 김동목, 김석호가 정치에 관한 불온한 언론을 함으로써 치안을 방해한 행위는 각각 보안법 제7조에, 피고 김동목과 김석호가 공갈미수한 각 행위는 형법 제249조 제1항, 제250조에 해당한다. 김동목과 김석호의 행위는 각 하나의 행동으로 두 개의 죄명에 속하는 것이므로 형법 제54조 제1항 제10조에 따라 더 무거운 공갈미수죄의 형에 따른다.

따라서 조선형사령 제42조에 따라 피고 이필화에 대해 금고형을 선택하여 금고5월에 처한다. 피고 김동목은 징역 7월에, 피고 김석호는 징역 5월에 처한다. 그리고 조선형사령 제21조에 따라 미결구류 일수 중 각 90일을 각 형기에 산입한다. 압수한 물건은 몰수에 관계되지 않으므로 형사소송법 제202조에 따라 각 제출인에게 돌려주기로 한다.

단 피고 이필화가 판시 사실 중 공갈을 한 점을 꾸몄다고 인정할만한 증빙이 없다고는 하나 위의 공갈 사실은 보안법 위반의 사실과 함께 두 개의 법에 속한 행위가 된다는 기소에 관계함으로 이 점에 대해 무죄를 언도하지 않는다.

다시 본 건의 사기에 관한 공소사실을 조사해보면 다음과 같다. 1915년 음력 6월 중에 피고 이필화와 김동목 두 명은 이강공, 민대식(閔大植), 고윤묵(高允黙), 이기석을 대하여 허위 사실을 만들어 금원 제공의 명목으로 돈을 편취할 것을 공모했다. 이필화의 발의에 따라 김동목은 그해 음력 7월 중에 곽종원이라는 허구의 이름을 사용하여 이강공에게 "소신 한국의 일에 대해 세계를 유람하고 각 지역을 다닌 것은 초(楚)를 위해서이며 조(趙)를 위해서가 아니다. 천하 만물이 함께하지 않으면 이루지 못한다. 소신 중국 강남 쪽에서 출발하여 상업을 경영하려고 하지만 자금이 없다. 이에 돈 5천 원을 우송해 달라. 조선 삼천리에 있는 토지, 재산은 전하의 소유가 아닌 것이 없으니 일본에 양여한 것에 비하면 5천 원을 소신에게 빌려주는 것은 일도 아니다"라는 내용을 적은 편지를 작성하고 그날 13일경 김석호에게 보내게 했다. 김석호도 이 사실을 알고 이를 우편에 넣어 이강공에게 발송했다. 또한 모두 의사를 계속하여 김동목, 김석호와 공모한 후 이필화의 제안 내용에 따라 그날 16, 17일경 곽종원 명의로 민대식에게 "소생은 유지와 상업을 하는데 천하에 얻기 어려운 보물을 봤으나 맨손으로 이룰 수 없으니 1만 원을 보내 달라. 세상일은 뜬구름과 같다. 돈을 보내어 큰일을 그르치는 일이 없기를 바라는 1만 원을 빌려주면 하늘이 내리는 복을 받을 것이다"라는 내용의 곽종원 명의의 편지를 보냈다. 이기석에게 "소생은 10년 동안 중국 강남을 유람하고 돌아와서 천하에 얻기 어려운 태평보(太平寶)를 봤으나 구입

할만한 자금이 없으므로 5천원을 보내 달라"는 내용의 곽종원 명의의 편지를 보냈다. 고윤묵 앞으로 "소생은 유랑인이 되고 중국 강남에 와서 천하에 얻기 어려운 태평보를 봤다. 그 보물을 마음에 사용하면 마음이 편안하고 몸에 사용하면 몸이 닦아지고 집에 사용하면 집을 가지런히 하고, 나라에 사용하면 나라를 다스리고 천하에 사용하면 천하를 평정한다. 그런데 자금이 없어서 사고 있지 못하니 5천 원을 보내 달라"는 내용을 적은 편지를 작성해 보냈다. 또 그날 20일 즈음 같은 명의로 이강공 앞으로 "전하를 위해 기도하고 천하에 얻기 어려운 태평보를 봤다. 이를 마음에 사용하면 마음이 평안하고 몸에 사용하면 몸을 닦을 수 있고, 집에 사용하면 집을 가지런히 하고 나라에 사용하면 나라를 다스리고 천하에 사용하면 천하를 평정한다. 그런데 이것을 살 돈이 없다. 그러므로 자금으로 5천 원을 전송해 달라"는 내용을 적은 편지를 작성하고 그날 무렵 김석호가 보냈다.

이상 각 허위의 사실과 이름을 사용하여 각 수신인 사람으로부터 돈을 사취하려고 했다는 사실은 이를 인정할만한 증빙이 충분하다. 그러나 현재 조선의 사정에 비추어봤을 때 위와 같은 수단으로 사람을 속이고 돈을 내게 하려고 걸의했다는 방법으로 보기에는 충분치 않다. 위와 같은 방법은 법률상 사기의 수단이라고 말할 수 없음으로 그 점에 관하여 피고 등의 행위는 사기, 취재(取財) 등에 해당하지 않고 기타 다른 범죄로도 구성할 것이 아니다. 따라서 형사소송법 제258조, 제236조, 제124조에 따라 각 무죄를 언도한다.

원 판결 중 피고 김동목, 김석호에 대한 부분과 피고 이필화에 대한 사기 부분은 이상의 각 내용에 적합하고 부당한 점이 없다. 본 건의 공소는 그 이유가 없다고 하나 피고 이필화가 판시 사실 중 정치에 관해 불온한 언론을 한 사실을 인정하지 않고 있고 이 점에 관한 무죄를 언도하는 것은 부당하므로 공소는 이 점에 이유가 있다. 따라서 형사소송법 제261조 제1항 제2항에 따라 주문과 같이 판결한다. 1916년 8월 15일 대구복심법원 형사부 판사 츠지 히데하루(辻秀春), 마루야마(丸山柯太郎), 모리다(森田秀治郎)가 판결한다.

이 중 피고인 이필화가 항소하여 3심 재판이 1916년 10월 2일에 열렸다. 고등법원 판결문의 내용은 다음과 같다.

피고인 김동목, 이필화는 1915년 음력 6월에 서로 상의하고 곽종원이라는 명의로 이강공과 그밖에 이름을 아는 사람들에게 독일국의 원조를 구하여 구한국의 독립을 도모하는 것처럼 꾸며서 그 자금이라는 허위의 사실로 돈을 빌려달라고 요구하여 금원을 편취하기로 협정하였다.

김동목은 제주도 사람인 피고인 김석호 쪽에 가서 그와 함께 앞에 거론한 사항의 실행을 공모했다. 1915년 음력 8월 30일 무렵 충청남도 서산군 읍내에서 곽종원이라는 가명으로 "지금 독일은 강성하고 대한국은 미약하다. 이때에 마땅히 뜻 있는 신사가 돈 100만 원을 모집하여 독일에 가서 그 황제를 설득하여 이강 공을 한국의 황제로 삼고 대한을 독립시키고자 하니, 속히 금 1만 원을 김석호 쪽으로 보내도록 하라. 같은 해 7월 20일 안에 그에게서 수령 통지가 없으면 횃불로 타오르는 천리(天吏)의 재판을 받아 동네에 개소리와 닭소리도 나지 않고 사람의 그림자도 영영 끊어질 지경에 이를 것이다"라고 하였다.

피고인들은 실제로 외국의 간섭으로 조선의 독립을 계획한 것과 같은 불온한 사항을 말하였으며, 또 그 원조를 받고자 금원의 제공을 요구하고 응하지 아니하면 천벌을 받을 것이라 하면서, 이기석과 그 일족 앞으로 동네의 주택에 뜻하지 않은 재액을 주어 마침내 동네가 황폐해지는 결과에 이를 수 있다는 편지를 만들어 같은 날 같은 읍내에서 우편으로 이기석에게 부쳐 그 의사를 알렸다. 이로써 한편으로는 치안을 방해하고 동시에 다른 한편으로는 그를 공갈하였지만 그가 송금을 하지 않았으므로 결국 그 목적을 실행하는 데까지 이르지 못했다.

위 보안법 위반 및 사기, 공갈 사건은 1916년 6월 3일 광주지방법원 목포지청에서 제1심을 진행하여 피고 각각 징역 7월, 김석호는 징역 5월, 이필화는 징역 7월을 선고받았다.

제2심은 대구복심법원에서 열려 1916년 8월 10일 김동목은 징역 7월 선고, 김석호는 징역 5월 선고, 이필화는 금고 5월을 선고받았다. 김동목, 김석호의 행위는 공갈죄와 보안법 제7조 위반의 죄를, 피고인 이필화의 행위는 보안법 제7조 위반의 죄를 구성하는 것이라 하였다.

이 중 이필화의 항소에 대하여 고등법원에서 변호인 호리이케 조오사쿠(堀池常作)가 제기한 상고 내용 제1점은 다음과 같다.

원 판결은 법률적용에 착오가 있는 불법 재판이라고 믿는다. 법률 적용을 살펴보면 "정치에 관하여 불온한 언론을 함으로써 치안을 방해하는 행위는 보안법 제7조에 해당한다"고 하였다. 그러나 확정된 사실 적시에 따르면 "피고인 이필화는 1915년 음력 6월에 곽종원이란 명의로 이강 공과 그밖의 이름을 아는 사람들에게 허위의 사항으로 돈을 빌려 달라고 하여 금원을 사취하고자 했다. 또 독일국의 원조를 구하여 구한국의 독립을 계획하는 것처럼 꾸미면서 그에 필요한 자금이라는 허위 사실로 돈을 빌리는 사취 방법을 협정하였다"고 하는 부분까지가 상고인의 행위에 관한 것이다.

그 이하의 글은 공동피고인 김동목의 단독범행에 관한 사실에 속한다. 상고인의 행위에 관하여 원심이 인정한 이 사실에는 사기, 공갈의 혐의 말고는 정치상의 치안방해 행위가 없다. 보안법 제7조는 "정치에 관하여 불온한 언론동작으로 함으로써 치안을 방해하는 자"라 하여, 진짜 의도를 가지고 정치를 비난하고 이로 인하여 치안을 방해하는 자에 대한 법제이다. 정치를 비난할 목적도 없고 또 치안을 방해하는 결과가 생기지 않은 일을 단속하려는 것은 법의 의도가 아니다. 실제로 원 판결에서 김동목은 김석호와 공모하여 문서로 공갈을 실행하였다. 이것은 한 개의 행위가 두 개의 법에 해당하는 것이라서 두 가지의 처벌법을 적용하는 경우와는 관계가 없다. 상고인에 대해 인정되는 행위가 공갈의 죄에 가공한 것이 아닌 점에 비추어 보면, 제3자에 대한 아무런 행위가 없다. 곧 치안을 방해한 사실이 없어 보안법 위반으로 따질 이유가 없으므로 무죄임이 물론이다. 그런데도 원판결이 유죄를 선고한 것은 법률적용 착오의 재판이다.

상고이유 제2점은 다음과 같다. 원판결은 모순이 있는 위법한 재판이라고 믿는다. 법률적용의 설명에서 "단, 피고인 이필화가 판시 사실 중에 공갈의 점에 가공했다고 인정할 만한 증거가 없다"고 하였다. 그리고 다른 피고인에게는 "한 개의 행위이면서 두 개의 죄명에 걸리는 것이므로" 사기죄와 보안법 위반죄라는 두 가지 죄를 적용하였다.

그렇다면 상고인이 다른 피고인의 한 개의 행위에 대한 공범 사실이 없음을 인정한 것과 목적과 수단을 통하여 한 개의 행위로 한 범죄에서 공범이라 인정하지 않은 상고인에게 그저 사기죄의 예비적 행위 공모가 있었다고 하여 다른 한 개의 죄 곧, 보안법 위반죄가 성립한다는 것은 모순이 있다. 상고인은 다른 피고인들의 범죄와 관련하여 아무 관계가 없다고 시종일관 항변하였는데도 앞뒤로 뒤집어가며 범죄사실을 가볍게 하기 위해 그 행위에는 다른 유력한 숨은 공범이 있다고 일시적 말장난을 한 다른 피고인들의 진술을 일부 채용하여 상고인을 유죄라고 사실 착오의 판단을 하였다. 양자에 대한 판단 이유에 이렇게 상용할 수 없는 모순이 있다면 고쳐도 바로잡을 수 없는 상고인에 대한 이유 모순이라 할 수 있다. 따라서 상고이유가 있는 위법한 재판이라 믿는다.

확정한 사실에 의하면 피고인 이필화는 김동목과 사기의 공모를 하고 그 수단으로 독일국의 원조를 구하여 구한국의 독립을 계획한다는 것과 같이 정치에 관한 불온한 일을 이강 공과 그밖의 이름을 아는 인사들에게 통지하기로 협정하였지만, 그 공모자의 한 사람인 김동목은 그것을 실행하지 않고 도리어 김석호라는 사람과 새로 위 협정의 수단을 가지고 공갈 수단으로 삼아 불법 이익을 얻고자 공모하고 그 수단을 써서 이기석을 공갈한 것이다. 피고인 이필화는 그 공갈죄에 전혀 관여하지 않은 것이 명백하다. 따라서 그 공갈죄 및 그와 한 행위를 이루는 보안법 위반의 죄는 김동목, 김석호가 새로운 의사에 터 잡아 그것을 행한 것으로 볼 것이고, 공갈죄에 전혀 관여하지 않은 이필화가 같은 보안법 위반의 점에 대하여 죄책을 져야한다고 할 수 없다. 또 피고인 이필화가 김동목과 사기의 수단으로 정치에 관한 불온한 사항을 타인에게 알리기로 협정하였지만, 그 사기죄는 실행하지 않았다. 보안법에는 이런 행위를 처벌하는 규정이 없다. 따라서 피고인 이필화의 행위는 죄가 될 수 없다.

따라서 피고인 이필화의 행위에 대하여 보안법 제7조를 적용 처단한 것은 법률적용의 착오가 있는 것이며 따라서 본 논지는 이유가 있다. 형사소송법 제286조, 제287조에 의하여 원판결을 파기하고 당원에서 바로 판결을 하기로 한다.

이상의 설명과 같이 피고인 이필화의 행위는 죄가 되지 않기 때문에 피고인에게는 형사소송법 제224조에 의하여 무죄를 선고하고 압수물건은 같은 법 제202조에 의해 제출인에게 환부한다.

조선총독부 검사 쿠사바 린고로(草場林五郎)가 관여하여 주문한대로 판결한다. 와타나베 토오루(渡辺暢), 이시가와 타카하시(石川正), 마에자와 나리미(前澤成美), 나가누마(永沼直方), 미즈노 쇼노스케(水野正之

丞)가 판결하였다

해 제

김동목과 김석호의 보안법 위반사건에 대해서는 두 가지 측면에서 주목할 수 있다. 첫째는 의친왕 이강과 연루된 독립자금 '사칭' 사기 사건이라는 점이다. 의친왕 이강은 왕족 중 민족의식이 가장 높아 독립운동 단체랑 연락을 주고받은 것으로 알려져 있다. 의친왕은 고종의 다섯 번째 아들이었다. 1891년에 의화군에 봉해졌으며 1894년에 대사로 일본에 다녀오고, 이듬해 6개국 특파 대사로 영국, 프랑스, 독일, 러시아, 이탈리아, 오스트리아를 방문했다. 1899년 미국 유학하고, 그 해 의친왕에 봉해졌으며, 1905년 귀국하여 육군 부장, 적십자사 총재 등을 지냈다. 1910년 한일병합 직후 그는 친왕(親王)에서 공(公)으로 강등당하여 이강공이 된다. 병합으로 국권을 빼앗긴 이후에는 일제의 감시를 피하면서 항일독립투사들과 비밀리에 접촉하고 그 활동을 지원한 것으로 알려져 있다. 이처럼 의친왕은 조선인들에게 민족의식이 높고 항일활동을 남몰래 지원하고 있다는 인식이 있었다. 의친왕에 대한 조선인들의 이러한 이미지와 기대가 김동목 등의 사기 행각을 만들어 냈다고 할 수 있다.

두 번째는 고등법원에서 이필화의 유죄 여부를 둘러싸고 진행된 보안법 위반 구성요건에 관한 법리 해석의 문제이다. 보안법 제7조는 정치에 관하여 불온한 언어 동작을 하거나 타인을 선동, 교사 또는 사용하거나 타인의 행위에 간섭하여 치안을 방해하는 자는 50 이상의 태형, 10월 이하의 금옥(禁獄) 또는 2년 이하의 징역에 처한다는 것이다.

1907년 6월에 친일내각이 성립한 후 일본이 조선을 지배하기에 유리한 법률이 다수 제정되었는데 보안법도 그중 하나였다. 보안법은 일본의 보안법을 본 따 1907년 7월 29일 통감부령으로 제정되었다. 보안법의 처분 규정은 일본의 보안법에 비해 더욱 가중된 것이었는데, 태형제의 설치와 금고형 기간의 가중은 일본이 조선인을 한층 효율적으로 지배하기 위한 조치였다. 본 문서는 태형의 집행권 이관 문제에 관한 것으로 지방 군수에게 있던 태형의 집행권을 경찰관에게 이관시킴으로써 형 집행의 신속성과 효율성을 높이고자 하였다.

보안법 전문은 다음과 같다.

제1조 내부대신(병합 후는 경무총장)은 안녕질서를 보지(保持)키 위하여 필요한 경우에 결사의 해산을 명함을 득함.

제2조 경찰관은 안녕질서를 지키기 위하여 필요한 경우에 집회 우(又)는 다중(多衆)의 운동 혹은 군집(群集)을 제한 금지하거나 우(又)는 해산함을 득함.

제3조 경찰관은 앞의 2조의 경우에 필요로 인(認)하는 시(時)에는 무기 급(及) 폭발물 기타 위험한 물건의 휴대를 금지함을 득함.

제4조 경찰관은 가로(街路) 기타 공개의 처소에서 문서 도서의 게시 급(及) 분포 낭독 우(又)는 언어형용 기타의 동작을 위하여 안녕질서를 문란할 염려가 유(有)하다 인(認)할 시는 그 금지를 명함을 득함.

제5소 내부대신(합병 후는 경무총장)은 정치에 관하여 불온한 동작을 행할 염려가 유하다고 인(認)하는 자에게는 기 거주 처소에서 퇴거하기를 명하며 또 1개년 이내의 기한을 특정하여 일정한 지역에 범입(犯入)함을 금지함을 득함.

제6조 앞의 5조에 의한 명령에 위반한 자는 40 이상의 태형 우(又)는 10개월 이하의 금옥(禁獄)에 처함.

제7조 정치에 관하여 불온한 언론 동작 우는 타인을 선동 교사 혹은 사용하거나 우는 타인의 행위에 관섭하야 인하여 치안을 방해하는 자는 50 이상의 태형 10개월 이하의 금옥(禁獄) 우는 2개년 이하의 징역에 처함.

제8조 본법의 공소시효는 6개월임.

제9조 본법의 범죄는 신분의 여하를 불문하고 지방재판소 우는 항시(港市)재
　　　판소의 관할함.

이 9조 중 제2조, 제5조 급 제7조가 차 법의 주안이요 아울러 가장 많이 적용
된 것은 물론이라.[58]

　　이필화의 변호인들은 보안법 제7조의 죄는 그 언론동작이 정치에 관
한 불온사항일 것을 인식하고 그 언론동작으로 말미암아 치안이 방해되
는 것으로 충분하고 정치를 비난하거나 정치상의 목적을 이루려는 의사
는 중요하지 않다고 해석한다. 따라서 사기죄의 공범자 사이에 이 협정
을 하는 데 그치고 사기의 실행이 없을 때에는 보안법 제7조의 죄를 구
성하지 않는다고 본다. 이필화는 정치적 의도는 없었고 사기의 수단으
로 협정을 하였을 뿐, 그것을 실행하지는 않았기 때문에 보안법 위반의
죄책을 지지 않는다고 주장하였다. 그리고 고등법원이 이러한 해석을
받아들여 이필화를 최종 무죄 선고하였다.

58) 국사편찬위원회 http://db.history.go.kr/item/level.do?levelId=kd_004_0020_0060_0010.

5

강도살인 피고사건

1) 곽○규 판결문
(1914년 형상 제131호, 大正3年刑上第131號, 고등법원)

국가기록원 소장 형사재판판결문 원본이다. 관리기록은 CJA0000431-0011으로 고등법원까지 올라갔다가 원심판결이 확정된 사건이다. 내용은 다음과 같다.

황해도 서흥군 동부면에 살며 농업에 종사하는 피고인 곽○규(24세)는 절도를 목적으로 남의 집에 들어갔다가 살인을 저질렀다. 이에 따라 해주지방법원과 평양복심법원에서 피고인에 대한 사형을 판결하였다. 그러나 1914년 11월 30일 평양복심법원이 선고한 판결에 대하여 피고인이 상고하였다. 이에 당원은 조선총독부 검사 쿠사바 린고로(草場林五郎)의 의견에 따라 상고를 기각하고 사형을 확정한다.

원판결은 피고인의 살인 행위로 그 진정한 범의가 드러났다고 인정하였지만, 피고인은 위 범행을 하기 십수 일 전부터 심하게 열병을 앓고 있어서 일시적으로 정신상실 상태에 빠져 있었으므로, 위의 행위는 말하자면 심신상실 중의 행위로서 진정한 범의가 있었던 것이 아니라는 것이다.

또 피고인은 사법경찰관 및 검사의 신문에서 자신은 피해자의 남편인 곽명○에게 4, 5백 원의 채무가 있어 그 독촉을 이기지 못하였기 때문에 그 집의 빈틈을 엿보아 위 채무에 관하여 일찍이 써준 차용증서를 빼내 증거를 없애서 채무를 면하려고 계획했으며 이러한 목적을 달성하기 위해 범행을 저지른 것처럼 공술하였다. 그러나 그 자백은 당시 피고인이 정신상실의 상태가 계속되던 중에 한 것으로서 아직 본 정신이

회복되지 않은 상태였다. 더욱이 피고인이 중대한 형사사건의 피고인으로서 앞으로 담당 관리로부터 받게 될 혹독한 신문에 대하여 자연히 공포심이 생기고 또 정신착란을 일으킬 수 있었기 때문에 자백하게 되었음은 당연하다. 그러나 여러 날이 지난 후 피고인은 점차 정신을 회복하고 스스로 이전의 과오를 인정하였다.

제1, 2심의 공판에서 자신은 비록 정신상실 중의 일이었지만 사람을 살해한 것이므로 하루라도 빨리 사형에 처하여지고 싶다고 진술하여 눈에 띠게 후회의 정을 드러냈다. 이것만 보아도 피고인의 행위가 과연 심신상실 중의 행위였음은 의심의 여지가 없다.

그런데도 제1심은 이 점을 간과하였으니 매우 유감스럽다. 제2심의 공판정에서 변호인 이동초(李東初)[59]는 피고인의 이익을 위하여 앞의 피고인의 범죄 당시 정신상실 사실을 입증하기 위한 유일한 증거로 증인 곽명○을 불러 심문할 것을 신청하였으나 제2심이 이를 배척하였다. 이는 제2심이 증거 취사의 직권을 오해하고 권한을 넘어 피고인의 유일한 증거를 배척한 위법한 조치이다. 또한 무릇 형사피고인이 자세히 진술하여 밝힌 이상에는 판결이유에서 당연히 그 진술내용을 채용할 것인지 여부를 결정하여야 함에도 불구하고 제2심은 이 점을 판시하지 않았

[59] 민족문제연구소가 펴낸 『친일인명사전』(민족문제연구소, 2009)에 이름을 올린 인물이다. 1882년 평남 평양에서 태어났으며 본명은 이기현(李基鉉)이다. 1898년부터 일본에서 보통학교와 중학교를 다니고 1905년 9월에 메이지 대학 법과에 입학하여 1908년 7월에 졸업했다. 한국으로 돌아온 후 1909년 1월부터 경성공소원 서기를 지내다가 3월 함흥지방재판소 판사에 임명되었다. 그 후 대구와 평양 지역 재판소 판사를 역임하고 1911년 3월 퇴직한 뒤 4월 평양에서 변호사를 개업했다. 1912년 6월 한국병합기념장을 받았다. 1915년 10월 평양 거주 문학가, 실업가, 법률가, 종교가 등이 친목을 목적으로 만든 기성구락부에 주도적으로 참여했다. 중일전쟁이 일어난 후 대중들에게 시국인식을 철저히 하고 국방의무를 독려할 목적으로 1937년 7월 31일 평양의 조선인 유지들이 결성한 친일단체인 시국간화회의 실행위원을 맡았다. 그 후 '내선일체와 충량한 황국신민화'를 내세우고 조직된 친일단체 대동일진회에서 활동하였다. 사망 시기에 대해서는 알 수 없다.

으므로 원판결은 이유를 빼놓은 불법 판결이다.

그러나 증인에 대한 소환신문의 허락 여부는 설령 유일한 증거에 속하는 것이라 하더라도 원심법원의 직권에 속하는 것이다. 원심법원이 증인 곽명O을 소환하여 신문하는 것을 허용하지 않았다 하더라도 권한을 넘은 위법이 있다고 할 수는 없다. 또 원심은 본 건의 범행이 피고인의 정신상실 중의 행위라고 인정하지 않았으므로 정신상실 중의 행위라고 하는 피고인의 진술은 채용되지 않았음이 분명하다. 따라서 이 점을 특히 따로 명시하지 않았다 하더라도 위법이 아니며 본 논지는 이유 없다.

같은 제2점은 다음과 같다. 설령 한 발을 양보하여 원판결의 판시와 같이 피고인의 살인 행위가 심신상실 중의 행위가 아니고 고의행위였다고 하더라도, 무릇 강도살인과 살인은 그 범죄에서 큰 차이가 있어 법률도 양자의 규정을 따로 두고 있다. 그런데 피고인이 과연 처음부터 강도를 할 목적으로 앞의 살인 범행을 했다고 볼 수 있는 근거가 없음에도 불구하고 원심은 피고인에게 강도살인 행위를 뒤집어 씌워 강도살인죄를 적용하여 처벌하였는 바 이는 위법하다.

원판결의 이유 중에 있는 것처럼 피고인이 다른 죄로 범한 가택침입 행위가 절도 목적에서 비롯된 것이라고 한다면, 형법대전의 정신에 비추어 이것을 절도살인으로 인정한다면 몰라도 애초에 절도 목적을 가지고 있던 자가 절도를 할 때 사람을 살해하였다 하여 바로 이것을 가지고 강도살인 행위가 된다고 할 수는 없는 것이다. 바로 이 점에서 원심이 강도살인죄에 관한 규정을 적용한 것은 결국 법률적용에 착오가 있는 위법한 판결이다.

그러나 원심 법원은 판결문에 기재되어 있는 각 증거에 의하여 피고인은 강도살인 사실을 인정한 것이다. 당해 증거에 의하여 당해 사실을 인정할 수 없는 것이 아니므로 이를 두고 가공의 사실을 인정한 위법이 있다고 말할 수 없다. 따라서 논지는 이유 없다. 또 원판결은 피고인이 절도 목적으로 곽명○ 집에 몰래 들어갔는데 동인의 처 양성녀가 집에 있다가 무단으로 집안에 침입한 것을 나무랐기 때문에 피고인은 양성녀를 살해하여 위 목적을 달성하고자 하였다. 자신이 가지고 온 농사용 낫으로 양성녀를 베어 사망에 이르게 하고 재물을 탈취하였다고 판시하였다. 따라서 앞의 살해행위는 최초의 목적인 절도 의사를 변경하여 양성녀를 살해하고 강제로 취하려는 결의까지 나아간 것이므로 설사 피고인이 절도 의사를 가졌을 당시에는 살인의 의사와 행위가 없었다 하더라도 그 행위가 절도살인죄에 해당하는 것이 아니라 강도살인죄를 구성하는 것은 당연하다.

같은 제3점은 다음과 같다. 설령 또 백보를 양보하여 원판결이 인정한 바와 같이 피고인의 행위가 강도살인죄가 된다고 하더라도 형법대전의 정신을 연구하면 같은 법에서 강도죄와 결부된 가택침입 행위와 같은 것은 강도죄를 구성하는 하나의 수단에 지나지 않고 결코 독립하여 가택침입죄를 구성할 성질의 것이 아니다. 형법대전 제593조 제1항 중 "타인의 집에 돌입하여"라는 규정에 비추어 보아도 너무나 명백하다. 그렇다면 원판결은 피고인의 행위를 강도살인죄라고 인정하면서 가택침입(人家突入) 행위를 독립하여 별개의 죄로 인정하여 병합죄에 관한 규정을 적용하였으니 법률을 부당하게 적용한 위법이 있다.

그러나 원판결은 피고인이 비록 절도 목적으로 가택에 침입하였지만 무단침입에 대하여 나무람을 받자 의사를 바꾸어 양성녀를 살해하고 강제로 취할 것을 결의한 사실을 인정하였다. 피고인이 처음 가택에 침입한 것은 강도 목적으로 침입한 것이 아니므로 그 침입행위는 따로 하나의 가택침입죄를 구성한다. 이에 반하여 그 후에 강도살인죄를 구성하는 행위를 하였다고 하더라도 그것으로 인하여 이전에 성립한 가택침입죄를 불문에 부칠 일은 아니다. 따라서 원심이 병합죄에 관한 형법규정을 적용하여 처단한 것은 상당하므로 본 논지는 이유 없다.

같은 제4점은 다음과 같다. 원판결은 "제1심 판결이 가택침입 행위를 강도의 수단으로 판단하여 형법 제54조를 적용하여 처단한 것은 타당성을 잃었지만 본 건은 피고인만이 항소하였으므로 원판결을 피고인에게 불이익하게 변경하지 않는다"라고 판시하였다.

그러나 무릇 제2심 판결이 제1심 판결의 형보다 무겁게 형을 선고한 것이 아니라면 피고인에게 이익이 없는 변경이라고 말할 수 없다. 그런데 본 건은 이미 제1심이 사형을 선고하고 이에 대하여 피고인이 항소를 제기하였으나 원심이 그 항소를 기각한 것이므로, 결국 원심도 또 사형을 선고한 것이나 마찬가지이다. 그리고 본래 사형보다 무거운 형이 없는 것은 말할 필요도 없다. 설령 본 건이 피고인만이 항소한 것이 아니라 검사의 항소가 있는 사안이라 하더라도 이미 원심에서 사형과 같은 극형을 선고한 이상은 아무리 피고인에게 불이익하게 변경하려고 하여도 실제상 변경할 여지가 없어 불이익 변경은 도저히 불가능한 일에 속한다. 그렇다면 결국 원판결은 이유모순이 있는 위법한 판결이다.

그러나 형사소송법 제265조의 이른바 "원판결을 변경하여 피고인에게 불이익하게 할 수 없다"는 것의 의의는 판결주문의 형을 무겁게 변경하는 것을 허용하지 아니한다는 취지이므로 제1심이 사형에 처하고 제2심에서도 사형에 처하여야 한다고 인정한 때에는 판결주문의 형에는 아무런 변경이 없는 것이고 불이익한 변경을 발생시키는 경우에 해당하지 아니한다.

원 판결이 사형을 선고한 제1심 판결에 대한 피고인의 항소를 심판하고 원심도 역시 사형에 처하여야 한다고 인정한 이상은 불이익 변경의 점에 관하여 논의할 필요가 없음에도 불구하고 소론과 같이 "피고인에게 불이익하게 변경할 수 없다"고 말하는 것은 불법임을 면할 수 없다. 그러나 그 불법은 실질상으로나 절차상으로나 피고인의 이해에 아무런 영향을 미치지 아니하므로 원판결을 파기할 정도의 흠은 아니다.

이에 본 건 상고는 이유 없으므로 형사소송법 제285조의 규정에 의하여 주문과 같이 판결한다. 1915년 1월 25일 고등법원 형사부 판사 와타나베 토오루(渡辺暢), 아사미 린타로(浅見倫太郎), 이시가와 타카하시(石川正), 김낙헌(金洛憲), 마에자와 나리미(前澤成美)가 판결하였다.

해 제

피고인은 빚에 시달리던 농민으로 채권자의 빚 독촉에 시달리다 못해 차용증서를 훔치기 위해 채권자의 집에 들어갔다. 그 집에서 채권자의 아내를 만나 준비한 낫으로 살해를 했다. 법정에서는 강도살인죄로 다루어져 사형이 확정되었는데, 피고인은 절도가 목적이었음을 주장하며 강도살인이 아니라고 상고했다. 또한 심신미약 상태여서 고의적인 살인이 아니었음을 호소했다.

그러나 고등법원 재판부는 피고인의 상고는 이유가 없다고 보았다. 절도만의 목적으로 가택침입을 했다 하더라도 피해자를 사망에 이르게 하는 살해를 행하였다면 이는 살해를 해서라도 강제로 목적을 취하는 강도살해에 해당한다는 것이다. 이에 따라 형사소송법 제285조[60]에 따

---

[60] 1908년 개정 형사소송법 제285조는 '다음의 경우에서는 상고재판소 판결로서 상고를 기각함이 가함. 1. 상고의 신청이 법률상의 방식에 위(違)하고 또는 기간을 경과한 때, 2. 기간 내에 취의서(趣意書)를 제출하지 아니한 때, 3. 상고이유가 없는 때'라고 규정하고 있다.

라 상고를 기각하고 피고의 사형을 확정지었다. 재판부에서 피고가 주장하는 심신미약 상태를 '이해'하는 듯이 보이려는 것과 미리 준비해간 '농사용 낫'의 의도에 대해 따져 묻지 않는 것은 의아하다. 고등법원 재판부는 2심 판결을 추인하는 것으로 피고에 대한 판결을 확정짓고 있는 듯한 인상이 들기 때문이다. 피고인에 대한 사형집행은 1915년 2월 25일 평양감옥에서 시행되었다.[61]

---

[61] 『官報』 773호 2면, 1915.3.4.

6
상해 피고사건

1) 문○률 판결문
(1915년 형상 제34호, 大正四年刑上第34號, 고등법원)

국가기록원 소장 형사재판서원본(관리번호 CJA000431-0044, 생산년도 1915)에 수록되는 판결문이다. 상해 및 무고 피고사건으로 1915년 4월 8일 고등법원에서 판결했으며 사건번호는 1915년 형상 제34호(大正4年刑上第34號)이다.

평안남도 평원군 검사면 신성리 사는 문○률이 상해 및 무고 피고사건으로 1915년 3월 2일 평양지방법원 안주지청에서 유죄를 선고받았다. 이에 대해 고등법원 검사 쿠사바 린고로(草場林五郞)가 비상(非常) 상고 하였다. 검사는 원판결 중 피고인에 관한 부분을 파기하고 징역 6월에 처한 것을 고쳐 피고인을 징역 5월에 처할 것을 주장하였다. 압수한 목침 1개는 소유자에게 환부한다.

검사가 비상 상고를 한 이유는 다음과 같다.

1915년 3월 2일 평양지방법원 안주지청에서 문○률이 상해 및 무고 사건으로 6개월을 받은 판결은 해당하는 형보다 무거운 형을 받은 것이다. 기간 내에 상소한 자가 없어 판결이 확정되었으므로 형사소송법 제 292조에 의거하여 비상 상고를 하는 바이다. 형사소송법 제292조는 제1 심 재판소와 제2심 재판소를 불문하고 법률에서 벌하지 아는 하는 행위에 대하여 형을 언도하고 또는 해당하는 형보다 중한 형을 언도한 경우에 기간 내에 상소하는 자 없이 그 판결이 확정했을 때 그 사건에 대하여 상고를 받은 권한이 있는 재판소의 검사는 사법대신의 명에 따르거나 또는 직권으로 어느 때라도 그 재판소에 비상상고(非常上告)를 할 수 있고, 비상상고가 이유가 있을 때에는 원 판결을 폐기하고 즉시 그 사건에 대하여 판결할 수 있다는 내용으로 구성되어 있다.

피고인이 1910년 5월 10일 평양지방재판소에서 대한제국『형법대전』 투구상인률(鬪歐傷人律) 제511조에 의거하여 징역 1년에 처했다. 해당 법률의 내용은 다음과 같다.

서로 싸워 사람을 구타한 자는 다음과 같이 처한다.

1. 손과 발로 사람을 때려 상처를 입히지 않은 자는 태 30이며, 상처를 입힌 자는 태 50.
2. 쇠나 돌 혹은 몽둥이 등 물건으로 사람을 때려 상처를 입히지 않은 자는 태 50이며 상처를 입힌 자는 태 60.
3. 오염물로 사람의 얼굴을 더럽힌 자는 태 100이며 입이나 코에 투입한 자는 징역 1개월.
4. 끓는 물이나 동철액으로 사람을 해친 자는 징역 1개월.
5. 칼이나 포환으로 사람을 해친 자는 징역 2년.
6. 상투 촌(村) 이상을 뽑은 자는 태 70이며 피가 귀나 눈으로 나오거나 안(眼)이 손상되어 피를 토해내기에 이르는 자는 징역 2개월.
7. 이 한 개 혹은 손발의 하나의 잃거나 귀나 코를 자르거나 뼈를 손상한 자는 징역 5개월.
8. 눈알 하나를 뽑거나 이 두 개 또는 손발 2개 이상을 자르거나 머리를 뽑은 자는 징역 1년.
9. 늑골을 부러뜨리거나 양쪽 눈을 손상시키거나 귀와 코를 자르는 자는 징역 7년.
10. 지체를 절단 또는 부러뜨리거나 눈 한쪽을 멀게 하는 자는 징역 10년.
11. 양쪽 지체를 절단하거나 양쪽 눈을 멀게 하거나 신체의 두 곳 이상을 손상시키거나 혀를 자르거나 남자의 양물이나 부녀의 음호를 훼손하거나 이로 인하여 고치기 어려운 질병에 이르게 한 자는 징역 종신.

이에 따라 피고인이 징역 1년형을 받고 복역하였다. 그러다가 같은 해 8월 칙령 제325호 대사령(大赦領)에 의하여 형이 사면되었다. 그러나 1915년에 이미 사면된 형을 전과로 삼아 누범가중의 법조를 적용하여 가중된 형을 선고한 것은 부당하므로 원판결을 파기하고 직접 상당한 재판이 있기를 바라는 바이다.

법률에 비추어 보면 1910년 8월 칙령 제325호 제1조에 "본 령 공포 전에 다음에 기재한 구한국 법령의 죄를 범한 자는 이를 사면한다"고 규정했다. 제41호에는 '형법대전 제511조의 죄'를 규정하고 있다. 따라서 같은 조의 죄를 범하였다고 하여 형을 선고한 판결은 대사면으로 인하여 이후에 그 효력을 인정할 수 없다. 그렇다면 같은 조의 죄를 범하여 역형(役刑)에 처해졌던 자가 다시 죄를 범하여 유기징역에 처해야 하는 때라 하더라도 누범의 규정을 적용할 수 없다. 그리고 본 건 기록송부의 판결부 본을 보니 평양지방법원은 1910년 5월 10일 『형법대전』 제511조 제5호에 해당하는 죄로 인정하여 피고인을 역형(投刑) 제1년에 처하였다.

원 판결 중 '피고인 문○률은 1910년 5월 10일 상해죄로 평양지방법원에서 징역 1년에 처하여지고 같은 해 음력 7월 20일 은사에 의하여 방면된 것'은 앞의 판결본의 범죄를 가리킨 것임이 명백하다. 원심은 법률을 적용할 때 "누범에 해당하므로 형법 제57조에 따라 각 법정형에 가중하여 (중략) 징역 20년 이하의 범위에서 징역 6월에 처한다"라고 해석하여 피고인을 징역 6월에 처하였다. 이것은 누범 가중 규정을 적용해서는 안 되는 피고인에게 위 규정을 적용한 것이다. 즉 해당하는 형보다 중한 형을 선고한 경우에 해당한다. 또 원판결은 기간 내에 상소되지 않아 확정되었음이 기록에 의하여 명백하므로 본 건의 비상 상고는 이유가 있다.

따라서 형사소송법 제292조에 의하여 원판결을 파기하고 원심 인정의 사실에 기초하여 본원이 직접 판결하기로 한다. 원심이 인정한 사실 중 피고인이 피해자에게 폭행을 가하였지만 상해에 이르지 않았고 두 개의 행위는 형법 제208조 제1항에 해당하므로 각 징역형을 선택하고, 무고의 행위는 형법 제172조, 제169조에 해당하는 병합죄로서 형법 제47조, 제10조를 적용하여 가장 중한 무고죄에 정한 형의 장기에 그 반을 더한 것을 장기로 하더라도 각 조에 정한 형의 장기를 합산한 것을 초과하므로 이를 합산한 징역 12년 이하의 범위 내에서 피고인을 징역 5월에 처하고, 압수한 목침은 형사소송법 제202조에 따라 피해자에게 환부하기로 판결한다. 1915년 4월 8일 고등법원 형사부 판사 와타나베 토오루(渡辺暢), 아사미 린타로(浅見倫太郎), 이시가와 타카하시(石川正), 마에자와 나리미(前澤成美), 김낙헌(金洛憲)이 판결하였다.

해 제

1915년 3월 2일 평양지방법원 안주지청에서 판결한 사건에 대해 고등법원 검사 쿠사바 린고로(草場林五郎)가 상고하였다. 평남 평원에 거주하면서 농업에 종사하는 문○률은 1910년 상해죄를 저질러 『형법대전』에 의해 징역형에 처해졌다가 칙령 제325호에 의해 사면되었다. 1910년 8월에 공포된 칙령 제325호는 일본의 한국 강점의 과정에서 대사면을 통해 한 국민에 대해 시혜적인 조치를 취하는 외형을 띤 것이다. 그러나 형법의 연속성의 측면에서 봤을 때 이로써 한국은 일본의 속국이 되어 『형법대전』의 단절을 보게 되었다.[62]

----

62) 송문호, 「일제강점초기(1909~1919)의 누범규정과 판례」, 『법사학연구』 34, 2006, 90쪽.

그 후 문○률은 다시 상해 및 무고죄를 짓고 재판정에 섰다가 1915년 3월 2일 일심에서 1910년의 죄를 인정하여 가중처벌을 받았다. 이에 대해 고등법원 검사 쿠사바 린고로가 문○률이 본인이 지은 죄보다 더한 처벌을 받았다고 판단하고 형법 제292조에 따라 상고를 한 것이다. 고등법원은 쿠사바 린고로의 상고가 타당하다고 판단하고 문○률의 처벌은 징역 6월에서 징역 5월로 감하였다. 이미 사면된 죄는 누범에 포함되지 않는다는 해석이었다. 이는 당시 고등법원의 누범에 대한 태도를 보이는 것으로 이러한 해석은 현재의 법률과 대법원의 태도와도 일치한다[63]. 이는 누범에 관한 『형법대전』의 처벌규정보다 형량이 가벼워진 것으로 볼 수 있다.

본 사건 판결에 적용된 법률 내용은 다음과 같다.

형법 제57조: 재범(再犯)의 형은 그 죄에 대하여 정한 징역의 장기의 2배 이하로 함.

형법 제208조 제1항: 폭행을 가한 자가 사람을 상해함에 이르지 아니한 때에는 1년 이하의 징역 또는 50원 이하의 벌금 또는 구류 또는 과료에 처함.

형법 제172조: 사람으로 하여금 형사 또는 징계의 처분을 받게 할 목적으로 허위의 신고를 한 자는 제169조의 예와 같음.

형법 제169조: 법률에 따라 선서한 증인이 허위의 진술을 한 때는 3월 이상 10년 이하의 징역에 처함.

형법 제47조: 병합죄 중 2개 이상의 유기징역 또는 금고에 처함이 가할 죄가 있을 때는 그 가장 무거운 죄에 대하여 정한 형의 장기에 그 반수를 더한 것으로써 장기로 함. 단 각 죄에 대하여 정한 형의 장기를 합산한 것을 초과할 수 없음.

....

[63] 송문호, 위의 논문, 90쪽.

형법 제10조: 주요한 형의 경중은 앞 조에서 기재한 순서에 따름. 단 무기금
　　　고와 유기징역은 금고로써 중함으로 하고 유기징역의 장기가 유기징역
　　　의 장기의 2배를 초과한 때에는 금고로써 중함으로 함.
형사소송법 제202조: 피고인이 유죄로 된 여부를 물문하고 몰수에 관계치 아
　　　니한 차압물은 소유자의 청구가 없을지라도 이를 환부하는 언도를 함이
　　　가함.

국가기록원 소장 형사재판서원본이다. 관리번호는 CJA0000717-0082와 CJA0000433-0054이고 고등법원과 대구복심법원 판결문이다.

경상북도 안동군 도산면에 살면서 농업에 종사하는 한○에 대한 상해 피고사건이다. 상고이유는 다음과 같다.

본동에 거주하는 조(趙)라는 사람으로부터 밭 7두락은 소작(小作)으로, 4두락은 도지(賭地)로 매수하고, 3두락은 소작으로 경작하고 있었는데 뜻밖에도 조(趙)라는 사람이 위 소작권의 이전을 청구하여 즉시 승낙하였다. 그 후 수일이 지나 위 토지를 다른 사람에게 매각한다는 소문이 들렸다. 그래서 피고인의 남편이 조(趙)의 집에 가서 '지금 매각하려는 토지는 수년간 우리 집에서 소작하여 왔으니 진정 매각할 작정이라면 다른 사람에게 매각하려는 대가(代價)로 내가 살 수 있도록 해 달라'고 신청하였지만 위 사람은 듣지 아니하고 다른 사람에게 매각한 후 밭 3두락은 전과 같이 소작하도록 하였다.

그 후 수 일이 지나서 본동에 거주하는 권(權)이라는 사람이 위 밭 3두락을 자기가 매수하였다고 말하여 즉시 지주에게 그 진위를 물으니 그 말과 같이 권모(權某)의 유혹에 빠져 어쩔 도리 없이 매각을 하였지만 권(權)과 서로 의논하여 계속하여 '(우리가) 소작을 하더라도 방해하지 않겠다.'는 것이므로 즉시 권모(權某)에게 가서 위 토지반환을 청구하였지만 듣지 아니하였다. 그 후 권모(權某)의 친동생(實弟)이라는 사람이 피고인의 집에 와서 피고인의 남편을 심하게 상해하였고 또한 피고인에게 수 없이 나쁜 말을 하였기 때문에 피고인이 즉시 권(權)의 집에 가서 '조(趙)를 유인하여 토지를 매수한 것, 남편을 상해한 이유'를 질문하던 중 낫 한 개를 가지고 나와 나를 살해하려고 한 것이다. 나(피고인)는 그를 구타한 적이 전혀 없다. 권(權)은 피고인이 권(權)을 상해 치사한 증거로 의사의 진단서를 제출하였지만 전부 거짓말이다.

그러나 본 논지는 원심의 직권에 속하는 사실인정 및 증거판단을 비난하는 것에 지나지 아니하므로 적법한 상고이유가 아니다.

같은 추가이유 제1점은 다음과 같다.

상고인은 남편의 조난을 구조하는 것 이외에 다른 생각이 없었다. 단지 흉악한 행동을 하는 사람의 폭력행위에 좌절하였기 때문에 오히려 본인의 일신이 박해를 받게 되자 따지고 들기에 이른 것이다. 결코 주○에게 상해를 입힐 의지가 없었던 사정은 철두철미하게 진실임을 토로하는 바이다. 설사 부상이 있었다 하더라도 원심판결은 아래와 같은 의율착오가 있는 재판이라고 믿는다.

(1) 피고인은 범의가 없으므로 형법 제38조에 의하여 무죄가 된다.

(2) 설사 한발 양보하더라도 전부 과실에서 나온 것이므로 형법 제38조에 의하여 무죄가 된다.

(3) 만일 또한 과실이 아니라고 하더라도 원판결에서 보는 바와 같이 급박하고 부정한 침해에 대한 방위행위의 결과에 지나지 아니한다. 그러므로 형법 제36조에 의하여 무죄 혹은 감형의 처분을 받아야 할 것이다. 그럼에도 원판결이 곧바로 형법 제205조 제1항에 의하여 처벌한 것은 부당하므로 형사소송법 제269조 제10호에 해당하는 위법이 있다.

그러나 원 판결은 "피고인의 남편 남○섭이 같은 동(洞)의 권홍○과 토지문제로 쟁론을 하고 있을 때 홍○의 동생 주○이 와서 홍○에 가세하여 ○섭을 구타하였다. 이에 분개하여 같은 날 같은 동의 주○에게 가서 주○에게 '나를 죽여라'라고 제멋대로 지껄이면서 마침 그 자리에 있던 낫과 식칼을 휘둘렀고 또한 머리로 주○을 들이받아 부상을 입게 하였다.

같은 이가 피고인의 폭행을 '말려 달라'고 ○섭에게 말하려고 피고인의 집 쪽으로 오자 따라와 여전히 계속하여 '나를 죽여라'라고 제멋대로 지껄이면서 식칼을 가지고 나와 이를 휘둘러 부상을 입혔다. 마침내 같은 이가 음낭부에 받은 타박으로 인하여 복막염이 생겨 사망에 이르게 되었다"고 인정한 것이므로 피고인의 행위가 '범의 없이 혹은 전적으로 과실에서 나온 것이어서 무죄'라는 논지는 원심이 인정하지 아니한 사실에 기초하여 자기 의견을 주장하여 원심의 직권에 속하는 사실 인정을 비난하는 것이므로 그 이유 없다.

또한 피고인이 권주○을 상해한 행위가 '급박하고 부정한 침해를 방위할 목적에서 나온 것'이라는 사실은 원심이 인정하지 아니한 것이므로 '급박하고 부정한 침해에 대한 방위행위의 결과에 지나지 아니한다'는 취지의 논지는 원판결이 따르는 것이 아니어서 역시 그 이유 없다.

상고이유 제2점은 다음과 같다.

원판결은 '음낭부의 타박을 사인'으로 확정하였다. 그렇지만 감정서에 의하면 피해자의 병증은 전적으로 격투로 내용이 증가(增多)하고 감돈(嵌頓)[64]이 생겨남을 주된 원인으로 하며 음낭에 가하여진 폭력은 단지 염증발생의 동기를 조성하는 것이어서 복막염을 사인으로 만든 부차적인(從的) 상해에 지나지 아니한다. 즉 원판결은 사실과 이유가 서로 어

---

[64] 일반적으로 장관 감돈증을 가리킨다. 탈장의 내용물이 탈장 입구에 꼬여서 풀어지지 않아 혈액순환장애를 일으켜서 생기게 되는 상태를 말한다.

굿나는 위법이 있고 형사소송법 제269조 제9호에 해당하는 상고이유가 있다고 생각된다.

그러나 의사 후지이(藤井)의 감정서에는 "본 시체도 역시 격투에 의하여 내용이 증가하고 감돈이 생겨남에 더하여 외부로부터 음낭에 가해진 폭력에 의해 염증발생의 동기를 조성하였기 때문에 범위 한정성 복막염(限局性 腹膜炎)이 생겨났고 마침내 점점 주위에 퍼져 나가서 범발성 복막염(汎發性 腹膜炎)이 발생하여 사망하게 된 것을 인정함"이라고 기재되어 있다. 이처럼 사망의 직접 원인은 음낭에 가해진 폭력에서 기인한 복막염이라는 내용으로 되어 있음이 명백하다. 그렇다면 원 판결이 '피고인이 권주○에게 폭행을 가하여 결국 음낭부 타격으로 복막염을 야기하여 사망에 이르게 한 것'을 인정한 것은 상당하다. 소론과 같이 이유가 서로 어긋나는 것이 아니다. 본 논지는 이유 없다.

같은 제3점은 다음과 같다. 특히 원심판결이 증거로 인용한 감정서는 조선총독부 자혜의원 의사로서 또한 경찰의(警察醫)인 자격에서 의술상의 감정을 한 것이다. 그렇다면 그 감정서는 다름 아닌 관리가 작성한 문서이므로 여러 장으로 구성되는 문서라면 계속용지(繼續用紙)임을 증명하는 계인(契印)을 압날하여야 한다. 이 점은 형사소송법 제20조가 규정한 바이다.

그런데 그 서명 밑의 인영, 각 낱장의 정정문자에 압날한 것은 후지이(藤井)의 날인과는 전혀 별개의 것이므로 누구 소유의 인장인지 불명한 계인이 압날된 것이다. 이는 결국 계인이 없는 것으로 귀착한다. 따라서 그 감정서는 같은 조에 의하여 무효이므로 이를 취하여 단죄증거로 삼은 것은 법률을 위배한 재판이어서 형사소송법 제268조에 따라 상고이유가 있다고 확신한다.

그러나 감정인 후지이(藤井春喜)의 감정서에는 안동경찰서 의무촉탁

(醫務屬託) 조선총독부 자혜의원 의관(醫官)이라는 기재가 있다. 위 문서는 감정인인 의사 자격에서 사법경찰관으로부터 감정을 명받은 결과 작성한 것임이 감정서 앞머리(冒頭)의 기재에 비추어 명확하다. 그렇다면 형사소송법 제20조 제1항에 규정된 형식에 따라야 할 문서에 당치 아니하다. 그러므로 그 감정서에 작성자인 후지이의 계인이 없다 하더라도 그 때문에 문서가 무효로 되는 것이 아니다. 따라서 원심이 위 감정서를 채용하여 단죄의 증거로 한 것은 위법이 아니다. 본 논지는 이유 없다. 따라서 상고를 기각한다.

해 제

소작권 이전을 둘러싸고 다툼을 벌이다 사람을 상해한 사건이다. 피해자의 감정서에 의사의 압날이 없다는 이유로 폭행을 부정하고 있다. 피고인과 피고인의 남편은 밭의 소유자가 땅을 매각하려한다는 말을 듣고, 그 땅을 오랫동안 소작해온 자신들이 매수를 하고자 했지만 뜻대로 되지 않았다. 그렇다 하더라도 소작자격을 계속 유지할 수 있을 것으로 약속받았는데, 바뀐 주인 권(權)은 다른 말을 하였다. 피고인 부부는 새 주인에게 토지반환을 요구하였고, 그 과정에서 다툼이 일어났다. 권은 피고인 남편을 구타하였고, 피고인은 권을 구타하였다. 그러나 진단서가 있어도 피고인은 자신이 구타한 적이 없으며, 진단서는 거짓말이라고 주장하고 있다. 피해자의 탈장, 감돈, 복막염이 있었다는 의사의 감정서는 날인서가 없으므로 인정할 수 없다. 피고인의 주장은, 범행 의사가 없었으므로 무죄가 되고, 죄가 있다 하더라도 과실에 의한 것이므로 무죄가 되며, 과실이 아니라 하더라도 방어 차원이었으므로 무죄 혹은 감형이 되어야 한다는 것이다.

피고인의 주장에 전혀 폭력 행위가 없었다는 내용은 찾아볼 수 없다. 따라서 몸 다툼 과정에서 과격한 행동은 있었던 것으로 보인다. 피해자는 지주 측이므로 갑, 피고인은 소작인 측으로서 을이라고 볼 수 있다. 피고인 측은 계속해서 오랫동안 해당 밭을 소작해왔으며, 구매 의사도 있었고, 소유와 어찌됐든 소작은 계속해서 부칠 수 있을 것임을 전 지주와 약속해왔음을 주장하고 있다. 이에 반해 판결문 상에 현재 지주의 입장은 그다지 찾아볼 수 없다. 피고인 측으로부터 받은 폭력피해만을 주장하고 있는 셈이다.

갑과 을의 갈등에 대해 법원의 갑의 손을 들어줬다. 피고의 억울함이나 주장내용의 진위를 다투는 것은 법원 심리의 취지가 아니라는 것이 법원의 입장이다. 토지조사사업이 진행되던 이 시기 땅을 둘러싼 분쟁에 대해 일제 법원은 이와 같은 일관된 태도를 보인다. 관습이나 구두약속이야 어찌됐든 현 등기부 상의 소유관계에 의해 이해관계자의 권리를 해석한다는 것이다. 변화하는 토지소유 관계 속에서 현재 지주의 구두 약속에 의지했던 소작인들의 기대가 계약문서에 의해 배반되고 있는 상황이 반복적으로 보이고 있다. 그리고 1910년대 을들의 억울함은 형사사건 재판에서 가해자로서 다시 단죄되고 있었다.

7
무고 및 위증 피고사건

서○기 등 판결문(1916년 형상 제58호, 大正5年刑上第58號, 고등법원)

국가기록원 소장 형사재판서원본이다. 대구복심법원과 고등법원의 판결문이 소장되어 있고 관리번호는 CJA0000718-0079과 CJA0000435-0016 이다. 서○기 등에 관한 무고 및 위증죄를 다루는 고등법원 판결문의 내용은 다음과 같다.

서○기, 서○순, 정○준에 대한 무고 및 각 피고인에 대한 위증 피고 사건에 대해 1916년(大正5年) 5월 6일 대구복심법원이 언도한 판결에 대해 각 피고인으로부터 상고 신청이 있었음으로 당 원은 조선총독부 검사 쿠사바린고로(草場林五郎)의 의견을 듣고 상고 기각 판결을 내린다.

피고인의 인적사항은 다음과 같다. 서○기(당57세)는 경북 달성군 가창면 옥분동에서 농사 짓는 자이다. 서○순(당38세)과 정○준(당57세), 서○수(당36세), 이○수(당51세) 모두 서○기와 같은 곳에서 농사를 짓는다.

피고인의 고등법원 상고이유는 다음과 같다.

무릇 법정이 있은 이래 말 못할 일이 허다하더라도 원통한 우리 다섯 사람이 죄 없이 죄 받는 것 만한 것은 없습니다. 엎드려 바라건대 각하께서 특별히 세심히 살펴 주십시오. 본인이 오늘 말씀 올리는 바는 정상이 가긍함을 보이려는 것이 아니고 신체의 가석을 보이려는 것도 아닙니다. 실로 사실의 억울함과 법률상의 무죄를 말씀드리려는 겁니다.

다툼이 있는 토지 산판(山板) 및 포류정(抱流亭)은 부형(父兄)으로부터 상속한 것입니다. 산판은 1908년(隆熙2年)에 그 증명을 받았고, 1912년에는 삼림조사원의 인증을 받았습니다. 전답은 1908년에 토지조사가 있어서 지세대장에 등록하였고 1911년에는 토지조사국 사정대장에 등록되었습니다. 포류정 역시 그 소속 호주(戶主)와 통호(統號)가 등록되었습니다. '메이지(明治) 황제'의 조칙과 부윤의 훈령에 따라 각 면(面) 각 동(洞)에 게시된 토지소유신고가 예전부터 소작인 이름이나 노비 이름으로 되어 있다 하더라도 그 후에 지주 명의로 옮겨 소유권 증명원을 제출하도록 되었기에 곧바로 칙명을 좇아 증명을 신청하였습니다. 그렇다면 저의 소유권은 제국 법령에 따라 확보되는 것입니다. 그런데도 오히려 형률을 받게 되었으니 억울함을 감내할 수 없어 상고하기에 이른 것입니다.

그러나 원심은 증거에 의하여 본 건 토지는 원래 옥분동 동민의 공유여서 예전부터 그의 수익으로 동네 안의 자제 교육을 위하여 설립한 서당의 비용 및 동내 공동비용에 충당하여 오던 차에 근년에 이르러 피고인 서○기, 서○순 등이 위 토지의 소유권이 자기에게 있다고 주장하며 동민과 분쟁을 일으키기에 이르렀다. 1913년 음력 1월 15일 동회 개최때 피고인 서○기, 서○순, 정○준, 서○수도 회동하였는데 그 자리에서 피고인 서○기는 앞에서 든 토지가 동민의 공유에 속한다고 승인하고 아우 서○순에게 그런 내용의 증서를 작성하도록 의뢰하였다. 서○순은이 의뢰에 터 잡아 앞에서 든 토지가 동민의 공유에 속한다는 내용의 증서를 작성하여 서○기가 스스로 그 이름 아래에 날인하였다. 피고인 정○준은 그 증서에 증인으로 기명 날인하여 동민에게 넘겨준 사실이 있음에도 불구하고 고의로 그런 사실이 없다고 부인하여 무고와 위증죄를 저지른 사실을 인정하였다. 그렇다면 본 논지는 원심의 직권에 속하는 사실인정을 비난하는 것에 불과하여 상고이유가 될 수 없다.

피고인 서○수의 상고이유는 다음과 같다. 본인이 손○영 외 3명, 서○기 외 1명과의 사이의 산림과 토지 분쟁 사건에서 증인으로 출석하여 증언한 바는 어릴 적부터 오늘날까지 보고 들은 그대로의 사실이다. 분쟁지(係爭地)가 서○기와 서○순의 소유에 속한다는 사실은 세상 사람들이 다 아는 바이다. 만일 그것이 동민의 공유라 한다면 무슨 까닭에 해마다 작성되는 수익문기(收益文記)가 동민의 손에 남아있지 않겠는가. 또 1913년 음력 정월 15일 몰래 만든 증서가 확실한 것이라면 그 무렵은 본인이 동장 재직 중인 시절인데 무슨 이유로 본인의 인장을 찍지 않았겠는가. 또 무슨 연고로 세부 측량할 때 공유물이라는 이의가 나오지 않았겠는가.

위 측량이 종료된 뒤 총독부로부터 공유 토지를 관리하라는 훈령이 있었다고 하지만 당시는 관리령이란 것이 없었고 의연 서○기가 대대로 상속한 것이다. 그런데도 본인은 위증한 혐의로 제1심에서 율(律)을 받고 제2심에서는 항소가 기각되었다. 뚜렷이 무죄이어야 할 백성이 8, 9개월간 고통을 받았으니 지극히 원통하고 억울함을 이길 수 없어 법정의 명찰(明察)을 받으려고 상고 신청을 하였다.

그러나 원심이 증거에 의하여 인정한 사실은 상고인 서○순의 상고 이유 아래에 적시한 바와 같고 본 논지는 원심의 직권에 속하는 사실인 정을 비난하는 것에 불과하여 상고이유가 될 수 없다.

피고인 정○준, 서○기, 이○수의 각 상고이유는 '제1, 제2심 판결은 완전히 사실과 다르므로 불복한다'는 것이다. 그러나 어떤 점에서 원 판결이 법률에 위반되는지를 적시하지 않았으므로 적법한 상고이유가 될 수 없다.

변호인 김응섭(金應爕)[65]의 추가 상고이유 제1점은 다음과 같다.

....

[65] 1877년 태어났다. 1911년 1월에서 1912년 6월까지 평양지방법원의 판사, 검사를 역임한 뒤 대구에서 변호사로 활동하였다. 1913년 대구에서 결성된 비밀결사 조선국권회복단 중앙총회에 가입해 독립운동 자금 조달과 파리에 보낼 독립청원서를 영어

원심은 제3, 4의 사실로서 피고인 서ㅇ기, 서ㅇ순, 서ㅇ수는 대구지방법원 예심판사의 신문을 받을 때 피고인 정ㅇ준, 서ㅇ수, 이ㅇ수는 대구지방법원 민사법정에서 당해 판사의 신문을 받을 때 각각 판시 사실과 같이 위증하였음을 인정하였다. 그러나 피고인이 증인으로 호출된 형사사건(손ㅇ영 외 3명에 대한 사서(私書)위조행사 · 사기미수 피고사건)과 민사사건(원고 손ㅇ영, 김ㅇ갑, 피고인 서ㅇ기, 서ㅇ순의 토지소유권 확인 등 청구사건)은 모두 원판결에 기재된 전토와 산림을 둘러싼 옥ㅇ동과 피고인 서ㅇ기, 서ㅇ순 사이의 분쟁 사건으로서 피고인 서ㅇ기, 서ㅇ순은 물론 그밖의 피고인도 또한 옥ㅇ동에 주소가 있는 같은 동민인 이상 앞의 형사사건 민사사건을 불문하고 모두 당사자의 지위에 있다. 특히 피고인 서ㅇ기, 서ㅇ순은 그 당시 민사사건의 상대방으로서 대구복심법원 민사부에 계속되어 있었고 손ㅇ영 외 3명은 형사사건의 결과가

로 번역하였다. 이후 중국 상하이(上海)로 건너가 임시정부의 법무장관으로 활약했으며 노령 블라디보스토크를 시찰하였다. 1920년 3월 유하현 삼원보(柳河縣 三源堡)에서 한족회(韓族會)의 조직을 쇄신하고 법무사장으로 취임하였다. 1921년 이르크츠크파 고려공산당에 입당했다. 1922년 베르흐네우진스크 고려공산당 연합대회에 출석해 임시집행부 위원이 되었다. 1922년 6월 남만주군정서부총재로 활약하면서 김찬(金燦)를 국내의 경북지역으로 파견해 군지금을 모집케 히였다. 1923년 의열단에 가담했다. 6월 상하이(上海)에서 임시정부의 방향을 논의하기 위해 열린 국민대표회의에 참가해, 창조파의 일원으로서 '국민위원회' 결성에 합류했다. 1924년 12월 길림성 반석현(吉林省 盤石縣)에서 경북의 김원식(金元植) · 김상덕(金尙德) 등과 함께 '자유 평등의 정신과 공존공영의 대의로써 노력대중을 단결하고 신생활을 도모함'을 목적으로 한 한족노동당(韓族勞動黨)을 결성하고 상무집행위원장 겸 중앙집행위원이 되었다. 일제 정보당국이 "김응섭은 만주일대에 할거하는 조선인비적단 정의부의 심판원장으로 취임했을 뿐 아니라, 상해임정 국무령 이상룡의 막하로 입각한다."고 파악하였다. 1927년 9월경 조선공산당 만주총국의 간부가 되었다. 1928년 2월 길림성 반석현에서 한족노동당을 개편해 재만농민동맹(在滿農民同盟)을 결성하고 중앙집행위원장이 되었다. 동맹원은 경상도에서 이주해 온 사람들을 중심으로 약 3천 내지 4천에 달했다. 이러한 활동을 통해 민족주의 성향이 강한 남만주 지역에서 사회주의세력을 대표하는 인물이 되었다(김일수, 한국민족문화대백과사전 사이트 http://encykorea.aks.ac.kr/Contents/Index?contents_id=E0010148 2019.4.23. 검색)

자기의 민사사건과 중대한 이해관계가 있어 거의 민사원고의 지위에 있었으므로 각 피고인은 그 형사 또는 민사사건에 관하여 증언이 될 자격이 없는 이들인데도 이들에게 선서를 하게 한 후 증인으로서 신문하였다.

따라서 선서가 부적법한 이상 원심법원이 인정한 것처럼 위증사실이 있다고 하더라도 위증죄를 구성할 일이 아니다. 하물며 각 피고인은 법률상의 상식과 경험이 없는 이들이어서 어떤 경우에 선서를 거부할 수 있는지 그리고 선서하고 난 증인의 책임은 어떤 것인지를 모름에랴. 그런데도 원심이 위증죄로 논단한 것은 죄가 되지 아니하는 사실에 형을 부과한 위법이 있다.

그러나 진실로 증인으로 선서한 다음 허위진술을 하면 위증죄가 성립하고 그 당시 실제로 증인의 자격을 가졌는지 여부는 위증죄의 성립에 아무 영향이 없으므로 설사 논지가 제시하는 것과 같은 사실관계가 있다 하더라도 피고인들이 증인으로 선서하고 나서 허위 진술한 사실을 원판결이 인정하고 위증죄로 물은 것은 정당하므로 논지는 이유 없다.

같은 제2점은 다음과 같다.

원심은 원판결문이 적시한 전답과 산림이 옥분동 동민의 공유라고 판시하여, 피고인 서○기, 서○순, 서○수, 정○준에게 범죄의 원인을 확정하였다. 그러나 위 전답과 산림이 옥○동 동민의 공유인지, 아니면 피고인 서○기, 서○순의 소유인지 여부는 본 건 각 피고인의 범죄원인에 중요한 영향을 미치는 것이므로 위 전답과 산림을 동민의 공유라고 하는 이상 그것을 증명하는 증거를 내보여 확실하게 하여야 한다. 그런데도 원 판문이 늘어놓은 증거 표시에 따르면 겨우 증인 손○해의 신문조서에 산판과 서당이 일찍부터 동유라는 취지의 기재, 증인 엄○연의 신문조서에 논 두 마지기가 동유라는 취지의 기재가 있어, 위 논과 산림의 일부에 대하여 동유라는 증거를 보이는 데 지나지 않는다. 그 밖의 전답과 산림이 동유라는 증거 설명을 빠뜨린 채 그냥 범죄 원인인 사실을 인정하였으니 이유 불비의 위법이 있다.

그러나 원판결이 적시한 검사의 모리시마(森島) 청취서, 같은 손ㅇ해에 대한 제1회 신문조서, 같은 정ㅇ로에 대한 제1회 신문조서, 같은 증인 임ㅇ연에 대한 제1회 신문조서, 같은 증인 최ㅇ택에 대한 제1회 신문조서, 증인 윤ㅇ효에 대한 예심조서, 증인 구ㅇ서에 대한 예심조서, 증인 이ㅇ일에 대한 예심조서, 증인 이ㅇ순에 대한 예심조서, 증인 구ㅇ기에 대한 예심조서, 증인 김ㅇ삼에 대한 예심조서, 증인 박ㅇ하에 대한 예심조서에는 판문이 적시한 내용과 같은 취지의 각 진술기재가 있다. 이들 증거를 종합하면 판문 적시의 전답과 산림의 전부가 옥분동 동민의 공유임을 인정할 수 있으므로 소론과 같은 이유 불비의 불법이 없어 논지는 이유 없다.

같은 제3점은 다음과 같다.

무릇 범죄는 그 행위가 있고 일시와 장소가 특정되면 바로 기수가 되는 것이 아니라 그 결과가 있는 경우에야 비로소 성립하는 것이다. 본건 무고죄 또한 허위신고가 순사에게 도달하기만 하면 충분하다고 할 수 없고, 수사권을 가진 검사나 사법경찰관에게 도달하였을 때 비로소 성립한다. 그럼에도 불구하고 원심은 제1과 제2 사실로써 1914년 7월 6일과 같은 달 10일 피고인들이 대구경찰서 용계 순사주재소에 허위의 고소장을 제출한 사실만 가지고 바로 무고죄로 문의하였다. 그러나 피고인들은 각자 순사에게 고소장을 제출한 데 지나지 않기 때문에 설사 그 고소와 관련된 사실이 허위라 하더라도 원심이 그 권한 있는 관청에 도달한 일시를 명시하지 않은 것은 불법이다.

그러나 형사처분을 받게 할 목적으로 타인을 무고한 경우에 허위신고로 기소나 수사처분의 개시를 촉발시킴으로써 무고죄가 성립하므로 그 죄의 기수가 되는 데에는 순사에게 허위신고를 하는 것으로 충분하다. 그 신고가 수사권을 갖는 관청, 즉 검사나 사법경찰관에게 도발할 필요는 없다.

대개 순사는 1912년(明治45年) 7월 11일 제령 제26호에 규정된 경우 외에는 독립하여 수사처분을 개시할 권한을 가진 자가 아니지만 순사는 수사권을 가진 사법경찰관의 보조기관이고 그 지휘 아래 손발이 되어 수사를 실행하는 자이다. 그렇다면 범죄에 관한 신고를 받을 권한이 있음은 물론 언제나 반드시 그것을 사법경찰관에 게 보고할 직책을 가지며 자기의 독단으로 그 채부를 결정할 수 없다. 따라서 순사에게 허위신고를 하는 것은 곧 부정하게 수사처분의 개시를 하게끔 한 것이다. 신고자의 의사로 애초에 그 처분의 개시를 방지할 수 없으므로 무고죄는 순사에게 허위신고를 한 때에 완성하는 것이라 하지 않을 수 없다. 그렇다면 논지가 적시하는 피고인들의 행위는 물론 기수의 무고죄를 구성하고 원판결이 피고인들에게 그 행위가 있음을 인정한 이상 피고인들이 한 신고가 수사권한을 가진 관청에 도달한 것 또는 그 일시를 확정할 것 등의 요건은 필요하지 않으며 그것들을 판시하지 않았다 하더라도 불법이라고 할 수 없다. 논지는 이유 없다.

변호인 김사집의 추가 상고이유 제1점은 다음과 같다.

재판소가 범죄사실을 인정하여 형을 적용할 때에는 각개 범죄에 대하여 증거를 들고 각개 범죄에 대하여 해당 법조를 적용하지 아니하면 안 된다. 그런데 원 판결이 적시하는 제2범죄 사실은 피고인 서ㅇ순과 정ㅇ준은 공모하여 손ㅇ영, 김ㅇ갑, 손ㅇ봉, 서ㅇ우(합계 4명)로 하여금 형사상의 처분을 받게 할 목적으로 이들이 앞에서 든 증서에 멋대로 증인으로 정수준의 성명을 위서(僞書)하고 무인(拇印)을 찍었다는 취지의 허위 고소장을 (중략) 제출함으로써 위 4명을 무고하였다는 취지이다. 곧 범인의 행위는 한 개인데도 그 결과는 각인에 대하여 생기므로 네 개의 범죄행위가 된다고 하지 않을 수 없다. 재판소는 수개의 범죄로 심리함과 동시에 각개 행위에 대하여 사실인정의 이유를 판시하지 않으면 안 된다. 그런데도 원판결은 이렇게 처리하지 않고 막연히 총괄적으로 설시하여 형을 적용하였으니 심리부진의 판결이 됨과 동시에 법률의 적용을 그르친 불법이었다.

그러나 한 개의 행위가 여러 개의 죄명에 걸리는 경우 범죄행위는 바로 한 개이지 여러 개가 아니므로 여러 개의 범죄행위가 있는 것으로 심리할 것이 아님은 물론 그에 관한 사실과 증거의 명시는 총괄하여 명시하면 되고 각 죄명마다 분별하여 할 필요는 없다. 논지는 이유 없다.

같은 제2점은 다음과 같다.

위증죄는 선서한 증인의 행위에 관련될 것이 필요할 뿐 아니라 그 선서한 증인이 능력자일 것이 요구되므로 재판소가 위증죄를 인정하려면 허위진술을 한 것 선서한 것 및 위증 당시 능력자였음을 판시하지 않으면 아니 된다. 그런데도 원판결은 허위진술과 선서를 한 것을 설시하는데 그치고 범죄 당시 능력을 가졌는지 여부에 대하여 아무런 설시도 하지 않았다. 이는 위증죄에 관한 법규의 근본 개념을 그르친 불법이 있음을 면할 수 없다.

그러나 적어도 증인으로 선서한 다음 허위진술을 하면 위증죄가 성립하고 그 당시 실제로 증인인 자격을 가졌는지 아닌지는 위증죄의 성립에 전혀 영향이 없으므로 원 판문에서 피고인들이 각각 선서하고 나서 허위 진술한 사실을 인정한 이상 특별히 그 당시에 선서능력을 가졌다고 판문에 명시할 필요가 없음은 물론이다. 따라서 그것을 명시하지 아니하였음을 근거로 불법이 있다는 논지는 이유 없다. 또 원 판문에 표시된 각 피고인의 연령 그 밖의 인정 사실의 기재에 의하여 각 피고인이 그 당시 일반적인 범죄능력을 가졌다고 인정할 수 있음이 뚜렷하기 때문에 그 판시가 없으므로 위법하다고 하는 논지 또한 이유 없다. 위 설명과 같이 본 건 상고는 이유 없으므로 형사소송법 제285조에 의하여 주문과 같이 판결한다.

1916년(大正5年) 6월 12일 고등법원 형사부 판사 와타나베 토오루(渡辺暢), 이시가와 타카하시(石川正), 김낙헌(金洛憲), 나가누마(永沼直方), 미즈노 쇼노스케(水野正之丞)가 판결하였다.

해 제

사건은 다음과 같다. 토지의 소유권을 놓고 다툼이 일어났다. 피고인 등이 주장하는 바는 다음과 같다. 다툼이 있는 토지 산판(山板) 및 포류정(抱流亭)은 부형(父兄)으로부터 상속한 것이다. 산판은 1908년에 그 증명을 받았고 1912년에는 삼림조사원의 인증을 받았다. 전답은 1908년(융희2년)에 토지조사가 있어서 지세대장에 등록하였고 1911년에는 토지조사국 사정대장에 등록되었다. 포류정 역시 그 소속 호주(戶主)와 통호(統號)가 등록되었다. 메이지 황제의 조칙과 부윤의 훈령에 따라 각 면(面) 각 동(洞)에 게시된 토지소유신고가 예전부터 소작인 이름이나 노비 이름으로 되어 있다 하더라도 그 후에 지주 명의로 옮겨 소유권 증명원을 제출하도록 되었기에 때문에 곧바로 칙명을 쫓아 증명을 신청하였다. 그렇다면 소유권은 제국 법령에 따라 확보되는 것이다. 그럼에도 위 사실이 인정되고 있지 않다. 옥분동은 동내의 공유 땅이라 하여 피고인을 고소하였다.

해당 판결문의 판결 요지는 다음과 같다. 증인으로 선서한 다음 허위

진술을 하면 위증죄가 성립하고 그 당시 실제로 증인 자격을 가졌는지 여부는 위증죄의 성립에 영향이 없다. 무고죄는 허위신고로 기소나 수사처분의 개시를 촉발시킴으로써 성립하므로 당해 범죄의 기수가 되려면 순사에게 허위신고를 하는 것으로 충분하다. 수사권이 있는 관청 즉 검사나 사법경찰관에게 그 신고가 도달할 것을 요하지 아니한다. 1개의 행위가 여러 개의 죄명에 해당하는 경우 그에 관한 사실과 증거의 명시는 판결에서 총괄하며 하면 되고 이를 각 죄명마다 분별하여 할 필요는 없다.

일제는 1912년 8월 13일 조선총독부 제령 제2호로 토지조사령을 제정, 시행하여 이에 따라 토지조사를 실시하였다. 토지조사령 제4조 '토지의 소유자는 조선총독이 정하는 기간 내에 그 주소, 성명, 명칭 및 소유지의 소재, 지목, 자 번호, 사표, 등급, 지적, 결수를 임시토지조사국장에게 신고하여야 한다'는 규정에 따라 면, 동, 이장의 입회하에 토지를 답사, 요소에 푯말을 세워 약도를 그리고 각 지방의 토지제도, 관습 기타의 모든 상황을 조사하여 소유권 사정의 자료를 삼았다. 이 같은 예비조사가 끝나면 지주, 지주대표, 동장, 이장의 입회하에 각 토지의 경계, 지목, 지주를 조사, 개황도를 만들어 세부측도의 준비를 하고 토지의 품질을 정했다. 개항도에 의하여 기술자를 동원, 토지의 형상, 면적을 측정하여 지적도를 만들고 다시 지적도의 정확성을 기하기 위하여 학술적인 방법으로 삼각측량을 실시한다.

임시토지조사국장은 지방의 유지들로 구성된 지방토지조사위원회를 조직케 하여 조사가 끝난 지방의 적부를 심사케 한 후 토지 대장을 만들어 토지의 소재, 지목, 번호, 면적, 지주 등을 등록케 한다. 이러한 과정을 통하여 장부를 정리한 다음 지권을 발행, 지주에게 주고 토지소유권의 증명을 삼는다. 지주는 지권에 따라 소유지의 4방에 푯말을 세워 경계선을 명백히 하였다.

그러나 이상과 같은 방법으로 시행된 토지조사사업은 여러 가지 의미에서 많은 모순을 내포하고 있었다. 즉 근대적인 소유권을 알지 못하는 대부분의 한국인들은 토지의 소유자가 국가인지 관료인지 또는 경작자 자신인지 구별하지 못했고, 당시의 농민은 근대적인 법령과 그 소속에 관하여 경험이 없을 뿐더러 신고주의를 이해하지 못하였고, 여기에 민족적인 감정이 섞여 신고를 이행하지 않았으며 또 세부측량을 담당한 기술자나 통역관에게 속임을 당하는 조건이 되었다. 결국 토지조사사업은 일제가 조선에서 근대화라는 미명 아래 토지소유권의 확인과 지세부과 체계의 정비를 강압적으로 추진한 것이다. 그 결과 조선총독부는 방대한 토지를 소유하는 최대 지주가 되었고 안정적인 지세수입을 확보할 수 있게 되었다.[66]

---

66) 정재정, 「식민지 수탈구조의 구축」, 『한국사』 47, 국사편찬위원회, 2001 참조.

8
약인(略人) 피고사건

1) 이데우노지(井手卯之次) 판결문
(1914년 형공 제197호, 大正3年刑控第197號, 대구복심법원)

국가기록원에 소장되어 있는 대구복심법원 형사판결문이다. 관리번호는 CJA0000710-0011이다. 판결 내용은 다음과 같다.

피고는 구마모토현(熊本縣) 아마쿠사군(天草郡)에 본적을 두고 경상남도 마산부 구마산정에 살고 있는 재조일본인 이데 우노지(井手卯之次)이다. 당시 나이는 46세였다. 이데 우노지 피고인은 유괴 피고사건으로 부산지방법원 마산지청에서 언도받은 판결에 대해 항소를 하였다. 사건을 검토한 당 법원 검사는 원 판결을 취소하고 피고에게 징역 5년에 처한다는 주문을 하였다.

이유는 다음과 같다. 피고 우노지(卯之次)는 1910년(明治43年) 1월 20일 대구지방재판소에서 분묘 발굴죄를 저질러 징역 1월 15일에 처하였다. 그 형의 집행을 종료하고 그 이전에 저지른 사기, 절도, 특수흉기 절도 등의 죄를 지어 여러 차례에 걸쳐 처형을 당한 신분에도 불구하고 부녀자를 유괴하여 이익을 얻으려고 하여 1913년(大正2年) 6월경 경상남도 창원군 태읍면 제덕리 김○지 3녀 이○이(당시 16세), 정○일의 3녀 정○염(당시 16세), 김○이의 2녀 김○이(당시 15세)의 3명에 대해 매약제조의 직공으로 고용하여 견습을 마친 후 상당한 급료를 지급할 수 있다는 사실이 아닌 일을 말했다. 그녀들을 속이고 부모의 승낙을 얻도록한 후 위 3명을 유괴해서 마산부 구마산 원정 약종상 가와이 이치타로(河合一太郞) 집에 데리고 온 바 경찰관서의 주목을 받게 되어 그 집에 머무는 3일간 그들을 그 본가에 돌려보낼 수밖에 없었다. 다시 범의(犯

意)를 계속하여 1913년 11월 20일 다시 앞의 3명을 마찬가지의 방법으로 유괴하고 신의주 방면에 데리고 가서 '음매부(淫賣婦)'의 목적으로 경상남도 창원군 상남면에 숙박할 때 피고의 통역인 김인찬(金仁贊)이 이○이 등에게 이 목적을 누설하여 그녀들이 피고의 간계를 알고 즉시 그곳에서 본가로 귀환하였으므로 그 뜻을 이루지 못하였다. 이상의 사실은 이○이, 정○염, 김○이 3명이 사법 경찰관 청취서 중 판시와 같은 대답을 공술 기재 하였다.

김인찬에 대한 검사의 청취서 중에 1913년 11월 20일 피고의 통역으로 고용되어 마산부(창원군) 태읍면 재덕리에서 이○이, 김○이, 정○염의 여자 3명을 약을 파는 직공으로 고용할 때 통역을 하는 일을 했다. 그때 피고는 앞의 3명의 모친에게 의상 값, 기타 명의의 돈 약간을 받고 3명을 데리고 상남면에 간 바 저녁이 되어 그곳에 하룻밤 묵게 되었다. 그 도중 피고는 위 3명을 신의주 방면에 데리고 가서 파는 일을 한다고 말하였다. 그 일을 아미산 안에서 머물고 있는 3명에게 말하니 3명은 크게 놀라 다음날 아침 본가에 돌아갔다. 피고가 아미산 안에 숙박하는 것은 창원 정거장으로 나와 경성 방면에 가려고 한 것이라고 공술 기재 하였다.

원심 공판 시말서 중 피고의 공술로 약을 파는 행상을 하도록 하기 위해 이○이 등 3명을 고용하여 구마산에 데리고 왔는데 경찰서로부터 부모가 있는 곳으로 돌려보내라는 주의를 받고 3명을 돌려보낸 후 다시 위 3명을 고용하여 마산에서는 상황이 좋지 않았기 때문에 경성이나 대구에 갈 생각으로 출발해서 아미산 안에 숙박했다고 기재했다.

위의 내용을 종합하여 이를 인정한다. 법률에 비추어 피고의 행위는 형법 제225조, 동 55조에 해당하고 하나의 행위로 여러 개의 죄명에 해당한다. 따라서 동 제54조를 참고해 정상(情狀)이 무거운 김○이를 유괴한 행위에 따라 처단한다. 판시한 전과에 따라 당 공정에서는 피고의 공술에 따라 드러난 재범과 관련하여 동 제56조, 동 제57조에 따라 가중하여 형의 범위 내에서 피고 우노지를 징역 5년에 처하도록 한다.

그러나 제1심 판결은 전 판시 사실을 인정하여 형법 제225조, 동 제55조를 언도한 것은 상당함에도 징역 3년을 언도함으로써 그 형이 가볍다. 형법 제54조의 인용을 벗어난 것은 실수가 있음으로 피고의 항소와 함께 검사는 언도의 이유를 위와 같이 한다. 따라서 형사소송법 제261조 제2항에 따라 주문과 같이 판결한다. 이 판결은 1914년 5월 28일 대구복심법원 형사부 판사 아사다 겐스케(淺田賢介)와 야와시 요(八橋容), 다치가와 니로(立川二郎)가 하였다.

피고는 복심 판결에 대해 다시 항소를 했다. 3심 판결은 1914년 7월 2일에 열렸으며, 해당 판결문은 국가기록원 소장 문서 CJA0000471-0003으로 관리되고 있다. 사건번호는 1914년 형상 제63호(大正3年刑上第63호)이며, 내용은 다음과 같다.

피고인 이데 우노지(井手卯之次)는 대구복심법원에서 언도받은 판결에 대해 상고했다. 이에 따라 조선총독부 검사 쿠사바 린고로(草場林五郎)의 의견을 듣고 상고 기각으로 판결한다.

이유는 다음과 같다. 상고의 취지는 대구복심법원에서 있었던 유괴피고사건 판결은 사실이 오인되어 있어 부당한 법률을 의용한 것으로 생각됨으로 추가 취지를 반복 진술할 필요가 있다. 피고는 이○이 외 2명을 자식으로 맡아 받은 후 근 2, 3일이 지나 그 의도를 채우지 못하고 돌려보냈으므로 이○이 등의 부모는 불쾌한 감을 가지고 있는 바 마침 피고의 통역 김인찬이 이○이 등에게 의류 등의 일에 허위로 말하여 해고하였더니, 김인찬이 피고를 원망하고 이○이 등의 부모와 도모하여 피고를 고소하였다. 피고는 씨명을 거짓으로 하고 또 전과가 있어도 원

법원이 결정함과 같이 유괴죄를 범하지 않았고 이○이 등은 매약(買藥) 기타 정당한 영업을 할 수 있도록 하였다고 말하였다. 그럼에도 원 법원이 증거에 기반하여 피고가 이○이 외 2명을 유괴한 사실을 결정하였다고 주장하고 해당 사실 결정을 비난했다. 그러나 법률적용의 당부를 논하기 어려움에 다름 아님으로 상고 적용의 이유는 없다. 형사소송법 제385조에 따라 주문과 같이 판결한다.

해 제

재조일본인 남성이 통역을 대동하고 조선인 여성 3명을 유괴했다가 검거되어 법정에 오른 재판 사건이다. 일제는 조선을 식민지로 삼고 조선의 민도(民度)가 낮다는 언설을 확산시키려고 했다. 일본의 '문명'과 대비되는 조선의 '야만'을 선전하여 일본의 조선 식민지화를 정당화하기 위해서였다. 그중 '인신매매' 또한 조선의 야만적 풍습인양 진단하는 논설을 매일신보에 싣기도 하였다. 이를테면 1911년 4월 25일부터 27일까지 3일간 조선총독부의 기관지 『매일신보』는 「인물매매의 악습(人物賣買의 惡習)」이라는 사설을 연재하여 '노비의 매매, 부녀의 매매, 창기의 매매'가 조선의 인물매매의 악습이라고 주장하였다.

노비의 매매

(전략) 현금 문명이 일신(日新)하여 차등의 악습은 용허치 아니하나니 행(幸)히 노비를 사(使)한 자는 口전(口傳) 노비라 하는 악구기(惡口氣)는 제거하고 상천(上天)의 일반 자녀를 병(幷)히 방석(放釋)하여 인종의 공죄를 무작(毋作)할지어다.

부녀의 매매

(중략) 시(是)로 유(由)하여 백폐(百弊)가 구생(俱生)하여 풍화(風化)의 악영향을 양출(釀出)하는 도다. 황(況) 몰취(沒恥) 몰의(沒義)한 자는 자기의 귀한 여아를 금전으로 매매하여 신랑의 지위여하와 재덕여하와 용의여하를 불문하고 도(徒)히 자기의 구복(口腹)만 충(充)하며 심한 자는 자매를 매(賣)하여 제수를 매(買)하는 자도 유(有)하니 피매거매래(彼賣去買來)하는 우치(愚痴) 부녀는 인격으로 책(責)한 바 무(無)하거니와 인심이 구유(苟有)하면 어찌 일반 골육 우마와 여(如)히 매매하리오. 혹 타인의 독거 청상을 유매(誘賣)하는 자도 유(有)하니 차 과녀(寡女) 피(彼) 환부(鰥夫)의 상우상ㅁ(相遇相ㅁ)가 어량(於梁)에 하관(何關)이리오. 전히 양방 자유에 재한 즉 혹 매개는 작(作)할지언정 하등 명의로 금전을 수하며 우(又) 발피파락(潑皮破落)의 도(徒)는 과녀(寡女)를 가장하여 차(此) 인(人)에게 매(賣)하고 피인(彼人)에게 매(賣)하여 무수 용부의 금전만 편취하니 차(此) 배(輩)의 감륜패상(滅倫敗常)함은 절도보다 심하다. 위(謂)할지로다. 현금 인권을 중시하는 시(時)를 당하여 차등(此等) 만습(蠻習)은 축저(築底)히 구행(久行)치 못할지니 조(早)히 자오(自悟)하여 여아가 유한 자는 필(必) 지위가 동(同)하고 재덕이 동하고 용의가 동한 상당 자격을 구하여 정식으로 혼례를 행할지오. 우(又) 타인의 환과(鰥寡)를 대하여도 영민한 정으로 기분(幾分) 매개를 작할지언정 무리의 금전을 편취하는 악습은 무작(毋作)할지어다. 오호라. 피배(被輩)도 역시 인류라 어찌 인류로 골육을 매(賣)하며 어찌 인류로 타인을 매(賣)하나뇨.

창기의 매매

(중략) 상당한 인권이 유할지니 하고(何故)로 타인의 매매품을 작(作)하여 저개(這個)의 우고(憂苦)를 자초하리오. 자유영업도 가(可)하고 혹 인에게 귀(歸)할지라도 자기의 안목을 종(從)하여 상당한 여필(儷匹)을 구할지며 매주(買主)된 자도 자기의 궁화극사(窮華極奢)를 위하여 가련한 여아의 천금 신(身)을 물오(勿誤)할지어다.

조선에는 노비나 아내, 창기를 대상으로 매매하는 악습이 있다는 주장이다. 그러나 1910년대의 형사 판결문에는 약취나 유괴죄로 피고석에 오르는 재조일본인의 적지 않게 눈에 띄었다. 본 판결문의 피고 이데우노지(井手卯之次)는 1910년 1월에 대구지방재판소에서 판결을 받은 것으로 보아 강점 이전에 일본 구마모토에서 한국 경남 마산으로 이주한 일본인이다. 그는 분묘훼손, 절도 등의 죄를 여러 차례 저질렀으며 1913년 6월 다시 거주지의 조선인 여성 3명을 유괴하고자 하였다. 일자리를 빌미로 여성들을 꾀어냈으며 부모의 동의를 얻어 끌고 와 성매매(淫賣)를 하는 곳에 넘길 목적으로 신의주를 가려고 하다가 조선인 통역의 실토와 피해자의 고소로 재판정에 서게 되었다. 부산지방법원 마산지청에서 열린 제1심 판결은 확인하지 못했으나 징역 3년을 언도받아 검사의 항소를 받은 듯 하다. 국가기록원에 소장되어 있는 1914년 5월에 열린 대구복심법원 판결문과 1914년 7월에 열린 고등법원 판결문을 확인할 수 있었다. 그리고 피고는 항소심 검사의 주장대로 원심의 징역 3년형을 취소하고 징역 5년을 판결받았다.

이데우노지의 사례와 같이 재조일본인에 의한 조선인 여성의 유괴 사건은 형사판결문 목록에서 어렵지 않게 찾아볼 수 있다. 그러나 목록에서 확인되는 피고인의 판결문이 실제 서류상에는 확인되지 않는 경우도 종종 있었다. 1914년(大正13年) 공주지방법원 검사국의 형사 제1심/상소 재판서 원본철에도 판결문 목록상에는 시라키 테츠타로(白木鐵太郞)의 강간 사건, 야마자키 나가이치(山崎長市)의 영리유괴 사건에 포함되어 있으나 실제 문서철 안에는 판결문이 빠져있다. 한국이 해방되고 일본인들이 일본으로 돌아갈 때, 일본인들에게 불리한 자료는 가능한 한 삭제하거나 가지고 간 정황이 보이는 것이다.

이데우노지의 2심, 3심 판결문은 서류철 안에 포함되어 있었으며, 통역을 고용하여 조선인 여성을 취업사기로서 유괴하려고 했던 1910년대 중반의 인신매매 방식을 엿볼 수 있게 한다. 곧 일제는 노비나 여성을 파는 것이 조선의 인권을 무시한 악습이라고 비난했으나, 매매자 사이에 중개인이나 통역이 개입되어 인신매매 매커니즘을 형성하고 있는 정황이 보이는 것이다.

피고인에 범죄에 기준이 된 법률은 형법 제225조이다. 형법 제225조는 영리, 외설 또는 결혼을 목적으로 사람을 약취 또는 유괴한 자는 1년 이상 10년 이하의 징역에 처할 것을 규정하였다. 형법 제54조는 하나의 행위로 수개의 죄명에 해당하거나 범죄의 수단 혹은 결과인 행위가 다른 죄명에 해당하는 때는 가장 중한 형으로 처단할 것을 규정한 것이며, 형법 제55조는 연속범에 대해서 하나의 죄로 처단하라는 취지의 법이다. 또한 형사소성법 제261조 제2항 "공소를 이유 있음으로 하는 때는 원 판결을 취소하여 다시 판결을 함이 가함"에 따라 피고인은 약취로서 처단되어 제1심의 3년형을 깨고 2심에서 5년형을 판결받았으며, 이는 3심에서 확정되었다.

2) 오○원 판결문
(1915년 형공 제226호, 大正4年刑控第226號, 대구복심법원)

국가기록원 소장 고등법원 판결문이다. 고등법원에서 파기되어 다시 복심법원으로 이송되었다. 관리번호는 CJA0000229-0042, CJA0000431-0057, CJA0000714-0013이고 각각 경성복심법원, 고등법원, 대구복심법원의 판결문이다. 경성복심법원의 판결 내용은 다음과 같다.

해당 사건의 번호는 1915년 형공 제89호(大正4年刑控第89號)이다. 피고 오○원은 충북 진천 출신이며 약인죄로 피소당하였다. 1심은 1915년 3월 10일 공주지방법원에서 유죄 판결받았으며, 이에 불복하여 항소하였다. 재심의 심리를 담당한 검사는 오쿠다 준(奧田畯)이며, 원 판결을 취소하고 태60에 처하는 판결을 새로 주문하였다.

이유는 다음과 같다. 피고는 혼인을 목적으로 충북 음성군 연서면의 최치주와 동거하는 최치주의 처 이소사(당시 23세)를 약취하려고 구한국 1908년(隆熙2年) 음력 2월 7일 밤 장○녀 외 1명과 함께 최치주의 방에 침입하였다. 이러한 사실은 피고가 당 공정에서 이소사의 승낙을 얻었다고 변명한 외 판시에 부합하는 진술이다. 사법경찰관에 만든 이소사 청취서 중 1908년(明治41年) 음력 2월 7일 밤 오○원이 양(梁)의 매부 씨명 불상자 외 1명과 함께 최치주의 방, 곧 개인 침실에 침입했고 최치주 및 김소사를 설득하기 보다는 오히려 나의 머리채와 양 손을 오○원의 매부가 끌어당겨 오○원 측에 이르렀다는 기재에 의해 증빙할 수 있다.

이를 법률에 비추어 볼 때 피고의 행위는 조선형사령 제45조에 따라 형법 제130조에 해당하여 징역 2월에 처하는 바 태형에 처함에 상당함으로 조선태형령 제1조, 제4조에 따라 태60에 처한다. 영치기록은 형사소송법 제202조에 따라 차출인에 환부하도록 한다.

피고가 1908년 음력 2월 7일 밤 충북 음성군 연서면 최치주 집에 침입해서 혼인을 목적으로 동인의 처 이소사를 약취한 사실은 1건 기록에 따라 명백하다. 기소 당시에는 고소를 요하지 아니하고 처벌할 수 있었다 하더라도 현재는 고소를 요하므로 이를 벌할 수 없고, 이와 관련된 가택침입의 행위에 대하여만 처벌하고 앞의 행위는 불문에 부쳐야 한다. 따라서 원 판결에서는 약인의 행위를 벌하는 것은 부당함이 있다. 형사소송법 제261조 제2항에 따라 주문과 같이 판결한다. 경성복심법원 판사 스즈키(鈴木伍三郎), 와다(和田四郎), 아오야마(靑山暢性)가 1915년 4월 9일 판결한다.

이날의 판결에 대하여 같은 법원 검사장 나카무라 다케조(中村竹藏)가 상고하였다. 고등법원에서는 조선총독부 검사 쿠사바 린고로(草場林五郎)의 의견을 듣고 원 판결을 파기하고 대구복심법원에 이송하였다.

검사의 상고이유는 다음과 같다.

당원 판결은 '피고인이 1908년 음력 2월 7일 밤중에 충청북도 음성군 연서면 최치주의 집(方)에 침입하여 혼인의 목적으로 그의 첩 이소사를 약취한 사실은 일건 기록에 의하여 명백하다. 본 건에서 피해자의 고소는 없다. 기소 당시에는 고소를 요하지 아니하고 처벌할 수 있었다 하더라도 현재는 고소를 요하므로 이를 벌할 수 없고, 이와 관련된 가택침입의 행위에 대하여만 처벌하고 앞의 행위는 불문에 부쳐야 한다'고 판시하였다.

판지(判旨)는 본 건 약인(略人)과 같은 친고죄에서의 신고를 소송 조건으로 본 것인지, 처벌 조건으로 본 것인지 혹은 소송 조건임과 동시에 처벌 조건이 되는 것으로 본 것인지 명료하지 않다. 그러나 그 신고가 공소제기에 필요한 소송조건이라는 점은 귀 법원의 1912년(明治45年)형상 제51호 황성녀 외 1명 간통 및 살인 피고사건의 판결에 나타난 것으로 명백하다. 곧 당 법원이 간통죄에 관하여 기소한 당시의 법률에 따르면 고소를 필요로 하지 아니하여 고소 없이 기소되었으나 그 후 법령의 개폐에 의하여 고소를 기다려 이를 논하여야 하는 것으로 변경된 경우에 유죄판결을 하였다. 또 피고인의 상고에 대하여 귀 법원에서도 당원의 판결을 정당한 것으로 인정하여 기각판결을 한 것이 있다. 이미 위 신고가 소송조건인 이상은 위 가택침입만이 아니고 약인에 대하여도 처벌하여야 한다. 즉 당원 판결은 의율착오가 있는 불법한 판결이므로 귀 법원에서 이를 파기하여 다시 피고인에게 상당한 판결을 하여야 할 것으로 생각된다.

살피건대 친고죄에서 고소는 과형권의 발생에 필요한 처벌조건이 아니고 공소권의 발생에 필요한 소송조건에 지나지 아니하므로 기소 당시에 효력이 있는 소송절차에 따라 적법하게 공소가 제기된 이상은 그 후에 법률이 개정되어 그 범죄가 친고죄로서 피해자의 고소를 요하는 것이 되어도 이로 인하여 이미 제기되어 공소의 효력이 영향을 받는 것이 아님은 물론 계속하여 그 공소를 실행하는 것을 방해하지도 않는다.

이런 이유로 본 건 피고인에 대하여 구 한국시대에 친고죄가 아닌 약인의 죄를 범하였다는 이유로 그 당시의 소송절차에 따라 적법하게 공소가 제기된 이상은 그 후에 이르러 조선형사령 제45조에 따라 소급하여 적용되는 형법에 의하여 친고죄로서 피해자의 고소를 요하는 경우가 되었다 하더라도 그 친고죄가 아니었던 당시에는 적법하게 이루어진 기소를 부적법한 것이 되게 하는 결과를 발생시키는 것은 아니어서 피고인에 대하여는 피해자의 고소 없이도 계속하여 공소를 베풀어 행하여 처벌하는 것을 방해하지 않는다. 따라서 원 판결이 본 논지에 적시한 바와 같이 이와 같은 경우에도 고소가 없다면 처벌할 수 없는 것으로 논단하여 피고인의 약인행위를 불문에 부친 것은 위법한 판결이다. 그러므로 상고는 그 이유가 있다. 원 판결은 관련된 가택침입죄에 대한 부분과 함께 파기를 면할 수 없다. 그리고 위 약인행위는 증거에 의하여 인정된 것이 아니므로 당원에서 직접 의율하여 재판할 이유가 없으므로 다른 재판소에 이송함이 상당하다.

1915년 5월 17일 고등법원 형사부 판사 아사미 린타로(淺見倫太郎), 이시가와 타카하시(石川正), 마에자와 나리미(前澤成美), 김낙헌(金洛憲), 미즈노 쇼노스케(水野正之丞) 판결하였다.

이에 따라 본 약인사건은 다시 대구복심법원으로 이송되었다. 해당 재판은 피고인 결석 판결로 진행되었다. 사건번호는 1915년 형공 제226호(大正4年刑控第226號)이다. 판결문에는 본 약인 피고사건이 1915년 3월 10일 공주지방법원에서 징역 6월을 판결 받았다가, 경성복심법원에서 1915년 4월 9일 태60대에 처해지고, 다시 검사장이 항소하여 1915년 5월 17일 고등법원에서 제2심 판결을 파훼했다는 사실이 적혀있다. 따라서 대구복심법원에서 다시 재판이 열렸으나 법원의 요청에도 불구하고 피고인이 출석하지 않음으로써 형사소송법 제266조에 따라 항소를 파기하는 것으로 결정지었다.

해 제

충북 진천군 이월면에 살고 있는 오ㅇ원이 8년 전에 남의 처를 납치해서 현재까지 살고 있다가 약인죄로 기소당한 사건이다. 사건의 내용은 다음과 같다.

8년 전의 약인죄, 유부녀를 묶어오고

충청북도 진천군 이월면 미잠리에 사는 오영원(48)은 본래 시골살림에 홀 아비가 되어 고독한 몸으로 거창한 살림을 하여 갈 적마다 시시로 아내 생각 이 간절하여 항상 탄식함을 마지않던 중 충청북도 음성군 연서면 신당리 사 는 최치주(崔致周)의 처 이성녀(23)가 얼굴도 얌전하고 살림도 썩 잘한단 말 을 듣고는 더욱 울화가 탱중하여 여러 가지 생각하다가 마침내 그 이성녀를 자기 아내를 삼을 뜻으로 융희2년 음력 2월 7일 밤에 그 동리 사는 장순녀와 기타 여러 사람에게 그 사정을 말하고 함께 떼를 지어 깊은 밤중에 전기 최 치주의 집에 가서 서슴없이 방으로 뛰어 들어가 누워 자는 이성녀의 머리채 를 움켜잡아 가지고 그대로 등에 업은 채로 자기 집에 도망하여 갔으니 필경 탄로되어 공주지방법원에서 약인죄(略人罪)로 징역 6달에 처하였더니 이를 불복하고 곧 경성복심법원에 공소를 제기하여 지금 심리중이라는데 여덟 해 만에 옳지 못한 일이 지금이야 기소되어 취조됨은 실로 진기한 일이더라.

(『매일신보』, 1915.3.27)

이 사건은 여러 모로 특이하다. 1908년에 생긴 납치 사건에 대해 검찰 이 8년만인 1915년에 피고를 기소했고, 피해자의 고소는 없었다. 피해자 는 피해를 진술하고는 있으나 고소는 없는 상태였으며, 현재 자신을 납 치한 피고인과 동거하는 중이었다. 검찰은 고소 없이 피고인을 가택침 입과 약인죄로 처벌하려 했으나 제2심에서 친고죄의 이유로 약인죄가 제외되었다. 제3심까지 간 끝에 법원은 피해자의 고소가 없어도 이미 소송이 성립되었기 때문에 죄를 따져 물을 수 있다고 해석해서 다시 복 심법원으로 사건을 이송하였다.

법적인 차원에서 인신매매에 관한 처벌은 일본 형법에 의해 규정되 고, 일본의 형법은 조선에서도 마찬가지로 시행되었다.[67] 일제시기 인

---

67) 도츠카 에츠로(戸塚悦郎), 박홍규 역, 「전시여성 폭력에 대한 일본사법의 대응, 그

신매매에 관한 처벌은 제255조 〈약취 및 유괴의 죄〉에 의해 다루어졌다. 제255조의 내용은 '영리, 외설 또는 결혼을 목적으로 사람을 약취 또는 유괴하는 자는 1년 이상 10년 이하의 징역에 처한다'는 것이다. 약취, 유괴라는 것은 보호받고 있는 상태에서 사람을 끌어내어 자기 또는 제3자의 사실적 지배하에 두는 것이다. '약취'와 '유괴'의 구별은, '약취'는 폭행 또는 협박을 수단으로 하는 경우이고, '유괴'는 기망(欺罔: 속임수) 또는 유혹을 수단으로 하는 경우를 말한다. 유괴죄에서 '기망'이라는 것은 허위의 사실을 가지고 상대방을 착오에 빠뜨리는 것을 말하고, '유혹'은 기망의 정도까지는 아니지만 감언으로 상대방을 움직여서 그 판단을 잘 못하게 하는 것을 말하게 하는 것이 다수설이다.[68]

이 사건은 1심에서 가택침입과 약인죄로 다루어져 징역 6개월을 판결받았다. 그러나 피해자의 고소가 없었고, 따라서 2심 판결에서 검사는 약인죄는 성립하지 않는다고 보고 가택침입죄만으로 태60에 처했다. 형량이 가벼워진 셈이다. 이에 검사장이 항소를 했고 고등법원에서는 친고죄는 처벌조건이 아니라 소송성립의 조건이 됨으로 재판에서 다루는 이상 약인죄까지 포함해서 다룰 수 있다고 해석하였다. 그리하여 이 사건은 다시 대구복심법원에서 다루어진 셈인데, 최종판결은 허무하게도 검사장의 항소심이 기각되는 것으로 끝이 났다. 피고인이 호출장을 받고도 법원에 출두하지 않았음으로 항소를 기각한다는 것이다. 그 결과 피고인은 1심의 형량이 줄어든 2심의 처벌을 받는 것으로 결론 났다. 최치주와 함께 살다 갑자기 납치를 당해 강제로 오○원과 살아야 했던 이

성과와 한계―최근 발굴된 일본군 "위안부"납치처벌 판결(1936년)을 둘러싸고―」,
『민주법학』 26, 2004, 372쪽.

[68] 前田朗, 「国外移送目的誘拐罪の共同正犯―隠されていた大審院判決―」, 『季刊 戦争責任研究』 19-4, 1998.

소사의 입장을 어느 부분에서도 고려되지 않는다. 8년 전에는 신고할 방법이 없었고, '친고죄'가 소송 조건이 된 1915년의 시점에서는 오○원에게 묶여 있는 상황이었다. 이러한 납치가 마을 사람들의 가담 속에서 벌어졌고, 근대법에 의해 법정에 세우게 된 상황 속에서도 이것이 죄인지 아닌지 따져 묻고 있는 현실에서 근대법에 내재된 낮은 여성인권 감각을 볼 수 있다.

9

공사문서위조 피고사건

1) 김○억 판결문(1914년 형상 제18호, 大正3年形上第18號, 고등법원)

국가기록원 소장 형사판결문 원본이다. 고등법원에서 1914년 3월 30일에 생산되었고 관리번호는 CJA0000470-0035이다. 피고인은 경상북도 칠곡군 약목면 내복동에서 농사를 짓고 있는 자이다. 공사문서위조, 동 행사, 횡령으로 피소되었다. 1914년(大正3年) 2월 18일 대구복심법원이 선고한 판결에 대하여 피고인이 상고하여 1914년 3월 30일 고등법원에서 상고심이 열렸다.

대구복심법원의 사건번호는 1914년 형공 제39호(大正3年形控第39號)이다. 국가기록원 형사판결문 CJA0000703-0003으로 관리되고 있다. 1914년 1월 14일 대구지방법원에서 열렸던 1심 판결문은 찾지 못하였다. 복심법원에서 피고의 상고는 이유 없음으로 기각되었다.

고등법원 재판에서도 법원은 조선총독부 검사 데라다(寺田恒太郞)의 의견을 듣고 상고 기각 결정을 내렸다. 변호사 하야시(林淸作)는 다음과 같은 상고이유 제1점을 들었다.

판결 이유에 의하면, 피고인은 면장직에 있으면서 관리 중에 있던 동네 소유의 토지를 타인에게 매도하였는데 그 행위가 형법 제253조[69]에 해당하는 횡령죄가 된다고 하고 있다. 그러나 변호인이 보는 바는 본 행위가 위 조문의 범죄가 아니라 무죄 행위라고 생각된다. 무릇 형법 제253조는 배신죄와 관계되어 위탁자에게 손해를 입혀야 성립하는 범죄이다. 따라서 동산은 그 소재를 잃게 하거나 돌려받을 수 없는 선의

[69] 일본 형법 제253조 (업무상 횡령) 업무상 자기가 점유하는 타인의 물건을 횡령한 자는 1년 이상 10년 이하의 징역에 처한다.

의 제3자에게 이전시킨 경우와 같은 때에 성립한다. 또 부동산은 공부상(公簿上) 소유의 명의를 가장하든가 선의의 제3자에게 권리를 이전 또는 설정한 경우와 같은 때에 비로소 범죄가 된다. 본 건에서 매수인인 이○문이 매수 당시에 그 부동산이 동네 소유라는 점을 이미 잘 알고 있었다는 점은 판결문 상에 명시되어 있지 않다 하더라도 일건 기록으로 명료하게 인정할 수 있다. 또한 이○문이 동네의 소유인 것을 알고 있었는지의 여부와 상관없이 현과 동(縣洞)이 허위로 그 소유 명의를 피고인으로 변경한 것이 아니므로 그 매매는 피고인과 이○문 사이에 채권을 발생시켰는지 어땠는지는 별론으로 하더라도 소유권의 이전이 있는 것이 아니다. 따라서 조금도 현과 동의 소유를 해한 것이 아니어서 범죄성립의 요소를 채우지 못한 것이 된다. 만약 본 건을 횡령죄로 인정한다면 타인의 산야를 지키는 산지기가 산주인을 아는 자에게 산야를 매각하는 가정 사안에서도 산지기에게 횡령죄를 인정하여야 하므로 우스꽝스럽게 된다. 이것이 어찌 형법의 정신이라고 할 수 있겠는가?

그러나 원 판결은 피고인이 면장 봉직 중 그 보관하고 있던 현과 동네 소유의 율자(律字) 제35번 택지 5되지기(升落)[70]가 잘못되어 피고인 명의로 등록되어 있는 것을 기화로 그것의 횡령을 꾀하여 대금 2원에 이○문에게 매각하여 횡령을 완수했다는 사실을 인정한 것이다. 피고인의 위 행위는 법 제253조에 규정된 횡령죄를 구성함이 명백하다. 앞에서 적시한 매수인이 동네 소유인 것을 알고 있었는지의 여부, 또 피해자가 횡령당한 물건을 회복할 수 있는 경우인지의 여부는 횡령지의 성립

....

[70] 1승락은 1되지기이며, 한 마지기의 10분의 1이다. 논밭 넓이의 단위로, 한 되지기는 볍씨 한 되의 모 또는 씨앗을 심을 만한 넓이이다.

여부에 아무런 영향을 미치지 않은 것이므로 본 논지는 이유가 없다.

변호사 하야시의 상고이유 제2점은 다음과 같다.

이동 신고서에 피고인이 연서(連署)한 것이 공문서 위조가 된다고 하나 이 역시 범죄가 아니라고 생각한다. 그 연서는 판결문에 나타난 바와 같이 토지의 이동이 진실함을 인증하는 것인데 인증은 하나의 증거가 되는 증거의 성질상 어느 누구라도 자기를 증명할 수 있어야 하는 것은 아니다. 이 때문에 피고인이 자기의 매매를 인증하였다고 하지만 그 인증의 가치가 없다면 문서위조죄가 성립하는 것이 아니다. 이것은 의사가 자기의 질병에 대하여 허위의 진단서를 만들어도 형법 제160조의 범죄를 구성하지 않는 것과 같다. 부동산등기법, 조선부동산 증명령 또는 공증인 규칙 등은 자기행위에 대하여 그 증명 서류의 작성을 금하고 그 금지를 범했을 때에는 무효로 한다. 설사 면장의 인증에 관하여 그와 같은 규정이 없다 하더라도 논리상 동일하게 귀착되지 않을 수 없다.

그러나 면장이 자기가 행한 토지소유자의 이동 신고를 인증하는 것을 금지하는 법규가 없으므로 개인자격으로 한 토지소유자 이동 신고에 대하여 공인(公人) 자격으로 인증하는 것은 위법이 아니다. 따라서 행사의 목적으로 허위의 인증을 행한 때에는 문서위조죄를 구성하는 것이므로 본 논지는 그 이유가 없다.

피고인의 상고이유의 요지는 다음과 같다.

원 판결은 택지 5 되지기가 현과 동의 소유라고 하고 있지만 그것은 현동 소유가 아니다. 1912년(明治45年) 음력 1월경 신○욱이 현동 소유 초가집 3칸 및 부지 1두락을 금 90원에 매수하였는데 위 택지 5되지기도 그 당시 위 가옥의 변소, 비료장으로 사용되던 부속지로서 가옥부지 네 곳 표기가 매수 문기에 명료하므로 이것의 조사를 원한다. 또한 매수하던 날 전 집주인인 신ㅇ욱의 지시에 따라 장인선, 백성오, 이범구가 구획을 나누고 경계를 정하였으므로 위 3인의 신문을 요구한다. 또 1912년 봄 무렵 토지 견취도(見取圖)를 만들 때 위 가옥의 부속 변소, 비료장으로 사용하던 땅을 따로 5되지기로 구획하여 견취도본 및 결수 연명부에 신고한 것은 가옥을 지을 의사로 그렇게 한 것이다. 현동에 사는 이ㅇ문이 먼저 그 땅 위에 상점을 건축하였다. 이ㅇ문은 동네 소유라고 말하지만 그 부칙의 가옥도 현동에 있고 현동 제일의 호족인 부친의 자식으로서 동네 소유라고 말하며 동네사람의 권리를 사용하지 않고 다른 동네에 사는 본인에게 금 2원을 지금하고 매수할 리가 있겠는가?

이장 문ㅇ상은 신ㅇ욱에게 면장자리를 얻어 주려고 동네 소유지라고 대답한 것이다. 대구지방법원 김천지청 검사취급소에서 본인 소유 가옥의 부속지라고 대답한 일이 있다는 것, 그 땅이 협소하여 동네 소유로 하는 절차를 밟기가 곤란하여 본인 소유라고 변명한 사실이 있다고 하지만 그런 사실은 없다. 또 현동은 약목(若木) 시장 부근에 있으며 그 시장 전부가 예로부터 신몽돌의 소유로 전해져 왔다. 위 몽돌의 사망 후 지금까지 누구라도 먼저 점령하여 납세한 자가 땅주인으로 되는 관습도 있다. 동민의 가옥은 모두 이러한 신 점령 건축이다. 위 신몽돌의 명의가 관청 장부에도 있고 면사무소에도 있다. 약목시장은 국유, 동유의 구별이 없었는데 1912년 각 임시토지조사국에서 실지조사 당시 동민 등이 비로소 동네 소유로 신청한 일이 있다. 그러나 본인의 택지는 동네 소유가 아니다. 동네 소유로 신청 제출한 일, 기타 문권이 동민에게 있으므로 그 연혁을 다시 조사하여 민유, 동유를 분간하여 줄 것을 원한다. 본인이 매수한 택지에 대하여 건축자 백민을 제1심 법원 판사장이 출장 조사할 때 신문한 일이 있었지만 불충분한 점이 있으므로 그 건축자 백민을 다시 신문할 것을 원한다. 현지 군청에서 조사하기를 바라며

또 당해 동의 인민 및 고소인 등을 본인과 대면하여 신문하여 주기를
바란다.

그러나 본 논지는 원 판결이 현동 소재 율자 제35번 택지 5되지기가
현동 소유라는 사실을 인정한 것에 대하여 피고인은 위 택지가 피고인
의 소유라는 것을 주장하며 그 사실의 조사를 구하고 또 이것을 명백하
게 하려고 문서의 조사 및 증인 신문 등의 증거조사를 구하는 것에 지
나지 아니하여 결국 원심의 직권에 속하는 사실인정을 비난하고 또 당
심의 직권에 속하지 않는 사실 및 증거의 조사를 구하는 것이어서 어느
것도 적법한 상고이유가 아니다.

이상의 설명과 같이 본 건 상고는 이유 없으므로 형사소송법 제285조
에 의거하여 주문과 같이 판결한다. 1914년 3월 30일 고등법원 형사부
판사 와타나베 토오루(渡辺暢), 아사미 린타로(淺見倫太郎), 이시가와
타카하시(石川正), 김낙헌(金洛憲), 마에자와 나리미(前澤成美)가 판결
하였다.

해 제

피고인의 두 차례 항소에 대하여, 법원이 최종 기각 판정을 내린 사
건이다. 피고인은 전에 경북 칠곡군 약목면장을 지낼 때 본인 소유의
땅이라 생각하고 있던 택지를 매매한 바가 있다. 그런데 1912년 임시토
지조사국의 토지조사사업으로 인하여 해당 택지는 동네의 소유가 되었
다. 그러나 피고인은 이를 인지하고 않은 상태에서 본인 소유의 땅이라
믿었던 땅을 팔았고, 이로 인해 공사문서 위조 및 횡령으로 피소되었다.

판결문 내용을 보면, 피고인은 해당 땅에 대하여 분쟁지로 몰아가려
는 태도를 보인다. 피고인의 주장에 따르면, 땅은 약목시장 부근에 있으

며, 그 시장 전부가 예로부터 신몽돌의 소유로 전해져 왔다. 신몽돌의 사망 이후 지금까지 누구라도 먼저 점령하여 납세한 자가 땅주인이 되는 관습이 있었고, 동민의 가옥도 모두 이러한 신 점령 건축이라는 것이다. 여기까지 보면 피고인 또한 앞선 소유자 신몽돌이 사망한 이후 먼저 점령하여 소유권을 주장하게 됐다는 점을 인정하고 있다는 것을 알 수 있다. 피고인은 동네의 '관습'을 내세워 자신의 소유권을 관철시키려 하고 있다. 그러나 앞선 판결에 따르면 해당 땅은 동네 소유자는 점이 인정되었다. 피고인은 재판을 통해 땅의 연혁을 다시 조사하여 민유, 동유(洞有)를 다시 분간하여 줄 것을 바라고 있고, 이를 위해 관련자와 대면하여 신문하여 주기를 원하고 있다.

그러나 고등법원 판결은, 피고인의 항소 내용은 법원이 판단할 일이 아니라고 말하고 있다. 원 판결이 해당 땅을 동네 소유로 인정한 것은 뒤집을 수 없는 사실이라는 전제 하에서 피고인의 항소를 판단하여 기각시키고 있는 것이다. 애초 토지 매매에 필요한 문서 작성의 위조 여부와 횡령의 성립 여부는, 피고인이 토지를 동네의 것으로 인지하고 이루어졌느냐가 쟁점이 되어야 한다. 그러나 토지조사사업이 진행되고, 소유권 분쟁이 빈발했던 시기, 법원은 공유지로 인정된 토지에 대해 소유권을 다시 묻는 것을 터부시하고 있는 것으로 보인다. 그 결과 소유권을 다시 따져 묻고 싶었던 피고인의 바람은 기각되고 피고인은 결국 패소하고 말았다.

2) 기쿠치(菊池) 판결문
(1916년 형상 제109호, 大正5年刑上第109號, 고등법원)

　공사문서 위조에 관한 피고사건으로 국가기록원에 소장 중인 형사재 판판결서이다. 대구복심법원과 고등법원의 판결문이 남아있고 관리번 호는 각각 CJA0000720-0020과 CJA0000434-0009이다.

　본적을 일본 에이메현(愛媛縣)에 두고 조선에 들어와 경북 상주군 상 주면 서정동에 거주하면서 작부 소개업을 하고 있던 재조일본인 기쿠치 (菊池德八郎)의 복심법원과 고등법원 판결문이다. 제1심은 대구지방법 원 상주지청에서 있었으며, 제2심은 1916년 7월 27일 대구복심법원(1916년 형공 제490호, 大正5年刑控第490號)에서, 마지막 제3심은 1916년 9월 18일 고등법원에서 있었다.

　고등법원 판결문에서 드러난 기쿠치(菊池德八郎)의 피의 사실은 다음 과 같다.

　피고인은 1916년 5월 15일 상주에서 요리점 영업을 하는 우에노(上野 堤)의 의뢰로 작부를 고용하기 위하여 김천에 출장 가서 환금여관(丸金 旅館)에 숙박하고 있던 중 같은 날 그 지역 요리점 개심루(開心樓)(마츠 모토(增本鹿之助)의 사업)에서 부산에서 주선업을 하는 하카다옥(博多 屋)의 아무개가 오사카(大版) 출신 여자를 데리고 왔다는 말을 들었다.

　곧바로 그 가게에 가서 가게 주인인 마츠모토(增本鹿之助)와 하카다 옥의 아무개에게 여자와의 약속이 어떤 것인지를 물었더니, 그들은 "일 시금 30원을 대부하여 주고 작부 승낙서와 인감증명서를 모두 갖춘 뒤 에 200원 안 쪽으로 대부하여 주기로 상담 중이다"라고 대답하였다. 그녀는 "무슨 일이든 먼저 상담하여야 할 사람이 있으니 그 사람이 오면 대답하겠다"고 말하였다. 피고인이 그녀에게 "무슨 일이든 먼저 상담하여야 할 사람이 누구냐?"고 묻자, 그녀는 "나 때문에 많은 돈을 쓴 사람이라서 그 사람의 뜻에 따라 작부 일을 하려는 것이다"라고 대답하였다.

하카다옥의 아무개가 그녀의 남편인 후지이(藤井一夫)가 있는 곳을 알고 있는 것으로 보여 마츠모토에게 여비를 빌려 송금하였다. 같은 날 오후 3시 무렵에 그녀와 와타나베 하루(渡辺, 다카사카(高板) 야에의 가명)는 정거장에 가서 후지이가 오기를 기다렸다가 그를 그 지역 환금여관에 묵게 하였다. 여러 가지 상담한 결과 마츠모토는 피고인에게 서류 전부를 갖추지 아니하면 헌병대에 신고하기 어렵기 때문에 그녀로 하여금 일시적으로 상주에서 일을 하도록 하고 승낙서가 도착하면 데리고 돌아오겠다고 상담이 되었다.

그리하여 피고인은 와타나베 하루, 후지이, 하카다옥의 아무개에게 "상주에서는 이 달 31일이 되면 성년자는 승낙서 없이 호적등본만 가지고 출원할 수 있을 뿐 아니라 마츠모토로부터도 이런 상담이 있었는데 어떻게 생각하는가?"라고 물었다. 하카다옥의 아무개는 "부산에서 여기까지 그녀를 동행했는데 내가 주선을 하지 않고 남에게 맡기는 것은 본의가 아니다"라고 말하였다. 와타나베 하루는 "부산에서 여기까지 세 사람이 오는 데 이미 20원 이상의 돈을 빌린 데다 일정한 목적도 없이 여행한다면 비용이 커지게 되니 피고인에게 맡기겠다"고 하였다. 후지이도 똑같이 말하였다.

이리하여 피고인과 하카다옥의 주인은 수수료를 얻을 목적으로 "하카다옥 주인의 주선료로 와타나베 하루로부터 나올 수수료 금 3원과 포주(抱主)로부터 나올 수수료 금 3원 외에 입체금(立替金)[71]을 지불하면 이의 없는가?"라고 묻자, 하카다옥의 아무개는 "물론 이의 없다"고 답하였다. 또 피고인은 와타나베 하루와 하카다옥의 아무개에게 "수수료 6원을 건넨다 하더라도 당신의 부담은 3원이니까 걱정하지 마시오. 나는 의무감을 갖고 반드시 중개를 이루겠습니다."라고 말했다. 후지이와 와타나베 하루는 매우 기뻐하였다.

이에 상담을 서로 정리하고 하카다옥의 아무개에게 그 사람의 입체금(立替金) 18원 30전과 수수료 금 6원을 와타나베 하루로부터 건네받도록 하고 또 환금여관 비용과 상주에 가는 비용 명목으로 금 7원을 대여해 주었다. 그날 밤은 환금여관에서 함께 묵고 17일 오후 9시 상주에 도착하여 그날 밤 대화옥(大和屋) 여관에서 위 두 사람을 묵게 하였다. 18일 피고인의 집에 두 사람을 불러 들여 우에노(上野提)에게 작부로 일시금 40원을 빌려 돈을 벌고 있으면 승낙서를 갖추고 난 뒤 200원 안쪽으로 빌려주기로 상담하니, 두 사람도 "부탁드립니다"라고 말했다.

그리고 하루라도 놀면 이익이 없으니까 바로 원서를 제출할 수 있도록 호적등본을 제출하여야 한다고 청구했다. 와타나베 하루는 "나는 부모가 없는 사람이고 나의 호적은 숙모 집에 있는지 언니 집에 있는지 확실하지 않으니 호적등본을 사용하지 않고 출원할 수 있는 방법이 없겠는가?"라고 물었다. 이에 피고인은 "호적등본의 일은 걱정하지 말라. 시청(市役所)에 우편으로 등본 수수료를 첨부하여 청구하면 보내 올 것이다. 여기서도 야마자키 키마(山崎キマ)의 등본이 어제 왔고, 우에마츠 스미(植松スミ)의 등본도 있다. 그들은 작년 11월에 돈 50원을 빌려서 도주해버렸다"는 이야기를 하였다. 이에 와타나베 하루가 "이 등본은 나의 연령과 같으니 빌려 주었으면 합니다"라고 말하였다. 피고인은 "그것은 절대 안 된다. 등본의 일은 걱정하지 말라. 시청에 청구하면 보내온

....
71) 입체금은 대신 갚아주는 돈을 말한다.

다"라고 말하였다.

후지이(藤井一夫)는 "와타나베 하루의 언니는 일찍이 인천에서 일한
적도 있고 지금 오사카에서 요리점 영업을 하고 있는데, 모르는 사람이
아니니까 사정을 알리면 하루의 언니에게서 승낙서와 등본을 받을 수
있을 것"이라고 말하였다. 와타나베 하루는 "본토 고향(國元)에는 의류
가 잔뜩 있으니까 만일 서류의 송달이 어려워지면, 의류 전부를 보내 달
라고 하여 그것을 팔아서 빌린 돈을 갚겠다"고 말하였다.

이에 피고인은 "이 달 31일이 되면 호적등본만 가지고 출원할 수 있으
니까, 서류 전부를 갖추는 데 그 이상의 것들이 없다 하더라도 없는 대
로 시도하겠지만 호적등본만은 반드시 오늘 중에 청구절차를 마쳐야 되
겠습니다"라고 말했다.

후지이는 "서류가 갖추어질 때까지 숙박을 하게 되면 많은 돈을 빌리
게 되니까 작은 집을 빌려 살고 싶으니 40원을 대여해 주십시오"라고 부
탁하였다. 피고인은 그것을 동정하여 상주의 모리(森) 아무개의 집을
1개월간 1원 20전의 집세로 빌려 선불금 32원 50전과 기타의 것을 빼고
는 금 10원 50전을 건네면서 금 40원의 대여금으로 하였으며, 후지이를
그 빌린 집에 살게 하고 와타나베 하루를 우에노에게 맡겼다.

그리고 피고인은 20일 우에노의 의뢰를 받아 작부를 고용하기 위하여
대전 지방에 갔다가 29일에 돌아와서 우선 와타나베 하루에게 호적등본
의 일을 물었더니 동인은 "아직 오지 않았다"고 대답하였다. 30일이 되
어서는 "고향에서 등본도 오지 않고 의류도 오지 않아서 매우 곤란하다"
고 말했다. 이에 피고인은 "내 돈을 빌려 간 것은 어떤 식으로든 계산한
다 하더라도 우에노에게도 돈을 빌렸는데 등본을 받아오지 아니한 것은
사기가 아닌가? 나는 너의 매입 시기를 고대하고 있는 가게 주인에게
면목이 없다. 당신들이 사기를 치면 나도 똑같이 처분을 받을 수밖에

없지 않는가?"라고 이야기하였다. 이에 대해 와타나베 하루는 "우리 두 사람을 돕는다고 생각하고 우에마츠 스미의 등본을 빌려 주십시오. 그렇지 않으면 빌린 돈을 갚을 길이 없습니다."라고 울면서 간청하였다. 만일 두 사람을 고소하면 두 사람은 사기취재로 구속되어 피고인의 대여금 40원과 수수료 금 3원이 날아가 버리고 우에노에게 돈 갚을 길이 없게 되기 때문에 피고인은 어쩔 수 없이 우에마츠 스미의 등본을 대여해 주었다.

31일에 피고인은 우에노(上野提)로부터 서류 없는 사람의 출원 시기는 오늘이 끝이니 오늘 안으로 원서를 제출해달라는 요청을 받고 와타나베 하루에게 그 취지를 전하였다. 그랬더니 와타나베 하루가 "대서인에게 의뢰하면 대서료가 필요하니 귀찮겠지만 반드시 도와 달라"고 애원하여 피고인은 동정을 이기지 못하고 2, 3개월 지나면 빌린 돈도 갚을 것이라 믿고, 두 사람을 도울 생각으로 대서 의뢰에 응해 대서하여 주었다. 이에 와타나베 하루는 바로 공의(公醫)의 진단을 받아 헌병대에 원서를 제출하였다.

그런데도 피고인은 다음 달인 6월 1일 헌병대에 불려가서 갖가지 신문을 받았다. 결국 문서위조죄로 기소되어 대구지방법원 상주지청에서 공판이 개정되었고, 6월 14일 피고인은 마침내 징역 1년 6월에 처해져 같은 달 16일 대구복심법원에 항소하였다.

피고인은 다음과 같이 주장하였다. 와타나베 하루는 다카사카 아에(高板八重)의 가명이고 후지이(藤井一夫)는 시노미야(四宮) 아무개의 가명이며 정범자인데도 헌병대로부터 석방되었다.

피고인만이 정범으로 개정(開廷)에 부쳐졌다. 증인으로 다카사카(高板八重)의 신문을 신청하였더니 그는 '자기가 울며 부탁하여 등본을 빌려 원서를 제출하였다'는 취지로 진술하였음에도 검사님의 요구로 아내가 다카사카에게 부탁한 것처럼 주장하였다. 만일 피고인이 악의로 문서를 위조하여 출원한 것이라면, 5월 18일 헌병대에 출원한 것이 되어야 하고 또 보수를 받지 아니하고 악행을 할 턱도 없다.

피고인은 이상의 사실을 7월 25일 복심법원에서 공판 개정할 때 진술하였고, 또 7월 26일 다카사카가 와타나베 하루라는 가명으로 작부가 되기에 이른 동기의 서류, 그리고 마츠모토(增本塵之助)가 승낙서를 받아야 한다고 전한 증거서류를 제출하였다. 복심법원은 27일 이전 판결을 취소하고 다시 피고인을 징역 1년 6월에 처한다는 선고를 하였다.

피고인은 고등법원에서 다음과 같이 상고하였다. 판결의 주된 취지는 문서위조죄를 취소하고, 다시 경찰서에 부실한 원서를 제출한 죄와 전과 3범을 고려한 것이라고 들었다. 본죄를 헤아리면 이전의 2범을 합해 3범임에는 틀림없지만, 피고인은 부실한 원서를 제출한 적이 없고, 다카사카 야에, 시노미야(四宮) 아무개를 동정한 나머지 그 의뢰에 빠진 것이므로 종범자가 되는 것은 어쩔 수 없다. 하지만 적어도 정범자는 아니다.

또 법의 적용을 그르친 제1심 판결은 취소하여야 하므로 미결(未決)의 통산(通算)을 하는 것이 정당하다고 생각된다. 오늘에 이르러 다카사카 야에, 시노미야 아무개가 가명을 고하고 있는 것을 보면 그들은 고향을 도주한 것이며, 피고인이 호적등본을 청구하고 고향에 사정을 통지하여 서류의 송부를 구하였기 때문에 결국 헌병대가 조회하게 된 것이라 할 수 있다. 이런 점에서 현명한 통찰을 하면 피고인에게 악의 있는 것이 아님이 뚜렷해질 것으로 믿으므로, 부디 불쌍히 여겨 벌금형의 판결이 있기를 간절히 바란다.

그러나 고등법원은 피고인의 주장을 받아들이지 않았다. 고등법원의 판단은 다음과 같다. 원심은 증거에 의하여 피고인은 1912년 11월 12일

부산지방법원 마산지청에서 횡령죄로 징역 3월, 1914년 5월 6일 대구지 방법원에서 같은 죄로 징역 1년에 처해져 그 각 집행을 마친 자이다.

그럼에도 불구하고 1916년 5월에 김천군 김천읍 쾌청루(快晴樓)에 갔을 때 다카사카 야에라는 이가 작부살이를 할 목적으로 그 지역에 들어왔지만 호적등본, 그 밖에 출원에 필요한 서류가 없어 고용할 사람이 없는 당혹한 상황인 것을 보고 일찍이 1915년 11월에 피고인이 주선한 작부 우에마츠 스미의 호적등본이 아직 피고인의 손에 있는 것을 이용하여 그로 하여금 작부살이를 하도록 할 수 있겠다고 생각했다. 그리고 앞서 말한 상주면으로 데리고 가사 1916년 5월 18일 피고인의 집에서 그에게 위 취지를 알리고 우에마츠 스미 명의로 출원하여야 한다고 권하였다.

또 같은 날 고용주인 상주면 서정리 요리점 도정사(都亭事) 우에노 (上野提)와 작부살이에 관한 계약을 하였다. 같은 달 31일 우에노의 집에서 피고인 스스로 우에마츠 스미의 서명을 위서(僞書)하여 그 명의로 작부 영업 허가를 구하는 영업원 그리고 위 영업을 출원하게 된 일신상의 사정을 갖춘 이유서 이들 사실의 증명에 관한 문서 각 1통을 위서하고 그 이름 밑에 마침 그곳에 있던 도장을 찍어 위조를 한 다음 앞에서 든 우에마츠 스미의 호적등본과 의사의 건강진단서를 첨부한 뒤 다카사카 야에로 하여금 상주의 헌병분대에 제출하게 하여 행사했다.

그에 따라 우에마츠 스미라고 거짓으로 칭하게 한 사실을 인정한 다음 제1심 판결의 사실인정은 상당하나 법조의 적용을 유탈한 점이 있다고 판단하여 제1심 판결을 취소하고 해당 법조를 적용하여 피고인을 징역 1년 6월에 처한 것이다. 원 판결문에 실린 증거에 의하여 그 사실을 인정할 수 있고 원심이 제1심 판결을 취소한 경우 피고인의 미결구류일수를 본 형에 산입할지 여부는 항소심의 직권에 속하기 때문에 원심이 그 산입을 하지 않았음을 들어 부당하다고 하는 논지는 이유 없다. 또 당원에 대하여 사정을 불쌍히 여겨 벌금의 선고가 있기를 구한다는 논지는 당원에 직권이 없는 사항을 구하는 것이므로 채용할 수 없다. 기타의 논지는 원심에서 인정한 사실과 다른 사실을 주장함으로써 원심의 직권에 속하는 사실인정을 비난하는 것이어서 상고이유가 될 수 없다. 위 설명과 같이 본 건 상고는 이유 없으므로 형사소송법 제285조에 의하여 상고를 기각한다.

해 제

재조일본인인 피고인은 작부소개업을 하는 자로, 조선에 거주하는 일본인 영업자에게 일본인 작부를 소개하는 일을 하고 있다. 사건은 피고인이 일본인 작부의 영업허가를 받기 위해 그 호적등본은 위조하였다고 인정되어 문서위조죄로 1년 6개월 형을 받은 것이다. 피고인은 그 이전에 횡령죄로 두 차례 처벌받은 전과가 있는 자이다. 판결문에는 재조일본인인 포주와 작부 소개를 업으로 삼아 돈을 버는 인신매매업자, 또 조선에 들어와 작부영업을 하려고 하는 일본인 여성들이 등장한다. 이들은 근대 이후 일본의 대륙진출과 더불어 일본인 군대와 관리들의 뒤를 따라 대륙에 들어가 영업했던 이른바 카라유키상(唐行きさん)에 해당되는 인물들이다. 피고인처럼 전문적으로 여성을 소개해서 업을 삼았던 인물을 제겐(女衒)이라고 불렀다.

19세기 후반 열강들의 압력 속에서 조선정부는 1876년 일본과 조일수호조규(강화도조약)를 맺고 처음으로 외국에게 문호를 열었다. 1876년 부산, 1880년 원산, 1882년 서울, 1883년 인천의 순서로 개항, 개시를 하였고, 이들 지역을 중심으로 일본인들의 거류가 시작되었다. 군대와 관리, 무역상들의 조선 이주와 더불어 이들을 고객으로 노린 성매매업자들도 속속 들어왔다. 도항조건이 간편해진 1878년 이후에는 그 수가 급증하였다.[72] 조선으로 건너오는 성매매업자들은 일본에서 실패를 맛보고 새로운 활로를 구하는 이들이 많았다. 1878년 12월 10일자 일본의 『아사히신문(朝日新聞)』에는 도쿄 요시와라(吉原) 유곽에서 불황을 맞은 성매매 여성 5명을 데리고 와서 유곽을 세웠는데 날로 번성해서 30개에 이르렀다는 기사가 실리고 있었다. 또한 이즈음 『아사히신문』에도 부산의 예창기들은 일본의 나가사키 유곽에서 일자리를 잃었거나 시모노세키(下関)에서 흘러온 사람들로 그중에는 자포자기한 사람이 10명 중 8~9명이라는 내용이 보도되고 있었다.[73] 이러한 소식들이 일본 성매매업자들의 조선행을 촉구했을 것이다.

　일본인 거류지 외에 청국인의 거류지가 설정되어 있던 부산과 원산에서는 각지의 영사관이 일찍부터 일본국내에 준한 성매매 관리를 시작하였다. 1881년 초에 급격히 증가한 성매매에 대처해서 〈창기유사의 단속(娼妓類似の取締)〉을 공포하고 같은 해 11월 부산에서, 그리고 12월에는 원산에서 〈대좌부영업규칙(貸座敷営業規則)〉, 〈예창기취체규칙(藝娼妓取締規則)〉, 〈미독병원규칙(黴毒病院規則)〉, 〈미독검사규칙(黴毒検査規則)〉을 제정한 것이다.[74]

　법령상 대좌부나 창기라는 명칭을 쓰고 있는 것에서 알 수 있듯이 이

....

72) 일본에서 조선행 여권을 부여하는 지역이 확대되고 여권수수료도 조선의 경우는 50 전으로 내렸다. 원래는 2엔이었다(송연옥, 「대한제국기의 〈기생단속령〉〈창기단속령〉 – 일제 식민화와 공창제 도입의 준비과정」, 『한국사론』 40, 서울대, 1998, 219쪽).
73) 다카사키 소지 지음, 이규수 옮김, 『식민지 조선의 일본인들 – 군인에서 상인, 그리고 게이샤까지』, 역사비평사, 2006, 28쪽.
74) 宋連玉, 「朝鮮「からゆきさん」—日本人売春業者の朝鮮上陸過程—」, 『女性史学』 4, 1994.

시기에는 일본 도쿄에서 제정된 공창제의 틀을 그대로 도입하고 있었다. 차이점이 있다면 창기 가능 연령이 15세 이상으로 일본보다 한 살 어렸고, 성병검진이 매주 1회로 규정되어 매월 2회인 일본보다 엄격했다. 또한 일본의 창기는 자택이나 대좌부 어디에서나 거주할 수 있었는데 반해 부산의 일본인 창기는 대좌부 내에서만 거주할 수 있었다.[75] 원산의 경우는 부산보다 엄격하여 예기의 외박까지 금지하고 창기의 영업 전 성병검사를 의무화하고 있었다.[76] 거주제한과 성병검사라는 측면에서 동시기 일본의 경우보다 더욱 엄하게 단속하고 있었던 것이다.

한편 부산과 원산에서 순조롭게 진행됐던 공창제의 도입은 서구 열강의 공동조계가 설정되어 있던 인천에서 난관을 맞았다. 1883년 개항 후 성매매 또한 급증하자 인천영사관은 일본외무성에 대좌부 허가를 요청하였다. 그러나 외무성은 미국이나 영국 등의 국가들에서 잇따라 조선과 조약을 맺고 있는 상황에서 '일본이 남의 나라에서 그런 추업(醜業)을 허락했다는 것은 국가의 체면' 문제라서 더 이상 허락할 수 없다는 뜻을 밝혔다. 동시에 부산과 원산에서도 1년 이내에 점차 폐업할 뜻을 밝혔다.[77] 하지만 새로운 영업신청만 받지 않았을 뿐 기존의 영업은 계속하도록 하거나 가족에게 양도하는 것을 허락하였다.[78]

조선에 성매매업자들이 크게 늘어난 것은 일본의 청일전쟁 승리 이후인 1895년 이후였다. 한반도에서 주도권 선점에 승리한 일본은 조선의 군사적, 경제적, 문화적 지배권을 확대하기 위한 수단으로 일본인 거

....

75) 부산의 〈대좌부영업규칙〉, 〈예창기영업규칙〉의 번역문은 송연옥, 위의 글, 221~222쪽 참조.
76) 송연옥, 위의 글, 222쪽.
77) 송연옥, 위의 글, 224쪽. 원문은 外務省警察史 韓國之部 編, 『韓國警察史』1, 高麗書林, 1989, 388~389쪽.
78) 宋連玉, 앞의 논문, 1998, 3쪽.

류지 발전에 주의를 기울였다. 조선행 카라유키상들은 그 촉매제가 되리라 생각했다. 이 때문에 1896년에 공포된 이민보호법에서 이민 제한 지역으로 조선을 제외하였다. 그리고 거류지의 발전을 위해 유곽의 형성을 돕고 각 지역마다 성매매를 공인하고 관리하는 법령을 만들기 시작했다. 1900년을 전후하여 생긴 성매매업 관련 법령은 진남포와 부산, 인천, 원산, 서울 등에서 공포되었다.

이 시기 법령의 특징은 그 명칭에서 대좌부라든가 창기와 같이 공창을 의미하는 용어가 빠졌다는 것이다. 예기나 작부, 요리점, 음식점에 관한 단속으로 표현되어 있는데, 법령 발포를 전후하여 유곽이 설치되고 있다는 사실을 생각하면[79] 위의 법령들은 공인된 성매매를 관리하기 위한 것이었다고 할 수 있다. 서울에서 〈제2종 요리점 고용예기의 건강진단 시행규칙〉이 발포되었다는 사실에서도 위 법령들의 예기가 성병검사를 받아야 하는 실질적인 창기라는 것을 알 수 있다. 일찍이 인천영사관의 공창 허가 요구에 대하여 '국가의 체면' 상 부담을 가졌던 일본 외무성이 대좌부나 창기라는 직접적인 표현을 피함으로써 그 부담을 덜었던 것이다. 이른바 '말바꾸기'의 시작이라고 할 수 있었다.

러일전쟁의 승리로 한국을 '보호국'으로 삼는 데 성공하자 일본인 이주의 급증을 배경으로 성매매업자들도 대거 한국으로 들어왔다. 1906년 통감부가 설치된 후 각 지역의 영사관은 이사청으로 바뀌었는데, 이로

---

79) 부산영사관은 1902년 부평정(富平町)에 특별요리점의 영업을 허가했다(1907년부터 녹정(綠町)으로 이전시켜 1911년부터 영업). 이것은 "내지의 대좌부였으며 유곽의 기원이었다"(손정목, 「개항기 한국거류 일본인의 직업과 매춘업·고리대금업」, 『한국학보』18, 1980, 109~110쪽). 인천에서는 1902년에 17개의 특별요리점이 공동사업으로서 부도루(敷島樓)라는 유곽의 인가를 받았으며, 원산에서도 1903년 특별요리점 지역을 지정했다(山下英愛, 「한국 근대 공창제도 실시에 관한 연구」, 이화여대 여성학과 석사학위논문, 1992, 11~12쪽). 서울에서는 1904년 일본거류민회를 중심으로 신정(新町)에 유곽을 설치했다(손정목, 같은 글, 110쪽).

써 성매매 단속 또한 각 지역 이사청 경찰 소관으로 바뀌었다. 1907년 한일경찰공조 협정으로 한국경무청이 경시청에 편입되고 이사청 경찰이 한국경찰에 흡수되었어도 일본인 성매매는 여전히 이사청 경찰이 단속했다.[80]

1906년 7월 거류민단법의 시행으로 각 일본인 거류지에는 이전의 일본인회에 대신하여 거류민단이 설치되었다. 통감부 시기 성매매 형태의 특징은 각지의 거류민단이 앞을 다투어 유곽설치에 열중하는 것이 특징이다.[81] 표면적으로는 성병예방과 풍기단속을 내세웠지만, 무엇보다도 유곽 설치를 통하여 민단의 재원을 마련하는 것이 목적이었다. 이는 1904년 서울의 신정 유곽의 성공 경험에서 기인한 것이었다. 군산에서도 민단의 재원 확충의 일환으로 유곽을 신설하였고, 평양의 유곽지 또한 '민단의 유력한 재원'이었다고 했다.[82]

민단의 유곽 설치와 함께 각 이사청에서 관련 법령을 마련하여 제도적인 정비를 하였다. 예기와 작부, 요리점 및 음식점을 그 단속 대상으로 하면서 영사관 시절의 관리방식을 잇고 있었다. 또한 따로 법령을 발포하여 '특별요리점'이나 '을종요리점'의 영업지역을 지정하고 있는 곳도 있다. 바로 유곽지역을 의미하는 것이었다. 1910년 일본의 한국 병합 이전까지 일본인의 거류민단이 설치되어 있는 12개의 모든 지역에서 관련 법령이 발포되고 있었다.[83]

이들 법령을 보면 우선 요리점을 갑종과 을종(원산, 청진, 목포, 대

---

80) 송연옥, 앞 논문, 1994, 245쪽. 한국인 성매매 단속은 한국정부의 경무청이나 경시청이 맡았다.
81) 山下英愛, 앞 논문, 2008, 60쪽.
82) 山下英愛, 앞 논문, 1992, 13쪽.
83) 강원도와 황해도, 충청북도를 제외한 나머지 지역에 분포되어 있었다.

구), 제1종과 제2종(경성), 보통과 특별(청진)로 나누고 있음을 알 수 있다. 을종과 제2종, 특별요리점은 설치 지역이 제한된 사실상의 유곽이다. 이러한 업종의 업주는 유객명부를 작성하여 경찰에 신고하도록 되어 있는 곳도 있다(청진, 대구). 업종에 대한 특별한 언급이 없는 지역도 있는데, 성진과 진남포, 신의주와 같은 지역이 그렇다. 다만 성진은 작부는 18세 이상만 가능하고 예기는 건강진단서 생략이 가능하다고 하여, 작부를 두는 곳이 실질적인 유곽임을 추측하게 한다. 진남포는 〈요리옥음식점영업취체규칙〉 가운데 특별히 지정 지역을 제시하고 이곳에서는 숙박이 가능하고 음식점 또한 예기를 고용하는 것이 가능하다고 하여 유곽지역을 설정했음을 암시했다. 신의주는 예기와 작부의 거주 제한과 건강진단 의무를 적시하여 이들의 성매매를 공인했다.

대부분의 지역에서 을종예기를 실질적 창기로 관리하고 있는데, 원산과 청진, 신의주에서는 작부까지 그 대상으로 포함했다. 성진에서는 작부만을 대상으로 하고 있는 것이 특징이다. 모두 가업신청 가능 연령은 18세 이상이었다. 또한 가업신청 시 건강진단서를 첨부하는 것이 의무사항이었으며, 소관 경찰서가 지정하는 바에 따라 정기검진을 받도록 되어 있었다. 원산과 인천에서는 갑종예기에 대해서까지 가업신청 시 건강진단서를 첨부하도록 되어 있었다.[84] 갑종예기의 성매매 가능성에 대해서 그것을 금지하는 것이 아니라 관리하겠다는 의도를 드러내는 조치라고 할 수 있다. 서울에서도 〈화류병예방규칙〉을 정하여 제1종 요리점 및 음식점, 마치아이(待合)[85]에 고용되어 있는 접객여성들에게 경찰

----

84) 송연옥, 앞의 논문, 1994, 249쪽.
85) 대합실의 의미로 '마치아이'라 읽는다. 요리점에 고용되어 있는 예기가 손님을 은밀히 만나는 장소였다. 제1종 요리점의 예기숙박금지 조항으로 예기와 은밀히 만나는 것이 쉽지 않자, 마치아이(待合)가 생겨났다(「芸者の売春行為に就て某署長と記者の問答」 『朝鮮及滿州』 259号, 朝鮮雑誌社, 1929.3, 73쪽). 따라서 '마치아이'는 성매매

서장의 명령에 의한 성병검진을 받도록 하고 있었다.

이들 법령으로 각 이사청은 예기나 작부를 대상으로 공창 방식의 성매매 관리를 할 수 있었다. 이러한 방식의 일본인 거류지에 대한 성매매 단속 방식은 강점 이후에도 이어졌다. 1910년대의 성매매 정책도 경찰의 최고기관인 경무총감부와 그 밑의 각 도 경무부의 관리 하에서 이루어졌다. 1916년 공사창제 확립 이전까지는 병합 전 각 이사청의 성매매 관리 방식을 이으면서도 좀 더 구체화되고 통제가 엄격해지는 방향으로 진행되었다.

황해도와 강원도, 충청북도는 새롭게 법령을 제정하였고, 경성은 영사관 시절의 성병관련 법령을 개정하였으며, 나머지 지역은 이사청령을 폐지하고 다시 법령을 공포하였다. 함경남도, 경기도, 전라북도에서는 새로운 법령을 정하지 않았다. 각 도마다 내용은 달라서, 이사청령을 이은 지역은 대체로 갑종/을종 예기(작부)로 구분하여 단속의 정도를 달리한 데 반해, 새롭게 법령이 제정된 지역에서는 예기와 작부만을 두고 단속하였다. 그러나 거주제한과 성병검진을 의무화하여 실질적인 창기로 단속한 것임을 알 수 있다.

법령의 대상으로 조선인을 포함(강원도, 함경북도)시키거나 제외(평안남도)시킨 지역이 있으며, 나머지 지역에서는 특별한 언급을 하지 않았다. 하지만 평안북도와 황해도에서 조선인 연령에 대한 언급을 하고 있어서 이들 지역에서 조선인도 포함했음을 알 수 있다. 경성에서는 접객여성 관련 법령을 새로 정하지 않았는데, 이로써 일본인은 제1종예기와 제2종예기로, 조선인은 기생과 창기로 이원화해서 단속했던 것으로 보인다.[86] 조선인을 포함시켰다 해도 똑같이 다루었던 것은 아니어서

....

가 금지된 예기와 공공연하게 성매매를 하는 장소였다.

평안북도와 황해도의 경우 예기작부의 가능 연령이 일본인은 18세 이상, 조선인은 16세 이상으로 차별화되어 있었다.[87]

　병합 이후 가장 먼저 새로운 법령을 제정한 함경북도는 예기작부를 강력하게 통제하고 있는 것이 특징이었다. 갑종에 대해서도 거주제한뿐만 아니라 성병검진의 의무를 규정하고 있었던 것이다. 또한 갑종의 가능연령을 15세 이상으로 정하였는데, 이는 다른 지역에서는 거의 찾아볼 수 없는 규정이었다.[88] 곧 연령제한은 실질적 창기에게 해당되는 사항이었는데 함경북도의 갑종은 거의 을종에 버금가는 취급을 받고 있었던 것이다.[89] 이렇게 함경북도의 눈에 띠는 조치는 당시 이 지역에 일본군(조선주차군)의 주력군[90]이 주둔해 있었기 때문으로 보인다. 일본군의 성병예방이란 명분 앞에서 갑종 예기작부 또한 노골적인 성병통제의 대상이 되었던 것이다. 조선주차군사령부가 설치되어 있던 경성에 1909년부터 〈화류병예방규칙〉이 공포되었던 것도 같은 맥락으로 볼 수 있다.

　공창제는 조선에서 일본군의 상주사단이 창설되기 시작[91]하는 1916년

....

86) "일본 예기의 규칙을 참고하여" 조선인 창기의 시간대를 정하는 모습이 있다(「창기 시간의 개정」, 『매일신보』, 1911.12.17). 이는 조선인과 일본인 접객여성에 대한 법령이 일원화되어 있지 않았음을 의미한다.

87) 조선인 예기작부에 대한 규정은 일본식의 요리점, 음식점에 조선인이 고용되고 있는 상황을 반영한다. 따라서 차별적인 저연령 규정은 조선인 예기작부에 대한 전차금 및 임금의 저렴화로 이어져 열악한 고용환경을 낳았을 것이다.

88) 다만 황해도에서 무기(舞妓)의 가능연령을 12세 이상으로 정하였다.

89) 함경북도 성진과 청진의 이사청령은 을종에 대해서 18세 이상으로 정하고 있었다.

90) 러일전쟁 당시 한국주차군이 편성된 이래 조선의 일본군 주둔방식은 2년마다 병력을 교체시키는 주차군 체제였다. 병합 이후 일본육군은 조선주차군사령부를 경성에 두고 주력군을 경성(1개 사단)과 함경북도(1개 혼성여단)에 두었다. 함경북도에 주력군을 주둔시킨 것은 러시아와 만주지역의 조선인을 의식했기 때문이었다(신주백, 「1910년대 일제의 조선통치와 조선주둔 일본군-'조선군'과 헌병경찰제도를 중심으로」, 『한국사연구』 109, 2000, 116~117쪽).

에 확립되었다. 이해 3월 31일, 대좌부 및 요리점, 음식점, 창기, 예기, 작부에 관한 법령을 발포하고 각 도마다 달랐던 단속규칙을 통일했다. 이로써 공창이 전국적으로 일원화되었으며, 작부나 예기라는 편법으로 성매매 영업을 하던 업소들은 대좌부, 창기 등 공창과 관련된 법적 용어를 드러내 놓고 사용할 수 있게 되었다.

공창제의 법적 해석에 의하면 조선에서는 17세(일본은 18세) 이상의 여자가 호적등본과 친권자(친권자가 없으면 후견인 및 부양의무자)의 승낙서를 소지하고 대좌부 업자와 맺은 전차금과 기간에 관한 계약서를 경찰서에 제출하면 창기가 될 수 있었다. 예기 및 작부 또한 나이를 제외하고는 마찬가지 조건이었는데,[92] 단 이들은 가무를 통하여 객석의 유흥을 돕거나(예기, 기생), 음식을 접대하는 것(작부)이 본래의 역할로 성을 파는 행위는 금지되어 있었다. 그러나 이들을 이용한 업자들의 성매매 행위는 공공연하여, 사회적으로 이들은 허가 없이 성 판매를 하는 자, 곧 사창(私娼)으로 분류되고 있었다.

이들 접객여성과 업자 사이에는 소개업자가 있었다. 업자는 '계약'을 위해 필요한 모든 절차와 준비를 소개업자에게 의지했고, 소개업자는 그 대가로 수수료를 받았다. 일반여성이 접객여성이 되는 과정에는 대

....

91) 상주사단의 창설은 1915년 6월 일본 제국 의회에서 승인되어 1916년 4월부터 시작되었다. 그 결과 두 개 사단을 창설하였다. 함경북도 나남에 사령부를 둔 제19사단은 1916년 4월부터 편성이 시작되어 1919년에 완성을 보았다. 경성의 용산에 사령부를 둔 제20군 또한 1916년 4월부터 시작하여 1921년 4월에 편제가 완료되었다. 그 과정에서 조선주차군은 1918년에 조선군으로 바뀌었으며, 그 사령부는 용산에 두었다(신주백, 위의 글, 118~120쪽).

92) 조선총독부 경무총감부령 제3호, 「예기작부예기치옥영업취체규칙」, 『조선총독부 관보』, 1916.3.31. 제1조 참조. 예기작부의 하한연령에 관해서는 통일된 규정은 없다. 1927년 〈전라남도 훈령〉에 의하면 작부는 17세 이상, 예기는 12세 이상으로 규정되었는데(宋連玉, 앞 논문, 1994, 45쪽), 지역에 따라 허가연령에 차이가 있었던 것으로 생각된다.

부분 소개업자가 있었으며, 접객여성과 업자의 '합법적인 계약' 뒤에는 반드시라고 해도 좋을 만큼 소개업자의 인신매매가 존재했다.

일본에서는 일찍이 에도시대 때부터 소개업자(구치이레야(口入屋))가 활약하였다. 따라서 인신매매 제도라는 비난을 피하면서 근대 공창제를 재편하는 가운데 일본정부는 소개업에 대한 단속규칙을 만들 필요가 있었다. 1905년에 공포된 〈예창기구치이레업취체규칙(藝娼妓口入業取締規則)〉과 1917년에 공포된 〈예창기작부주선업자취체규칙〉은 소개업자의 불법행위를 감시하기 위해 만든 법령이었다.[93]

조선에서도 마찬가지로 공창제를 정비하는 과정에서 소개업 관련 법령을 제정하였다.[94] 1913년 경상북도에서 〈주선영업취체규칙〉(경상북도 경무부령 제3호)이 제정되어 친권자 없는 미성년자의 주선과 피주선자의 의사에 반한 주선, 피주선자를 속여 주선처를 그만두게 하는 것 등의 행위가 금지되었다.

이상의 내용을 통해 봤을 때 본 판결문에 등장하는 요리점 및 작부는 실질적인 성매매업을 의미하고 있을 가능성이 컸다. 피고인은 접객여성 소개업을 통해 생활을 하는 자로 과거 횡령죄를 두 차례 지은 자였다. 당시 일제는 주선영업취체규칙을 통해 소개업자를 법령으로 관리하려 들었지만 인신매매업을 허용한 이상 업자들은 법을 넘나들며 이익을 꾀하려 하였다.

문서위조는 소개업자들이 자주 쓰는 방법이었다. 피고인은 작부 영업 허가를 위해 호적등본을 위조해 헌병대에 신고했다가 그 사실이 들통

---

93) 1905년의 것은 소개업에 대한 허가, 장부작성에 대한 경찰의 검사, 소개업자가 예창기의 금전 취급의 금지, 예창기 권유 금지, 의뢰인 숙박시키는 것 금지 등을 규정한 것이고, 1917년의 것은 여기에 작부가 추가된 것이다.
94) 宋連玉, 앞 논문, 1994, 52쪽.

나서 법정에 섰다. 피고인은 정범자가 아니라고 상고했지만 법정에서는 수용하지 않았다. 다시 피고인은 미결구류일수는 자신의 징역형인 1년 6개월 형에 넣어서 계산해달라고 다시 상고했지만 이 또한 고등법원에서 기각하였다.

10

사기 피고사건

1) 김○규 등 판결문
(1916년 형상 제141호, 大正5年刑上第141號, 고등법원)

　사기 및 횡령 피고사건으로 대구복심법원과 고등법원 판결문이다. 국가기록원에 소장된 형사재판기록 원본이며 관리번호는 각각 CJA0000721-0041와 CJA0000434-0042이다.

　사기 및 횡령으로 기소된 김○규과 박○월의 피의 사실은 다음과 같다. 피고인들은 각각 경남 동래군 일광면에 거주하며 농사에 종사하고 있고, 경남 양산군 읍내면 중부동 박○악의 방에 동거하고 있는 자이다. 이 사건은 1916년 10월 10일 대구복심법원이 언도한 판결에 대하여 상고가 있어 고등법원이 조선총독부 검사 쿠사바 린고로의 의견을 듣고 상고 기각 판결을 내렸다. 이유는 다음과 같다.

　피고인 김○규는 1915년 음력 10월에 고소인 박성○를 만났을 때 그가 양산군에 사는 박○월이라는 기생을 첩으로 하고자 하기에, 피고인은 세간의 예가 많기는 하지만 장래를 생각해서 해야 할 것이라고 일러두었다. 그런데 부산부 초량에 개인적인 일로 여행하고 며칠 뒤 집에 돌아와 보니 성○의 할머니가 피고인의 집에 와서 "성○가 ○월이란 기생을 첩으로 삼고서는 논 200마지기 남짓, 밭 70마지기 남짓 합계 270마지기 남짓의 문기(文記)를 양산으로 갖고 가버렸으니, 이 일을 누구에게 상담하려 해도 없네. 자네는 그의 제서(弟壻)이니 사위와 한가지다. 그러니 양산으로 ○규를 찾아가서 만일 ○규가 반드시 돈이 필요하다면 논의 반을 주고 반 정도는 되찾아와 다오. 자네의 은혜를 많이 입어야겠다."라고 누누이 사정을 이야기하였다.

그는 피고인의 처조모이므로 피고인은 인정을 살펴 그날로 ㅇ규를 찾아 양산으로 갔는데, 이미 ㅇ규가 윤ㅇ태로부터 금 700원을 차용하고 전답 문기 270마지기 남짓을 전당잡힌 뒤였으므로 피고인이 윤ㅇ태에게 일일이 앞뒤 사정을 이야기하여 드디어 앞에서 든 700원에는 전답 문기 107마지기 정도를 전당 잡고 나머지 전답 170마지기 남짓의 문기를 되돌려 받아서 ㅇ규의 본가로 돌아가 ㅇ규의 할머니에게 그 취지를 알리고 그것을 교부하였다. 그런데도 ㅇ규의 할머니는 계속 피고인더러 "ㅇ규가 이미 전당잡힌 전답에 대하여는 어떻게 하기 어렵겠지만 본가의 사람은 이번에 되찾은 170마지기 남짓이 있으면 생활을 할 수 있으니 이미 전당잡힌 전답은 타인에게 매각하고 그 얻은 금원을 가지고 차용금의 원금과 이자를 변제하고 나머지를 ㅇ규에게 주어 첩 ㅇ월과의 사이에 어떻게 되든지 쓸 수 있게 되면 다행이겠다."고 하며 그 매각을 피고인에게 의뢰하였다.

ㅇ규도 또한 그것을 의뢰하기에 피고인은 본군 철마면의 오ㅇ환에게 매각하고 부산진 기무라가(木村家)에서 오ㅇ환의 대리인 전ㅇ준으로부터 성ㅇ와 ㅇ월 두 사람의 면전에서 위 논 107마지기 대금 2,377원을 수령하여 성ㅇ에게 교부하였다. 그러자 성ㅇ는 다시 계산상 양산군 윤ㅇ태에게 빌린 돈 700원에다 한 달 이자 금 18원을 합한 금 718원을 그에게 전해 주도록 전ㅇ준에게 교부하였고, 잔금 1,300원 남짓은 그날 그 자리에서 첩 ㅇ월에게 교부하였다. 이 일은 함께 자리했던 전ㅇ준 외에 두 세 사람이 증인으로 본 바이다. 그런데도 뜻밖에 두 달이 지난 올해 음력 2월 3일 박성ㅇ는 피고인이 500원을 횡령하였고, 또 성ㅇ의 아내가 30원을 피고인에게 건넸다고 하며 여러 가지 헛말로 피고인을 고소하였다.

이러한 사실은 부산지방법원과 대구복심법원에서 공판을 통해 드러난 사실이다. 피고인은 제1심과 제2심 법정에서 '사실이 아니고 억울하다'고 주장하였지만, 피고인의 증인은 한 명도 신문하지 아니하고 고소인의 말만 믿고 징역 1년을 선고하였다. 이처럼 원통한 일이 어디 있겠는가. 피고인은 80세의 노부모를 맡고 있는데 그가 죽고, 또 8, 9달 가까이 미결 구금되었으며 거기다 1년이란 처벌을 받았으니 너무나 억울하여 상고한다. 제1, 2심의 서류에 의거하여 고소인과 피고인의 사실을 명백하게 심사하여 억울함 없는 판결이 있기를 바란다.

그러나 원심은 증거에 의거하여 첫째, 피고인 김○규와 박○월은 공모한 뒤 ○월의 용색을 이용하여 금원을 편취하고자 하였다. 그리하여 김○규는 1915년 음력 10월 중순 경상남도 동래군 일광면의 박성○를 유인하여 그때 박○월이 머물던 같은 면 동백리의 김형근 집으로 모여 마시고 ○월이 모시도록 하였다. 박성○가 그녀에게 뜻이 있는 것을 보고서 김○규는 성○에게 ○월도 또한 그를 생각하는 것이 각별하다며 꼬드겨 드디어 정교를 맺었다. 성○는 ○월에게 푹 빠져 같이 살기를 희망하기에 이르렀다. 이를 이용하여 ○월은 성○에게 그와 부부가 되려는 진의가 있는 것처럼 말로 속여 그를 오신케 하고 피고인 두 사람은 성○에게 ○월의 부채액을 과장하고 그것을 갚지 아니하면 같이 살기 어려울 뿐 아니라 같이 살기 위한 제반 비용이 필요하다고 말하며 성○에게 소유지를 저당하여 그 돈을 마련하라고 권유하였다.

그리하여 같은 해 음력 11월 23일(양력 12월 29일) 성○로 하여금 그 소유의 논 95마지기를 담보로 하여 윤○태라는 이에게 차입하도록 한 금 700원 가운데 550원을 그 비용으로 쓴다며 같은 날 위 ○월의 거택에서 사정을 모르는 김○악을 거쳐 성○로부터 수취하여 편취하였다 그리고 그대로 그 의사를 계속하여 같은 해 음력 12월 2일(1916년 1월 6일) 앞에서와 같이 성○로 하여금 다시 그 소유의 논 107마지기 5되지기를 담보로 오○환이라는 이에게 빌려 온 금701원 80전을 다음날 13일 앞에 든 ○월의 거택에서 앞에서와 같은 명의로 수취하여 편취하였다.

그리고 둘째, 피고인 김○규는 위 박성○의 아내 김○두가 남편의 방탕을 염려하자 그것을 이용하여 같은 해 음력 10월 25일 위 박성○의 집에서 김○두에게 금 30원을 받으면서 성○와 ○월 사이의 관계를 끊도록 하겠다고 속여 그로부터 금 30원을 수취하여 편취"한 사실을 인정하였다.

이에 대해서는 원판결에 기재된 증거 즉 원심법정에서 피고인 김○규가 "저는 1912년 무렵부터 당시 기생인 공동피고인 박○월과 사통하고 있었고 그 뒤에 3년 남짓 서로 만나지 못했다가 1915년 음력 9월말 무렵 다시 만났다. 같은 해 음력 10월 11일 당시 ○월이 있던 동백리 김○근의 집에 박성○와 함께 간 적이 있고 같은 해 음력 12월 2일 박성○가 그 소유 토지 107마지기 정도의 문기를 담보로 오○환에게 금 2,377원을 빌려 올 때 그 주선을 하였다"라고 한 원심 공판시말서의 진술기재가 있다.

피고인 박○월이 "나는 16세 때부터 1915년 음력 9월까지 기생을 하였다. 그동안 공동피고인 김○규와 정교를 통한 적이 있었디. 같은 해 음력 12월 12, 13일 무렵부터 나는 김○근 집에 가 있었다. 거기 놀러 온 박성○와 같은 달 16일 밤에 관계를 하였는데, 그가 부부가 되어 같이 살자고 하였다. 그로부터 같은 해 음력 11월 20일이 지난 무렵에 금 500원을, 같은 해 음력 12월 12일에 560원과 700원을 나에게 주었다. 이들 돈은 나의 부채의 상환으로, 그리고 박성○와 동거할 가옥의 건축비 등으로 지불되었다. 나의 부채는 700원 남짓이었다."라고 원심 공판시말서에서 진술기재를 하였다.

박성○ 예심조서의 "나는 1915년 음력 10월 중순 이미 알고 있던 김○

규의 꼬임으로 그의 숙부인 동백리 주막의 김○근 집에 갔다가 그 집에 머물고 있던 박○월과 정을 통하기에 이르렀다. 1주일 남짓 체재하여 그 사이의 비용을 청구 받았는데 갖고 있는 돈이 없어서 그 취지로 대답하였다. 그러자 김○규는 토지 문권(文券)을 갖고 오면 돈을 빌릴 수 있다고 했기 때문에 당시 나는 ○월에게 우롱당해 부부 약속까지 하고 있던 때라서 우리 집에서 문권을 갖고 나와 음력 11월 23일 논 95마지기를 저당잡히고 양산읍내의 윤○태로부터 금 700원을 빌려 왔다. 그 가운데 여러 비용을 지불하고 남은 550원에 대하여 ○규는 내가 소지하고 있으면 할머니가 가져가시게 될 것이라고 말하였다. 그리하여 ○규의 말에 따라 김○악에게 맡겼다. 다시 같은 해 음력 12월 2일 ○규의 권유에 따라 나의 토지 107마지 5되지기의 문권을 저당잡혀 오○환으로부터 2,377원을 빌려온 것으로 하고 같은 달 12일 유일여관(唯一旅館)에서 위 금액 가운데 이자 비용을 뺀 잔액 2,180원에서 1,500원은 오○환이, 600원은 김○준이란 이가 받기로 협정하였다. 그리하여 김○준으로부터 3, 4개월분의 이자를 뺀 금 578원의 어음을 받아가졌고 그것을 ○규에게 맡겼다. ○규는 다음날 현금을 은행에서 인출하여 ○월에게 건넸다고 하였고 ○월은 이미 써 버렸다고 하며 나에게 돌려주지 않았다. 위 1,500원에 대하여는 거기서 윤○태에 대한 채무와 그 밖의 것을 뺀 잔액 701원 80전을 부산진 목촌여관에서 수취하여 같은 달 13일 양산으로 돌아갔다. 그날 밤 위 금원을 옷 주머니에 넣고 ○월과 함께 그 집에서 갔는데 다음날 아침이 되어 잃어버렸다. 그에게 물었더니 그는 자기가 보관하고 있다고 말하였다. 그러나 그 뒤에 그는 이미 써버렸다며 돌려주지 않았다. 그런데도 그는 내가 돈이 있는 동안은 완전히 나의 정신을 빼놓고 부부가 되기로 하는 약속도 해 두었는데, 돈이 없게 되자 돌변한 취급을 하였다. 같은 달 17, 18일 무렵에는 자기가 빌려 쓴 돈이 많아서 같이 살기 어렵겠으니 다시 기생이 되어 돈을 모은 뒤 부부가 되어야겠다며 앞에 한 부부계약을 취소해 달라고 하여 나는 어쩔 수 없이 승낙하였다. 그런데 완전히 속았다는 것이 판명되었기에 1916년 3월 6일 동래경찰서에 고소하게 된 것이다. 나는 이전에는 전혀 노는 일이 없어 ○월에게 속았고 그가 나를 홀렸다고 생각한다. 겨우 한 달 남짓 그와 같이 산 것 때문에 1,800원 남짓을 빼앗겼다"라는 진술기재가 있다.

사법경찰관이 작성한 박성○의 고소 보충조서의 "1915년 음력 10월 12일 ○규는 자기 집으로 나를 불러 '이전부터 친한 박○월이 거기에 와 있으니 놀러 갈까'라고 권하기에 함께 김○근 집에 놀러 가니 ○월도 있어 함께 술을 마셨다. 그 뒤 2,3일 계속하여 나는 ○규와 함께 놀러 갔었고 같은 달 15일도 또 함께 놀러 갔는데 비가 온 탓에 집에 돌아갈 수 없었다. 그래서 다른 집에 가서 자려는데 ○규는 이야기가 되어 있으므로 ○월네 집에 가자고 자꾸 말하며 ○월이 있는 곳으로 갔다. ○규는 내게 들리지 않도록 ○월과 이야기하더니, 나에게 '○월은 많은 이들이 동침을 바라는데도 허락하지 아니하는데 당신을 보면 마음에 든다고 하니 통하지 않겠는가'라고 두 번 세 번 권하였다. 내가 거절하자 '그렇다면 셋이 함께 자자'고 하여 그의 말대로 하였다.

그런데 1시간이 되어 눈을 떠 ○규가 없어 찾아보니 ○월은 그가 돌아갔다고 대답하고 이어서 나에게 '나는 돈은 바라지 않지만 당신을 보고 매우 마음에 드니 오늘밤 동침하면 어떻겠는가?'라고 말하며 나의 옷을 잡기에 마침내 동침 관계하였다. 그 뒤 5, 6일 지나 ○규는 나에게 ○월의 음식 값과 기타의 비용이 있다면서 돈의 지출을 구하였고, 갖고 있는 돈이 없으면 토지 문권을 저당하여 돈을 마련하라고 권하는 탓에 마침내 그에 따랐다"는 진술기재가 있다.

피고인 박○월의 예심 제1, 2회 조서에서 "내가 박성○로부터 500원,

560원, 700원을 받게 된 이유는 나의 부채를 지불하지 아니하면 박과 같이 살기 어렵기에 부부계약을 할 때 부채는 그가 인수하여 준다고 했기 때문에 그것을 수취한 것이다. 그로부터 맡아둔 것이 아니라 전부 증여받은 것이다. 박성○가 표면상 그 사람과 나의 관계를 끊도록 하고 그의 아내가 돈을 갖고 올 것이라는 이야기를 하였다"라는 진술기재가 있다.

피고인 김○규 제1회 예심조서에 "박성○는 그 소유의 논을 처분하여 금 3,000원 남짓을 만들어 그 가운데 1800원 정도를 부채 상환을 위하여 박○월에게 주었다"는 진술기재가 있다.

김○두 예심조서의 "김○규 아내의 친정은 우리 집과 가까운 곳이다. 1915년 음력 10월 22일 김○규는 그 친정에 와서 나를 불러 내 남편은 박○월과 관계하고 있는데 그에게 자기가 지아비를 농락하여 관계시킨 것 같이 생각되어 크게 죄송스럽다. 이제 50, 60원을 내면 두 사람의 관계를 끊을 수 있다고 말했다"라는 진술기재가 있다.

사법경찰관이 작성한 김문동(김○두의 오기임이 인정된다) 청취서의 "1915년 음력 10월 22일 ○규는 내가 있는 마을인 문중리에 있는 그의 아내 친정에서 성○가 ○월과 관계하고 있음을 알게 되었는데 이제 그대로 방치하면 뒷날 큰 손해가 올 것이니 금 60원 정도를 내면 자기가 처리해 주겠다고 나에게 말하였다. 내가 거절하자 그렇다면 30원이라도 되겠다고 하였다. 그 뒤 같은 달 24일 ○규는 우리 집에 와서 돈이 마련되었느냐고 묻기에 나는 할머니에게 이야기하여 이웃집에서 금 30원을 빌려 와서 그 다음날 ○규에게 건넸다. ○규는 2, 3일 안에 ○월을 출발시키겠으니 걱정하지 말라고 말하고 돌아갔는데 그 뒤 5, 6일이 지나서 토지 문권이 없어졌다"라는 진술기재가 있다.

장○동 예심조서의 "나는 박성○의 할머니이다. 1915년 음력 10월 25일 김○규가 박성○와 박○월의 관계를 끊어 주겠다고 했기 때문에 우리는 30원을 ○규에게 건넨 것인데 관계를 끊어 주기는커녕 오히려 크게 빠져들었으니 우리들은 속았다"라는 진술기재들을 종합하여 인정할 수 있다.

따라서 원심이 위 증거에 의하여 앞에서 든 사실을 인정하였고 또 그 행위는 형법상 사기죄에 해당하므로 원심이 형법의 그 법조를 적용하여 피고인을 징역 1년에 처한 것이다. 이는 다름 아닌 원심의 직권행사이므로 그것을 비난하는 논지는 이유 없다. 또 원심 공판시말서를 보면 피고인의 변호인 호리이케 조오사쿠(堀池常作)는 증인으로 윤○태, 구○현, 전○준, 박성○, 김○두, 노○룡을 불러 신문하였다. 변호인 이조원은 증인으로 김○이, 구○녀를 신청함에 대하여 원심은 증인 박성○만을 환문하고 그 밖에는 모두 기각하였는데 증거조사의 한도를 정하는 것은 원심의 직권이므로 그것을 비난하는 논지는 이유 없다. 또 당원은 사실을 복심(覆審)할 직권이 없으므로 당원에 대하여 그것을 구하더라도 채용할 수 없다. 따라서 논지는 모두 이유 없음으로 돌아간다.

피고인 박○월의 상고이유는 "피고인은 전혀 사기 사실이 없는데도 원판결은 부당하게 사실을 인정하여 법률 적용에 위법이 있는 재판이라고 생각한다. 즉 형사소송법 제269조 제10호에 해당하는 이유가 있는 것이라 믿는다."는 것이다. 그러나 원심이 피고인에게 인정한 사실은 공동피고인 김○규의 상고이유 조목 아래에 첫째의 사실로 보인 바이고 그 사실은 같은 조목 아래에 나온 원심의 인용 증거에 의하여 인정할 수 있으므로 원심이 그 증거에 의하여 그 사실을 인정하여 형법 제246조 제1항, 제55조를 적용하고 처단한 것은 상당하므로 피고인이 사기 사실이 없다고 하는 논지 전단은 원심의 직권에 속하는 사실인정을 비난하는 것이 된다. 법률 적용에 위법이 있다고 하는 논지 후단은 피고인이 사기 사실이 없다는 자기 판단에 터 잡은 전제에서 원심이 사기죄에 문의한 것을 비난하는 것이 된다. 따라서 모두 그 이유 없다.

피고인 박○월의 변호인 호리이케의 추가 상고이유 제1점은 다음과 같다. 원판결은 이유를 붙이지 아니하고 사실을 부당히 확정한 위법한 재판이며, 형사소송법 제269조 제9호에 해당하는 것이라 확신한다. 왜냐하면 원판결은 피고인이 김○규와 공모하였다고 인정하였지만 거론된 일체의 증빙은 단지 김○규가 박성○를 유도하여 피고인과 관계하도록 한 것, 그리고 그가 돈을 마련하는 데 조력한 사실에 관여하였다고 입증할 수 있는 것뿐이며 피고인과 김○규의 공모가 있었다고 인정할 아무런 이유의 설시는 없다. 가공의 견해로 그냥 공모하였다고 단안을 내린 것이니 이는 증거에 터 잡지 않고 부당히 사실을 확정하여 죄로 만든 부당함이 있기 때문이다.

그러나 원심이 인용한 증거도 또한 같은 조목 아래에 내세웠다. 그 증거에 따르면 그 사기행위에 대하여 피고인이 김○규와 공모한 사실을 인정할 수 있으므로 원심이 그 증거에 의하여 공모 사실을 인정한 것은 다름 아닌 원심의 직권 행사이다. 따라서 그것을 비난하는 논지는 그 이유가 없다.

상고이유 제2점은 다음과 같다.

원판결은 이유의 모순이 있는 형사소송법 제269조 제9호에 해당하는 위법한 재판이다. 왜냐하면 원심의 사실인정에 따르면 피고인은 박성○와 부부가 될 진의가 없는데도 그에게 부부가 될 것으로 오신시켰다고 한다. 즉 박성○의 뜻이 없는데도 피고인이 달콤한 말로 유인하여 부부가 될 것을 승낙하였다고 한다. 원용한 증거에 따르면, 박○월은 "나는 16세 때부터 1915년 음력 9월까지 기생을 하였다. 박성○와 같은 달 16일 밤에 관계를 하였는데, 그가 부부가 되어 같이 살자고 하였다"라고 하고 있어 피고인의 발동적 계약이 아닌 것을 알 수 있으니, 확정 사실과 일치하지 않음이 명백하다고 할 수 있기 때문이다.

특히 고소인 박성○의 예심조서에서 원용한 기재에서 "당시 나는 ○월에게 우롱당해 부부 약속까지 하고 있던 때라서…… 그는 내가 돈이 있는 동안은 완전히 나의 정신을 빼놓고 부부가 되기로 하는 약속도 해두었는데, 돈이 없게 되자 돌변한 취급을 하였다. 같은 달 17, 18일 무렵에는 '내가 빌려 쓴 돈이 많아서 같이 살기 어렵겠으니 다시 기생이 되어 돈을 모은 뒤 부부가 되어야겠다.'며 앞에 한 부부계약을 취소해 달라고 하여 나는 어쩔 수 없이 승낙하였다"라고 있어 부부가 될 계약을 한 당시에 진의 없이 부부가 되려 했다는 입증이 보이지 않을 뿐 아니라 오히려 부부의 계약은 합의 상 해제되었음을 입증하고도 남음이 있지 아니한가. 또 하물며 피고인과 박성○의 관계를 해제하는 이유는 오히려 박성○의 정처인 김○두의 획책으로 말미암은 것임은 원심이 확정한 제2의 사실 및 원용한 김○두 예심조서와 박성○의 할머니인 장○동 예심조서에 박성○와 피고인의 관계를 끊도록 금전으로 운동한 사실이 나타나는 것에 비추어 알 수 있다. 즉 두 사람의 정교를 자른 것은 완전히 박성○ 지친(至親)의 행동으로 말미암은 것이고 피고인의 본의에 배치되는 것임을 증명하는 것이 아닌가.

그러나 원심이 피고인에게 인정한 사실은 공동피고인 김○규의 상고이유 조목 아래에 제1의 사실로서 내세운 바이다. 그 사실에는 "성○가 ○월에게 푹 빠져 같이 살기를 희망하기에 이르렀다. 이를 이용하여 ○월이 성○에게 그와 부부가 되려는 진의가 있는 것처럼 말로 속여 그를 오신케 하"라고 하고 있어 먼저 성규가 피고인에게 희망한 '같이 살기'란 말이 저 혼자 부부가 되려는 뜻을 포함한다고 해석되므로 부부가 되고자 하는 신청은 처음에 성규가 하고 피고인은 부부가 될 진의가 없는

데도 그 진의가 있는 것처럼 말로 속여 그로 하여금 오신하게 만든 것이라는 의미로 해석할 수 있다. 따라서 위 글로써 피고인이 먼저 그 신청을 한 것으로 인정된다고 하여 증거에 따르지 않았다고 주장하는 논지는 이유 없다. 설사 위 글로써 피고인이 먼저 그 신청을 한 것이라 인정한다고 하더라도 그보다 우선 그 신청을 하였는지는 사기죄를 구성하는 사실이 아니기 때문에 증거에 의하여 그것을 인정한 이유를 내보일 필요가 없다. 따라서 피고인이 먼저 그 신청을 하였다고 인정할 증거가 내보여지지 않았다 하더라도 그것을 가지고 위법하다고 할 수는 없으므로 그것을 비난하는 논지는 결국 그 이유 없다.

또 피고인이 당초부터 성○와 부부가 될 진의가 없는데도 그것이 있는 것처럼 말로 속여 성○로 하여금 잘못 믿도록 한 것은 공동 피고인 김○규의 상고이유 조목 아래에 내세운 원심의 인용 증거를 종합하여 인정할 수 있으므로 원심이 이들 증거를 종합하여 인정한 것은 그 직권 행사에 다름 아니다. 따라서 논지 중단에 고소인 박성○의 예심조서 가운데 원심이 인용한 일체의 증거를 들어 "부부가 될 계약을 한 당시에 진의 없이 부부가 되려 했다는 입증이 보이지 않고, 오히려 부부의 계약은 합의상 해제되었다는 것을 입증하고도 남음이 있지 아니한가"라고 하는 점 아울러 논지 중 위의 피고인 김○규의 상고이유 조목 아래 제2의 사실로서 게재된 원심 인정의 제2의 사실 같은 조목 아래에 게재된 원심이 인용한 김○두의 예심조서와 장○동의 예심조서 가운데 원심이 원용한 일체의 증거를 들어 "피고인 박성○가 정교를 자른 것은 완전히 박성○ 지친의 행동으로 말미암은 것이고 피고인의 본의에 배치되는 것임을 증명하는 것이 아닌가"라고 하는 점은 모두 원심의 직권에 속하는 증거의 종합 판단과 사실인정을 비난하는 것이 되므로 그 이유 없다.

상고이유 제3점은 다음과 같다. 원판결은 법률적용의 착오가 있어 형사소송법 제269조 제10호에 해당하는 부당한 재판이라고 믿는다. 왜냐하면 원심이 인정하는 바는 요컨대, 기생과 놀아난 결과 전속적으로 그색(色)을 취하기 위하여 자기의 첩으로 삼고 정교의 보수로 증여한 금전이 여색에 빠진 동안에 생긴 것이어서 완전히 부녀에게 속은 것이라하더라도 이런 것은 낭비한 남자가 스스로의 방탕을 인정하는 것이지조금도 부녀 그 사람의 사기취재의 죄로 따져야 할 것이 아니며 이 같은 안건에서 사기죄가 되면 세상에 어찌 이런 몰상식을 인용하겠는가할 것이니 원심이 유죄의 법률 적용을 한 것은 부당한 재판이라 하지않을 수 없다.

그러나 예창기가 남자로부터 금품의 증여를 받았다는 한 가지만으로바로 사기죄를 구성한다고는 할 수 없음이 뚜렷하지만. 만일 예창기가사기 수단을 써서 남자로 하여금 증여의 결의를 하게 만듦으로써 금품의 증여를 받은 경우에는 사기죄를 구성할만한 것이며. 예창기가 아닌자가 사기로 금품을 받은 경우와 조금도 다를 바 없다.

그리고 원심이 피고인에게 인정한 사실은 공동피고인 김○규의 상고이유 조목 아래에 제1의 사실로서 내건 것이 있으므로 그 행위는 형법제246조 제1항, 제55조에 해당하는 것이다. 따라서 원심이 이에 대하여같은 법조를 적용한 것은 상당하기 때문에 논지는 그 이유 없다.

위 설명과 같이 본 건 상고는 이유 없으므로 형사소송법 제285조[95]에의하여 주문과 같이 판결한다. 피고 김○규는 징역 1년, 박○월은 징역2년에 처한다.

---

[95] 1908년 개정 형사소송법 제285조는 '다음의 경우에서는 상고재판소 판결로써 상고를 기각함이 가함. 1. 상고의 신청이 법률상의 방식에 위(違)하고 또는 기간을 경과한 때, 2. 기간 내에 취의서(趣意書)를 제출하지 아니한 때, 3. 상고이유가 없는 때'라고 규정하고 있다.

본 판결은 1916년 11월 27일 고등법원 형사부 와타나베 토오루, 김낙헌, 마에자와 나루미 등 판사에 의한다.

해 제

1915년 기생 출신 피고인과 부부가 되기 위해 집안의 재산을 쓴 고소인이 뜻을 이루지 못하고 재산만 탕진하자 이 여성과 그 공모자라고 생각되는 남성을 고소한 사건이다. 1916년 6월 부산지방법원에서 피고인들에 대한 징역형이 나온 이후 피고인들의 두 차례 항소를 통해 1916년 11월 27일 고등법원에서 원심 판결 확정으로 재판이 마무리 되었다.

해당 사건은 꽤 화제가 되었는지, 당시 매일신보 기사를 통해서도 확인할 수 있다.

미인계로 사취, 자산가를 꾀여서

경남 동래군 일광면 각황리 김경규(32)는 동군 동면 문중리 박성규가 상당한 재산이 있으나 위인이 우둔함을 보고 양산군 읍내면 중무동 주막업 김용병과 공모하고 동지의 박행월(25)이라 이르는 미인을 박년 10월경에 전기 박성규와 상통케 하고 성규의 딸을 담보로 돈 2,377원을 동래군 철마면 오태환에게 차용케 하여 그 돈을 성규에게 편취한 사기횡령 절도 피고사건은 부산지방법원 예심계에서 심리 중이더니 유죄로 결정되었다더라.

(『매일신보』, 1916.6.23)

위에서 보듯이 1심 내용을 보도하는 신문 기사는 피고인들의 범행을 확신하는 어조이다. 신문 기자가 피고인과 고소인의 주변까지 취재하고 보도했을 가능성을 생각했을 때, 이 사건에 대한 여론은 고소인에게 재산상 피해를 끼친 피고인들을 비난하는 분위기였던 것으로 보인다.

본 사건에서 확인할 수 있는 사실은 다음과 같다. 피고인 김ㅇ규와 박ㅇ월은 정교 관계를 맺고 있는 사이였으며, 김ㅇ규가 박성ㅇ에게 박ㅇ월을 소개하였다. 상당한 재산이 있으며 본처가 있는 박성ㅇ는 박ㅇ월과 정교 관계를 맺었으며, '부부가 되고 싶다'는 박ㅇ월의 말에 그가 요구하는 대로 집안의 재산을 갖다 주었다. 박성ㅇ의 첩이 되겠다는 박ㅇ월의 약속은 지켜지지 않았으며, 이에 박성ㅇ는 김ㅇ규와 박ㅇ월을 고소하고 피고인들의 사기와 횡령죄가 인정되어 각각 상당한 징역형을 받았다. 즉 법정에서는 재산을 빼앗을 목적으로 박ㅇ월이 박성ㅇ에게 접근했으며, 그 과정에서 김ㅇ규가 어떠한 역할을 했는지에 대해 문제 삼는다. 박성ㅇ를 속여서 재산을 빼앗을 의도, 곧 '범의(犯意)'가 있었느냐, 그 행위로 인하여 피고인들의 이득이 있었느냐를 따지는 데 집중한 것이다. 만약 박ㅇ월이 실제로 박성ㅇ의 첩이 되었다면, 이 사건은 성립될 수 있었을까.

판결문에서 눈에 띄는 것은 법정이 피고인과 고소인의 행위에 대한 도덕적 판단은 하지 않고 있다는 점이다. 1912년 조선민사령이 공포된 이후 축첩은 원칙적으로 금지였으며, 1915년에는 첩의 입적신고를 금하는 조치를 하기도 하였다. 위 사건의 세 차례의 재판이 1916년에 진행됐다는 점을 생각한다면, '축첩'이라는 행동을 감행하려 한 피고인, 고소인들의 불법성도 따져야 했을 것이다. 그러나 '자산가의 축첩 행위'에 대한 지적은 법정에서 이뤄지지 않았다. 돈만 취하고 '첩 되기'의 약속을 지키지 않은 피고인들의 행동만 범죄로서 다뤄진 것이다.

2) 하야시 판결문
(1917년 형상 제141호, 大正6年刑上第141號, 고등법원)

　사기 피고사건에 대한 대구복심법원과 고등법원 판결문으로 국가기록원 소장되어 있다. 관리번호는 각각 CJA0000730-0014와 CJA0000440-0003로 편철되어 있다.

　피고 하야시는 야마구치현(山口縣) 쿠마게군(熊毛群) 카미노세키촌(上關村)에 본적을 두고 전남 광주군 광주면에서 대금업(貸金業)을 하는 자(28세)이다. 하야시의 피고사건에 대해 1917년 10월 30일 대구복심법원이 언도한 판결에 대해 피고인이 상고를 신청했음으로 당 법정은 조선총독부 검사 쿠사바 린고로의 의견을 듣고 상고 기각의 판결을 내린다.

　변호인 이와모토(岩元三志)의 상고이유 제1점은 다음과 같다.

　원심은 제1 범죄사실을 '정백원(鄭百源)이라는 자가 무 자력자로서 도저히 2,300원의 어음상의 의무를 이행할 수 없는데도 피고인은 이를 타인에게 이용하려고 같은 이 명의의 액면 2,300원의 약속어음을 같은 이로부터 편취'한 사실로 인정하였다. 그렇지만 피고인이 정백원에게 곧바로 어음상의 권리를 주장하려고 어음을 같은 이에게서 취득하지 아니하였음은 원심이 인정한 바이다. 그리고 논 46마지기는 금 2,300원에 피고인이 정백원에게 매각한 형식으로 되어 있다.

　그러나 당사자 간에는 이를 타인에게 전매(轉賣)하여 손실이 있으면 피고인의 부담으로 하고 이익이 있으면 정백원에게 급여하기로 특약하였다. 이 사실은 원심이 인용한 정백원이 증언한 바이다. 원심은 '당해 특약은 피고인이 이를 실행할 성의가 없이 단지 2,300원의 약속어음 편취의 수단으로 행한 것에 불과하다'고 인정하였다. 그렇지만 논 46마지기를 타인에게 전매하지 아니하였고 따라서 아직 계산할 시기에도 도달하지 아니한 것을 무슨 근거로 원심은 피고인에게 실행의 성의가 없이 단지 어음편취의 의사로 행한 것이라고 인정하였는지 원심이 인용한 증거 중에서는 이를 발견할 수 없다. 시가 수백 원에 불과한 토지를 2,300원 이상의 토지라고 칭하여 어음을 편취하였기 때문에 어음편취의 의사에서 나왔다고 하는 원심의 설명은 이유가 될 수 없다. 무릇 거래의 경우 가액은 각 거래자가 그 주관적 표준에 의하여 결정한다. 당해 토지가 열등한 토지로서 시가 수백 원에 못 미치는 사실은 후일 실지를 답사한 결과 판명된 사실이고 정백원으로부터 어음을 편취할 때에 피고인이 열등한 토지임을 알고 있었던 점에 관하여는 원심이 인용한 증거 중에서 찾아볼 수 없다. 요컨대, 원심은 이상과 같이 피고인이 인정하지 아니하는 사실을 증거에 의하지 아니하고 인정한 위법이 있다.

그러나 원심판결은 피고인이 시가 수백 원에 불과한 토지를 2,300원 이상의 토지라고 칭하여 어음을 취득한 것 만에 의하여 어음편취의 의사에서 행한 취지로 설명하고 있지 않다. 원심판결은 판결문 기재의 증서에 의하여 제1의 사실로서 "피고인은 훗날 자신을 위하여 소용될 바가 있을 것이기 때문에 전라북도 담양군 고서면 내남리에 거주하는 정백원을 기망하고 같은 이로부터 약속어음을 편취하려 기도하고 자신이 과거 군산부 본정 거주의 박기천(朴箕千)이라는 자에게 금 460원을 대여하기로 약속하고 현금 160원을 교부하고 그 담보로 매매 명목으로 취득하여 둔 시가 수백 원에 불과한 김제군 죽산면 죽산리 소재의 논 46마지기를 1917년 1월 18일 판시 기재의 자택에서 위 정백원에게 당해 논은 우량하고 시가 2,300원 이상의 것이라고 속이고 또 같은 이가 무 자력으로 대금을 지급할 능력이 없음을 알고 있었기 때문에 '대금은 당해 논을 전매하여 지급하면 되고 만약 전매하여 손실이 있으면 자신이 부담하고 이익이 있으면 당신의 소득으로 하라'고 교묘히 말로 속임으로써 논의 매수를 승낙하게 하고 대금으로 2,300원의 약속어음을 발행하게 하여 이를 편취"한 사실을 인정하였다.

이 사실에 의하여 살펴보면 피고인은 정백원에게 즉시 어음상의 권리를 행사하려고 같은 이로부터 어음을 취득한 것이 아니다. 또 정백원은 아직 논을 타인에게 전매하지 아니하였지만 그 때문에 피고인이 논지에 기재한 특약을 실행할 성의가 없었다고 인정하는 데 방해가 될 만한 것이 아님은 물론이다. 또한 원심판결이 증거로 인용한 것으로 피고인 제1회 예심조서 중에 "전라북도 김제군 죽산면 죽산리 소재 답 46마지기는 박기천의 소유이지만 1916년 12월 중 금460원을 빌려주고 위 토지를 담보로 삼아 소유권이전등기절차를 마쳤고 (중략) 당해 토지의 실지를 답사하게 한 결과 당해 토지는 매우 조악하여 100원 정도의 가격인 것을 발견하고 (중략) 1917년 1월 18일 위 토지를 대금 2,300원으로 정백원에게 매각하였다. 나도 2,300원의 가격이 아니라고 생각하였지만 정백원이 2,300원에 매수한다고 말하였으므로 매각한 것이다"라고 기재하였다.

정백원의 예심조서 중 "하야시(林淸遠)의 집을 방문하였는데 하야시가 '이것은 김제군 죽산면 죽산리에 자신이 소유하는 논 46마지기가 있으며 그 토지는 가격 2,300원 이상의 것이므로 당신은 그 논을 사서 다른 사람에게 매각하라. 그럴 때에는 적어도 100원 이상의 이익이 있을 것이며 만일 이익이 없고 부족하게 될 때에는 그 부족한 금액은 내가 인수하여 당신에게는 결코 손해를 입히지 아니할 것'이라고 말하였다. 그래서 나는 '무 자산의 자로 위와 같은 토지를 살 수 없다'고 말했지만 하야시는 '당신이 무자산이라면 그 대금은 언제라도 전매한 때에 나에게 지급하더라도 지장 없다'고 말하였기 때문에 '손해는 결코 입히지 않는다는 계약서를 적어 달라'고 말하였다. 이에 '그렇다면 적어준다'고 한 까닭에 마침내 나는 당해 논을 사기로 하고 김익중을 동반하여 하야시의 집에 가서 그가 말하는 대로 당해 논의 가액을 2,300원으로 결정하고 대금은 언제라도 다른 이에게 전매한 후에 변제하기로 약속하였다. 이때 하야시는 그 '2,300원은 같은 해 2월 5일에 지급하는 형식만의 약속어음을 써 달라'고 하였기 때문에 같은 자리에 있던 김익중으로 하여금 어음을 쓰게 하고 하야시에게 교부하였다. 이에 의하여 하야시에게 손해를 입히지 않는다는 계약서를 써달라고 요구하였지만 그는 '이것은 후일에 넘겨 준다'고 말하고 마침내 반대계약서는 건네주지 아니하였다. 토지의 실지를 답사하여 보니 관개의 편리가 없고 비가 많을 때에는 침수되는 형상이어서 한 마지기에 20원 정도의 것이라고 생각하였다. 토지답사의 결과 곧 위 토지를 매수할 생각이 없어 음력 2월 16일 하야시에게 해제를 요구하고 다시 같은 달 말경에 하야시를 방문하여 매매를 해제하고 약속어음을 반환하라고 요구하였지만 해제해 준다고 말하고 응하지 않았다"의 기재가 있다.

이 기재에 의하여 피고인이 논지에서 든 '특약을 실행할 성의가 없이 단지 2,300원의 약속어음을 편취할 수단으로 말한 것에 불과하다'며 피고인이 정백원에게 같은 어음을 취득할 때에 논의 시가가 수백 원에 불과하여 열등한 토지인 것을 알고 있었음을 인정하기에 족하다. 기타 앞서 보인 조서 중에 원심판결이 인용한 나머지 진술기재 및 기타 원심판결문에 기재된 증거에 의하여 원심판결이 인정한 사실을 인정할 수 있다. 요컨대 원심판결은 피고인이 인정하지 아니하는 사실을 증거에 의하지 아니하고 인정한 불법이 있다고 말할 수 없으므로 논지는 이유 없다.

같은 제2점은 다음과 같다. 원심이 인정한 제2의 범죄 사실은 "피고인은 정순흘(鄭淳吃)이란 자로부터 같은 이가 소유하는 토지를 2,500원에 매수하고 그 중 200원은 현금으로 지급하였지만 잔금 2,300원은 피고인이 지급할 의사가 없음에도 불구하고 정백원 명의의 약속어음으로 교부하여 정순흘로부터 같은 이가 소유하는 논 250마지기를 편취"하였다는 사실이다.

그리고 매도인인 정순흘이 '어음이 무엇인지, 곧 어음의 의미에 밝지 아니함을 이용하여 토지를 편취'하였다고 인정하고 있다. 그러나 어음에 관한 법규가 시행되어 당해 법규에 터 잡아 어음이 거래되고 있는 오늘날 어음의 의미를 이해하지 못하는 사실을 가지고 어음상의 의무를 면할 수 있는가? 법규의 제정으로 어음이 이용되는 이상 어음의 의의를 알지 못하는 사실을 가지고 어음상의 권리의무를 부인하려고 한다면 결국 법률의 부지를 가지고 그 법률상의 책임을 면하려고 하는 것이다. 법률의 부지는 이를 다툴 수 없음은 물론이다.

그렇다면 정순흘이 피고인으로부터 정백원 명의의 액면 2,300원의 약속어음을 취득한 이상 정순흘은 정백원에게 어음채권을 보존한 것이 아니겠는가? 설령 정백원에게 어음금액의 반환이 불능하다 하더라도 피고인에 대한 상환청구의 권리를 가진 것이 아닌가? 어음상의 권리 행사를 잘못하여 어음에 터 잡은 권리를 상실한 사실이 있다 하더라도 일단 취득한 어음에 관하여 그 실권의 책임을 피고인에게 돌릴 수는 없다. 분명히 원심은 어음에 관한 법규의 해석을 그르쳐 사실을 인정한 위법이 있다.

살피건대 원심판결이 제2에서 인정한 사실은 "피고인은 전라남도 나주군 노안면 금안리에 거주하는 정순흘이 피고인에게 금전차용을 요청한 것을 기화로 같은 이 소유 명의의 토지를 편취하려고 기도하고 같은 해 같은 달 26일 자택에서 같은 이에게 대금을 전부 지급할 의사가 없음에도 불구하고 있는 것처럼 가장하여 같은 이로 하여금 그 소유 명의의 같은 군 노안면 삼도변 평동면 소재 논 250마지기를 환매약관부로 대금을 2,500원으로 정하고 매도하게 하고 대금으로 수차례 금200원을 교부하고 나머지는 후일 지급할 것처럼 속여 대금 전부의 영수증을 받은 후에 같은 이가 어음이 무엇인지 알지 못하는 것을 이용하여 앞서 보인 편취한 약속어음을 교부함으로써 당해 논을 편취"한 사실이다. 그러므로 그 사실 중 "대금을 전부 지급할 의사가 없음에도 불구하고 있는 것처럼 가장하여", "후일 지급할 것처럼 속여", "같은 이가 어음이 무엇인지 알지 못하는 것을 이용하여" 등과 같은 문구에 의하여 이를 고찰하면 피고인이 원심판결이 인정한 제1사실에 의하여 정백원으로부터 편취한 약속어음은 피고인에게 대금지급의 의사가 있는 것처럼 가장하려고 했다. 특히 다시 대금을 지급한다는 증거로서 이를 정순흘에게 맡겼고 정순흘은 피고인에게 대금지급의 의사가 있는 것으로 오신한 결과 후일 대금의 지급을 받을 때까지 그 증거로서 이를 맡아둔다는 의사표시하에 수수된 것이지 서로 어음상의 권리의무를 발생시킬 의사표시가 아닌 것임을 인정한 것이라고 말하지 아니할 수 없다. 그러하다면 정순흘은 어음상의 권리를 취득하는 것이 아님을 알고 다만 일시 어음을 맡아 둔 것에 불과하다.

그렇다면 어음상의 권리행사의 방면에서 이를 관찰하면 정순흘은 어음법(手形法)의 이른바 악의의 취득자에 해 당하므로 어음상의 권리를 취득한 것이 아니다. 무릇 상법 제435조의 '어름에 서명한 자는 그 어음의 문언에 따라 책임을 진다'고 한 것은 같은 제437조 제3항, 제441조의 법의(法意)에 비추어 악의 또는 중대한 과실로 인하지 아니하고 어음을 취득한 자에 대한 어음상의 책임을 규정한 것이고 만약 악의 또는 중대한 과실로 인하여 어음을 취득한 자에 대하여는 어름상의 책임을 지지 않는다는 것이 법의 취지(律意)이다.

그리고 어음의 수수가 있는 경우에 항상 반드시 어음상의 권리의무를 발생시킬 뿐이라고 인정하여야 하는 것은 아니며 증거에 의하여 다만 일시 그것을 맡아둔 것에 불과하다고 인정하더라도 무방하다. 또 어음이 무엇인지를 알지 못하는 것을 이용하여 일시 이를 맡겨 둔 사실을 인정하였다면 맡은 자가 어음상의 권리를 취득할 이유가 없음은 전술한 바와 같다.

그러므로 법률의 부지로 어음상의 책임을 변하게 된 위법이 있다고 할 수 없다. 요컨대, 원심판결은 어음에 관한 법규의 해석을 그르쳐서 사실을 인정한 불법이 있지 아니하며 따라서 논지는 이유 없다. 또한 사기죄의 성립과 그 대가 관계에 관하여는 변호인 나카무라(中村時章)의 제1의 사실에 대한 추가 상고이유 제1점의 내용의 (2)설명 후단에서 상론하는 바이므로 그것을 참조할 것이다. 설사 정순흘이 위 어음상의 권리를 취득하였다 하더라도 본 건 사기죄의 성립에 아무런 영향을 미치지 아니한다.

변호인 나카무라의 제1의 사실에 대한 추가 상고이유 제1점의 (1)은 다음과 같다.

피고인은 자신을 위하여 소용될 바가 있을 것이기 때문에 정백원을 속여 가격 수백 원에 불과한 논 46마지기를 시가가 금 2,300원 이상이 된다고 속이고 대금으로 2,300원의 약속어음을 편취하였다. 그 대금으로 삼은 약속어음의 지급에 관하여는 당해 논을 전매한 후에 손실이 있으면 자신이 부담하고 이익이 있으면 정백원의 소득으로 한다는 허위 조건을 붙여 정백원에게 매수 결의를 생기게 하였다고 한다.

위 원심판결이 인정한 사실에는 정백원을 기망하는 데에 일면 열등하고 저가인 것을 우량하고 고가인 것으로 속이고 타면 전매상에 손실이 있으면 피고인이 부담할 것이라는 진의가 아닌 표의로 속였다는 두 개의 기망수단을 판시하였다. 이 두 개의 기망수단은 실로 양립할 수 없는 것이다. 즉 피해자인 이 전자인 논의 시가를 피고인의 언사에 의하여 약속어음 액변인 2,300원으로 오신한 사설과 후일 전매하여 손실이 있으면 이를 피고인이 부담한다고 하는 피고인의 언사에 믿음을 둔 사실은 양립할 수 없다. 왜냐하면 손실에 관하여 그 부담은 자신이 면할 수 있다고 하는 후자를 신뢰하였다면 논의 시가에 관하여 피고인에게 속았다는 사실은 도리상 있을 수 없기 때문이다. 이와 같이 양자가 양립하지 아니하는 기망수단을 나열하고 그중 어떤 것인지를 확정하지 아니하였으니 하나의 이유 불비임을 면할 수 없다.

살피건대 원심판결이 인정한 제1의 사실은 변호인 이와모토의 상고이유 제1점에서 설시한 바와 같다. 피고인은 정백원에게 시가 수백 원에 불과한 토지를 마치 우량하고 시가 2,300원 이상이 된다는 취지로 속이고 또 당해 토지를 전매하여 손실이 있으면 자신이 부담한다고 속였다는 사실이다. 전자의 사언과 후자의 사언은 양립할 수 없는 것이 아니다. 원심판결은 양자를 합쳐서 어음편취라는 한 개의 기망수단으로 인정하였음이 판결문상 명료하므로 논지는 이유 없다.

같은 추가 상고이유 제1점의 (2)는 다음과 같다.

사기취재죄를 구성하려면 자기 또는 제3자를 이롭게 함과 아울러 타인에게 손해를 줄 의사가 있음을 요건으로 한다. 인정된 첫 번째 범죄사실은 정백원에게 수백 원에 불과한 논을 2,300원에 매수시키고 그 대금으로 2,300원의 약속어음을 편취하였다는 것이다. 곧 정백원을 기망하여 같은 이에게 손해를 줄 의사와 행위가 있음을 인정하고 한 개의 범죄로 인정하였다. 그렇지만 그 판시사실 중에는 위 논의 매수대금에 관하여 '정백원이 후일 그것을 전매하여 손실이 발생하는 때에는 피고인이 부담한다'는 계약을 하였다고 함으로써 판시사실은 정백원에게 손해를 가할 것을 목적으로 하는 범죄행위로서는 불비함을 면할 수 없다. 하물며 이 사실인정의 증거로 열거하는 피고인 정백원 그리고 김익중의 예심조서의 사실을 보아도 모두 논의 구매상 손실이 있으면 피고인이 부담한다는 계약이 있었음을 명기하고 있다. 또한 당시 정백원이 무자산이어서 위 대금인 약속어음의 청구는 논을 매각한 후 그 액수에 달하는 대금을 취득하였을 때 지급할 것임을 피고인과 정백원이 숙지하였던 사정을 짐작할 수 있지 아니한가?

요컨대 정백원으로부터 취득한 약속어음은 판시 두 번째 사실의 사기죄의 수단에 쓰기 위한 것이라고 인정한 것은 별개로 하고 정백원으로 하여금 재산상의 손해를 입게 할 목적에서 나온 것으로 삼아 하나의 독립한 범죄로 인정하기에는 그 이유가 구비되어 있지 아니하다. 사기죄의 요소인 타인에게 손해를 준다는, 곧 정백원에게 재산상의 손해를 주려는 의사 및 행위를 인정하기에 이유가 불비하다.

살피건대 원심판결이 인정한 첫 번째 사실은 변호인 이와모토의 상고이유 제1점에서 설시한 바와 같다. 그 사실을 살피면 다음과 같다.

피고인이 정백원에게 후일 논을 전매하여 손실이 발생한 때에는 피고인이 이를 부담할 것이라고 알리고 정백원이 이를 승낙하였지만 피고인에게는 실행의 성의가 없고 완전히 정백원에게서 어음을 편취하려고 기망수단으로 이용한 사언의 내용의 일부분이라는 것을 인정하고 원심판결이 인용한 증거에 의하여 이를 인정할 수 있다.

그러므로 변호인 이와모토의 상고이유 제1점에서 설시한 바를 참조하여 이를 이해하기 바란다. 또한 범인이 진정한 사실을 고지하였더라면 상대방이 매매계약을 체결하지 아니하였을 경우에 진실에 반하는 사실을 고지하여 상대방으로 하여금 착오에 빠져 매매계약을 체결하고 재산을 교부하게 한 이상 형사 관념에서 재산상의 손해를 줌은 필연이므로 사기죄는 곧바로 성립한다. 설령 민사관계에서 당해 매매계약은 혹은 법률행위의 요소의 착오로 인하여 무효가 될 경우가 있을 수 있고 혹은 사기로 인하여 취소할 수 있는 경우도 있다. 취소할 수 있는 경우라도 처음부터 무효였던 것으로 간주할 수도 있고 혹은 이를 취소하지 아니하고 그 효력을 보유할 수도 있다. 그것이 무효가 되거나 또는 무효로 간주되는 경우에는 재물교부의 대가로 법률상 아무것도 취득하는 것이 없는 관계에 있으므로 재물을 교부한 자는 민사상 현실적으로 전부의 손해를 입는다. 이를 취소하지 아니하고 그 효력을 보유하는 경우에는 재물교부의 대가로서 취득한 재산상의 이익이 교부한 재물의 가격 이하가 되는 때에는 민사상 현실적으로 그 초과액에 상당하는 손해를 입는다. 그 교부한 재물의 가격과 같거나 또는 그 이상이 되는 때에는 민사상 현실적으로 손해를 입는 것이 없다.

그렇지만 이상 서술한 민사상의 결과 여하에 불구하고 사기죄의 성립을 방해하지 아니한다. 원심판결이 인정한 사실에 관하여 이를 살펴보면 어음편취의 수단으로 체결된 매매계약이 법률행위의 요소에 착오가 없고 또한 정백원이 계약을 취소하지 아니하고 그 효력을 보유한다면 매매계약에 부대하여 체결된 논지에 든 특약 즉 토지를 전매하여 손실이 있으면 피고인이 부담한다는 취지의 특약도 역시 그 효력을 보유할 것이므로 정백원에게는 어음교부의 대가로 취득한 논의 가격이 수백원에 불과하다고 하더라도 이 특약이 있는 이상 어음교부의 대가로 취득한 재산상의 이익이 교부한 재물의 가격 이하이라고 할 수 없다.

따라서 민사상의 손해를 입은 것이 없다고 할 것이지만 위 매매계약은 피고인이 진정한 사실을 고지하였더라면 정백원이 이를 체결하지 아니할 것이고 따라서 어음을 교부하지 아니하였을 경우에 진실에 반하는 사실을 고지하여 같은 이로 하여금 착오에 빠져 계약을 체결하게 하였으며 그로 인하여 교부를 받은 어음이 재물인 것은 말할 나위 없으므로 앞에 서술한 민사상의 효과 여하에 불구하고 사기죄의 성립을 조각하지 아니함은 앞에서 설명한 바에 의하여 이를 이해할 것이다. 요컨대 원심판결은 증거이유에서도, 또한 사실이유에서도 불비한 점이 없으므로 논지는 이유 없다.

같은 제2점은 다음과 같다. 원심판결은 부당하게 사실을 인정한 불법이 있다. 원심판결이 인정한 사실은 가격이 싸고 열등한 것을 우등하고 고가인 것으로 속여 부담할 의사가 없이 논을 판매한 후 손실이 있으면 (대금 2,300원보다 쌀 때에는) 그것을 부담할 것이라는 언사로 정백원을 기망하고 약속어음을 편취하였다는 것이다. 앞부분의 물건 가격이란 경제상 절대적인 것이 아니며 각각 주관적이어서 일정하지 아니할 수 있다.

그러므로 물건의 매매에 관하여 매도인이 가격을 높게 부르고 매수인이 낮게 부르는 것은 거래일반의 사례이다. 때문에 매수인은 항상 자기의 판단에 의하여 그 가격을 측정함으로써 매입 의사를 결정하는 것이지 구태여 매도인의 언사만을 신뢰하고 결의하지 아니한다. 원심판결과 같이 피고인이 논을 값 2,300원으로 칭하여 정백원이 그에 응하여 그 값을 승낙한 사실만을 가지고 사기가 된다면 세간 일반의 매도인은 모두 사기로 의율 받게 될 것인지 헤아리기 어렵다. 그러므로 본 건의 경우를 가지고 사기죄라고 인정하려면 단지 피고인이 수백 원의 논을 수천 원의 가치가 있는 것으로 불렀다는 사실 및 증거를 거시하는 것만으로는 이유가 불비할 뿐만 아니라 정백원이 기망을 당하였다고 하기에는 사실을 부당하게 인정한 것에 해당한다.

어떤 물건이 그 외에 수천 원의 가치가 있다고 믿을만한 사실과 증거가 있어야 한다. 예를 들어 이를 수천 원에 매수할 희망이 있다든지 추수가 그에 상당하든지 하는 구체적으로 허위사실을 덧붙여야 한다. 그리고 제1 사실인정의 증거인 피고인 정백원, 김익중의 진술에서는 이를 하나도 찾아볼 수 없다. 단지 피고인이 논의 평가를 막대하게 불렀다는 것밖에는 없다. 후일 전매한 후 손실이 있으면 피고인이 이를 부담할 것이라는 표의도 역시 허위의 표의이고 정백원이 이를 신뢰하였다고 설시하였다. 그러나 이 역시 그 증거인 앞의 피고인, 증인의 진술 및 압수서류 중에서 피고인의 그 계약이 진의가 아닌 표의에서 나왔다고 볼 만한 것이 하나도 없다.

관계자의 진술이 모두 당시 피고인이 그와 같은 언명을 하였음을 말하고 있기 때문에 이 언명을 가지고 정백원을 속였다고 인정하였지만 이것은 아무런 증거가 없음에 귀착된다. 최근 사실인정의 재판에서는 각 관계자의 진술을 나열하고 이를 종합 고찰하여 그 증거가 충분하다고 함을 상례로 삼고 있다. 그렇지만 그 나열한 관계인의 진술 중 본 건과 같이 하나라도 피해자를 기망하였다고 인정할 만한 진술이 없는 경우에도 역시 사실인정의 증거가 구비되었다고 하는 것은 너무나도 심히 부당하다고 하지 아니할 수 없다. 피고인이 전매할 때의 손실을 부담할 의사가 없었다는 것에 관하여는 조금도 그렇게 볼 만한 증거가 없음은 나열된 증거인 각 관계자의 진술을 일견하면 명료하다.

살피건대 물건의 매매에 관하여 매도인이 그 대금액을 높게 부르고 매수인이 그 대금액을 낮게 부르는 것은 거래일반의 사례이다. 그렇다고 하더라도 원심판결이 첫 번째에서 인정한 사실은 변호인 이와모토의 상고이유 제1점에서의 설명한 바와 같이 원심판결은 피고인이 단지 논의 대금액을 높게 부르고 정백원이 그에 응하여 그 대금액을 승낙한 사실만을 가지고 곧바로 사기죄에 문의한 것이 아니다. 피고인이 정백원에게 시가 수백 원에 불과한 논을 당해 논은 우량하고 시가 2,300원 이상의 것이라는 취지 및 그 대금은 당해 논을 전매한 후에 지급할 것이며 만약 전매하여 손실이 있으면 자신이 부담하고 이익이 있으면 당신의 소득으로 할 것이라는 취지로 말하여 속임으로써 그 매수를 승낙하게 하고 대금으로 2,300원의 약속어음을 발행하게 하여 이를 편취한 사실을 증거에 의하여 인정하였다. 이와 같은 사실이 있는 이상 사기죄를 인정할 기망수단으로 모자라는 것이 없다. 이에 더하여 다시 수천 원의 가치가 있다고 믿게 할 만한 소론과 같은 구체적 허위사실을 덧붙여야 하는 것은 아니다. 또 후일 전매하여 손실이 있으면 자신이 부담할 것이라는 표의가 허위였다는 것의 증거에 관하여는 변호인 이와모토의 상고이유 제1점에서 설시한 바와 같이 원심판결이 인용한 증거에 의하여 그것이 허위였음을 인정할 수 있으므로 논지는 이유 없다.

같은 변호인의 제2사실에 대한 추가 상고이유 제1점은 다음과 같다. 원심판결은 그 이유가 불비하다. 원심판결이 인정한 사실은 '대금을 전부 지급할 의사가 없음에도 불구하고 그것이 있는 것처럼 가장하여 정순흘을 속이고 같은 이의 토지를 편취하였으며 그 대금지급의 의사가 있는 것처럼 가장하려고 정순흘이 어떤 것인지를 알지 못하는 약속어음을 같은 이에게 교부하였다'는 것이다. 정순흘이 어떤 성질과 어떤 효력이 있는 것인지를 이해하였는지는 다른 논의로 하고 본 건 약속어음은 원심판결의 판시에서는 완전한 약속어음이며 혹시 형식상 무효인지 발행인이 무 자력인지 법률상 청구권이 존재하지 아니하는 것인지에 관하여 아무 언급이 없다. 다만 정순흘이 그 성질을 알지 못하였다는 것밖에 볼 수 없다. 그러므로 이를 세상 일반에 유효하고 법률상의 청구권을 취득할 수 있는 약속어음으로 간주할 때에는 원심판결처럼 능히 사기취재로서 인정할 수 있을까? 원심판결은 대금을 지급할 의사가 없이 논의 소유권을 획득하고 그 대가로 약속어음을 교부하였다고만 말할 뿐이므로 그 약속어음이라는 것이 기일에 전부 대금으로 정순흘의 수중에 들어갔더라면 대금지급의 의사 없이 대금지급의 결과가 있다는 말이 되어 심히 판시의 뜻을 이해하기 어렵다. 그러므로 원심판결이 제2 사실에 관하여 피고인에게 범죄가 있다고 인정한 것의 뜻을 생각해보면 제1 사실을 빼고 발행인인 정백원이 그 액면 금원을 지급할 능력이 없음을 전제하였기 때문이라고 생각한다. 그렇다면 원심판결은 이유 불비를 변할 수 없다. 일면 대금을 지급할 의사가 없음을 설시하면서 타면 대금으로 완전한 약속어음을 교부하였다고 설시하였기 때문이다.

그러나 원심판결이 인정한 두 번째 사실은 변호인 이와모토의 상고 이유 제2점에서 제시한 바와 같다. 그 사실은 다음의 내용이다.

원심판결이 피고인에게 범죄가 있다고 인정한 것은 발행인인 정백원에게 어음금액을 지급할 능력이 없음을 전제로 한 것이 아니다. 기타 정순흘이 어음상의 권리를 취득하지 아니한 것에 관하여는 변호인 이와모토의 상고이유 제2점에서 설시한 바와 같다. 또한 사기죄의 성립과 그 대가관계에 관하여는 본 변호인의 제1 사실에 대한 추가 상고이유 제1점의 (2)의 뒷부분의 설시한 바와 같으므로 논지는 이유 없다.

같은 제2점은 다음과 같다. 원심판결은 부당하게 사실을 인정한 불법이 있다. 제2 사실인정의 채용증거로 원심판결은 피고인, 증인 김익중, 같은 정순흘, 같은 박종수(朴宗洙), 같은 노병수(盧丙洙)의 각 예심조서 및 피고인의 공판에서의 진술을 나열하고 이를 종합하여 증거가 충분하다고 한다. 그렇지만 앞의 각 진술은 계쟁 논의 매매 경로 및 대금지급의 순서를 진술하였을 뿐이고 피고인의 대금지급의사 유무를 볼 수 있는 것이 하나도 없다. 오히려 대금으로 교부한 약속어음은 피고인이 이에 배서하여 발행언의 책임을 보충하고 자기의 만여 원의 재산으로 그 지급을 확보하는 절차를 완비한 사실을 인정할 수 있다. 혹은 약속어음을 교부한 이후 그 기일에 이를 현금에 갈음할 수 없었던 사실을 찾아볼 수 있다. 그러나 이에는 다른 원인이 존재하고 있다. 혹은 매매대상인 논의 마지기 수의 차이와 논이 다른 곳에 전당되어 있어 그 부담이 존재함을 발견하는 특이한 사정이 발생하였기 때문임을 인정할 수 있다. 이와 같이 각 증거에 의하여는 하나도 피고인에게 대금을 지급할 의사가 없었다고 볼 수 없음에도 불구하고 이들 증거를 가지고 충분하다고 판정하였으니 반드시 부당하게 사실을 인정한 불법이 있다.

살피건대 원심판결이 증거로 인용하는 피고인의 제1회 예심조서 중에 "1917년 1월 20일 본인은 2,500원이면 살 것이라고 말하고 결국 그 가액으로 매수하게 되었다. 매매계약을 하고 3개월 내에 환매할 수 있다는 약속을 하였다. 3개월의 환매기간은 달로 계산하여 1월부터 기산하여 3월 말일에 종료한다는 의미이다. 그 대금의 잔금은 2월 초경 2,300원의 약속어음을 건네었다. 2,300원의 약속어음은 정백원이 지급할 것으로 믿고 본인은 그것에 배서하여 정순흘에게 넘겼다라고 기재했다.

증인 정순흘의 예심조서 중 1월 27일 대금 2,500원으로 정하여 3개월 내에 환매할 수 있는 계약을 하고 피고인이 제시한 계약서의 초안에 의하여 본인이 본 계약서를 작성하고 피고인에게 주었고 계약서의 1 일자는 피고인의 요구대로 1월 26일로 하였으며 환매기한의 3개월은 1월 26일의 매도 후 4월 26일까지로 하였다. 토지대금은 당해 논이 재판상 피고인의 소유로 확정된 후에 전부를 인도한다고 약속하였는데 먼저 잡비로 수일 동안 40원을 계약하고 4, 5일 후에 정백원이 발행한 2,300원의 약속어음을 받았으며 이어서 예정대로 피고인은 본인에게 토지를 피고인 명의로 하기 위한 소를 제기하여 광주지방법원에서 음력 2월 9일 화해하였다. 그날 밤 피고인은 본인을 일본인 요릿집에 초대하여 2,300원은 화해조서를 발급받은 후에 넘길 것이므로 그때까지는 어디든지 조용한 곳에 피신해 있을 것이라고 말하였고 본인은 정봉채의 권고에 따라 경성으로 가서 장광식(張光植)의 집에 숙박하고 있었다. 그로부터 10일 정도 지나 정봉채는 화해조서의 발급과 동시에 잔금을 받아온다고 말하고 경성을 출발하여 광주로 내려가 며칠 후 돌아와서 화해조서만을 발급받았고 잔금은 당해 토지가 사정공시(査定公示)된 후에 피고인으로부터 받기로 하였다고 이야기하였다. 이로부터 약 10일이 지나 정봉채는 다시 위 금원수취를 위하여 광주로 가서 며칠 후 본인의 집에 편지를 보내 잔금은 피고인으로부터 받을 수 없기 때문에 광주로 오라고 전해왔다. 그 후 본인은 금원을 조달하여 4월 25일 300원을 피고인의 집에 가지고 가서 환매를 요청하였는데 피고인은 환매기간이 경과한 후라고 말하며 수령을 거절하였기 때문에 부득이 그 다음날 300원을 금고에 공탁하였다. 원래 논의 대금은 현금으로 수취할 것이었지만 피고인은 어음을 주고 이것은 후일 현금 2,300원을 건넨다는 표시이며 재판상 피고인의 소유 명의로 확정된 후에는 현금으로 바꿀 것이므로 일단 받아두라고 말하였다. 그래서 본인은 약속어음의 성질은 모르고 또 정백원은 모르는 사람인 것은 물론 신원도 불분명하므로 그와 같은 표는 받을 수 없다고 말하고 거절하였다. 그러자 정봉채가 어음을 수취하여 두면 후일 자신이 현금으로 바꿀 것이므로 지장 없다고 하여 본인도 피고인인 정봉채의 말을 믿고 피고인으로부터 현금을 수취할 수 있을 것으로 생각하고 그대로 받아두었다는 기재가 있었다.

증인 노병수의 예심조서 중 하야시(林淸遠)에게 환매하는 것을 교섭하였는데 하야시는 환매기한이 이미 경과하였으므로 응하기 어렵다고 하였기 때문에 본인은 "기한은 4월 26일이어서 아직 경과하지 아니하였지 아니한가"라고 말하였다. 이에 하야시는 "환매기한은 3월말일로 종료하였다고 주장하고"라는 기재가 있다.

피고인의 원심 공판정에서의 정순흘로부터 2,500원에 매수한 토지 중 200마지기 1되지기(升落)에 관하여는 소유권 이전증명을 받았지만 정순흘에게 대금 지급은 하지 않았다. 또한 그 후 4월 중순 당해 토지를 이종선(李鍾善)에게 대금 5,000원에 매도하고 그 중 4,000원을 수령하였지만 정순흘에게는 대금 지급은 하지 않고 있었다는 내용의 진술기재가 있었다.

이를 종합하면 피고인에게 대금을 지급할 의사가 없었음을 인정하지 않을 수 없다. 논지는 결국 증거판단 및 사실인정에 관하여 원심판결과 다른 견해를 가지고 원심의 직권의 마땅한 행사를 비난하는 것이므로 상고이유가 되지 아니한다. 위에서 설명한 바와 같이 본 건 상고는 이유 없으므로 형사소송법 제285조에 따라 주문과 같이 판결한다.

해 제

본 다툼에 대하여 고등법원 법정에서는 범인이 진정한 사실을 고지하였다면 상대방이 매매계약을 체결하지 아니하였을 경우에 진실에 반하는 사실을 고지하여 상대방으로 하여금 착오에 빠져 매매계약을 체결하게 하고 그로 인하여 재물을 교부하게 한 이상 형사 관념에서 재산상의 손해를 주었음은 필연적인 것이므로 곧바로 사기죄가 성립한다. 민사관계에서의 효과 여하에 의하여 민사상 현실의 손해가 발생하였는지 여부는 사기죄의 성립에 영향이 없다고 해석한다. 따라서 상고를 받아들일 수 없는 이유이다. 따라서 본 상고소송은 기각으로 최종 결정되었다.

11
유기 피고사건

이○문 판결문(1914.12.5, 경성지방법원)

이 판결문은 국가기록원 소장 형사판결원본(관리번호 CJA000022-0014, 생산년도 1914)에 수록되어 있다. 사건번호는 기재되지 않았다.

경기도 진위군 청북면 수촌에 사는 이○문이 유기(遺棄) 피고사건으로 경성지방법원에 섰다. 조선총독부 검사 노다(野田)가 간여한 심리 판결은 징역 10월에 처하는 것이었다.

이유는 다음과 같다. 피고는 일찍이 충청남도 아산군 염기면 곡교리 통호불상의 방물(小間物) 행상 김성녀(金姓女)에게 돈 6원을 빌려줬지만 그것을 변제받지 못하였다. 이 때문에 김성녀에게 돈을 독촉하기 위해 본년 음력 5월 말일경 동인은 동도 홍성군 광천면 독암리 시장에 있는 김성녀(당 23세)를 데리고 와서 돈을 변제하기까지 첩으로서 맡겨 두었다. 동녀는 당시 이미 매독(黴毒, 미독) 걸려 있었으나 피고는 즉시 쾌유할 것이라고 생각하고 그를 첩으로 동거시켰다. 그러나 병세는 점차 심해져서 보행이 불가능하게 되었고 온돌 내에 눕거나 앉아 있게 되었다. 피고의 집은 온돌 한 칸에 불과하여 해산달이 다가오는 피고인의 처를 두기가 당혹스러워 드디어 동년 음력 9월 6일 오후 8시경 김성녀를 멍석에 싸서 진위군 포승면 용소동에서 홍봉리로 지나는 길가 용소동을 지나 서북쪽 2정(丁)의 산속에 그를 유기하였다.

이상의 사실은 당 법정에서 피고가 빌려준 돈 대신 첩으로 삼았다는 점과 기타 사실을 위의 취지로 공술한 내용을 통해 알 수 있다. 사법 경찰관이 피고를 심문하고 작성한 심문조서를 보면 같은 공술내용이 기재되어 있다.

참고인 이복만(李福萬)의 심문조서의 내용은 다음과 같다. 자기는 1914년 음력 9월 7일 오전 8시 지나 보리밭에 비료를 주로 용소동에서 홍봉리를 지나는 길을 지나가던 중 용소동에서 서북쪽 2정의 길가 산중에 명석을 발견하고 괴이하게 여겼다. 비료를 뿌린 후 집에 돌아가서 다시 어머니와 함께 그 장소에 가서 명석을 헤쳐 살펴보니 연령 23세의 조선인 여성이 있었다. 그 여자는 말도 하지 못했고 또 신체는 자유롭지 못했지만 살아있었다.

동 증인 박제원(朴濟瑗) 또한 심문조서를 통해 본년 10월 25일 오전 10시경이 지나 마을의 젊은이가 용소동을 지나 서북쪽으로 약 2정된 산속에 나이 23, 24세의 조선인 여자가 유기되어 있었다는 취지를 말했다. 박제원은 즉시 안중장(安仲場) 순사 주재소에 도달하여 그 일을 알렸다고 한다. 자기들이 작은 집을 짓고 그 여자를 수용하였는데 그 여자는 매독 증세가 나타나 신체가 자유롭지 못하고 또 말을 할 수 없는 상태였다. 의식도 분명하지 않은 것 같지 않았다고 공술 기재했다. 이에 따라 충분히 증빙이 된다.

법에 비추어 피고의 행위는 형법 제218조 제1항에 해당한다. 소정 형기의 범위 내에서 피고를 징역 10월에 처하는 것이 가하다. 따라서 주문과 같이 징역 10월을 판결한다. 1914년 12월 5일 경성지방법원에서 판결하였다.

해 제

병자(病者) 유기(遺棄)사건이다. 법정에서는 유기사건에 대해서만 다뤘지만 성병 문제, 인신매매 문제가 복잡하게 얽혀 있다. 선정적인 소재가 얽혀있는 탓인지 당시 『매일신보』는 두 차례에 걸쳐 이 사건을 보도하였다. 그 내용은 다음과 같다.

산중(山中)에 생시(生屍), 멍석 속에 반쯤 죽은 사람 이십이 갓 넘은 젊은 여자

경기도 진위군 포승면 용소리로부터 홍봉리로 통하는 길가 산중에 괴이하게 멍석으로 싼 것이 있음을 그곳 농부가 발견하고 헤쳐 본 즉 그곳에는 몸을 운동치 못하고 말도 일우지 못하는 23세가량 된 부녀가 거의 죽게 되어 있음을 보고 즉시 안중장 순사파출소에 고하고 한편으로는 급히 헛 가가를 짓고 구호하였으나 이미 때가 지나 세상을 버린지라. 이에 그곳에 갔다가 병인을 버린 자를 조사한 즉 범인은 그 고을 청북면 수촌 이○○ 45세 된 자이라. 당국에서 조사한 결과 그 자는 충청남도 아산군 사는 김성녀에게 돈 6원을 취해주었다가 그 후 그 돈을 재촉한즉 김성녀는 금년 5월 중에 홍성군 도천면 독암리 김성녀 23세 된 계집을 데려다 주며 돈 값을 때까지 전당으로 맡기었더니 이치문은 그동안 그 계집을 심히 사랑하였으나 그 계집은 원래 매독에 걸리어 거의 죽게 되었음으로 무지한 이치문은 필경 병인을 공석에 말아다가 산중에 버림이 분명함으로 일전에 경성지방법원 형사 단독부에서 징역 10개월의 선고를 받았다더라.

(『매일신보』 2014.12.11)

정인(情人)을 유기하고, 6원에 사온 계집이 매독

지나간 음력 9월 엿샛날, 경기도 진위군 포승면 용소동으로부터 홍봉리 길을 통한 산중에 어떠한 물건을 자리에 말아서 내어버린 것이 있음으로 그때 지나가던 농부 이복만(李福万)이란 사람이 발견하고 하도 이상히 여겨 가서 본즉 그 자리 안에는 신체의 자유를 마음대로 못하고 능히 입을 열어 말도 못하는 나이 23세가량 된 젊은 계집 한 아이 금방 죽을 지경에 이르러 비상히 고통하는 모양임으로 곧 안중장(完中場) 순사주재소에 보하여 경관이 나아가 일변 응급치료를 베풀매 아직은 죽지 않은 모양인데 그 계집의 내버린 범인을 조사함에 동군 청북면 빙촌(氷村: 원문대로) 사는 이치문 마흔 아홉 살(원문대로)된 자가 분명하여 엄히 취조를 한 즉 이치문은 이전에 아산군 엽기면 곡교리 사는 방물상사 김성녀에게 돈 6원을 꾸어주고 그 뒤에 도루 보내라고 청구함에 김성녀는 본년 음력 5월 중에 동도 홍성군 도천면 독암리 사는 김성녀 23살 된 계집을 데리고 가서 돈 6원을 갚기까지 전당으로 맡아두라 하고 감으로 이치문은 좋은 마음을 이기지 못하여 은근히 사랑하던 끝에 마침내 정을 통한 바 김성녀는 이미 매독병을 맞아 거의 죽을 지경이 되어 능히 몸도 움직이지 못하며 다만 한 칸 되는 방 속에 누워서 주야 고통하는 것을 보기가 싫어 이치문은 그 처치할 방도를 연구하다가 그와 같이 산중에 몰래 내어버린 일이 발각되어 이치문은 경성지방법원 석촌(石村) 판사가 주상이 되고 야전(野田) 검사가 심리한 결과 징역 10개월에 선고를 받았다더라.

(『매일신보』, 1914.12.27)

판결 소식에 따라 기자가 기사를 쓴 듯하다. 피고인의 나이나 한자 입력에 오기(誤記)가 있는 것이 눈에 띈다. 돈 6원에 팔려왔다가 매독에 걸린 사실 때문에 버림받은 김씨 성을 가진 23세의 여성이 결국 사망했다는 소식(『매일신보』, 1914.12.11)도 접할 수 있다.

방물장수 김성녀와 이○문이 23세의 김성녀를 인신매매한 셈인데 이에 대해 전혀 언급하지 않는 사실도 주목되는 부분이다. 이 시기 일본 형법에는 〈인신매매죄〉가 없었다.[96] 식민지 시기 인신매매에 관한 처벌은 형법 제255조 〈약취 및 유괴의 죄〉와 제226조 〈국외이송목적의 약취 유괴죄〉에 의해 다뤄졌다. 제255조의 내용은 "영리, 외설 또는 결혼을 목적으로 사람을 약취 또는 유괴하는 자는 1년 이상 10년 이하의 징역에 처한다"이다. 제226조는 "제국 외로 이송할 목적으로 사람을 약취 또는 유괴하는 자는 2년 이상의 유기징역에 처한다. 제국 외로 이송할

....

[96] 일본에서 〈인신매매죄〉는 2005년 6월이 되어서야 비로소 생긴다(박정애, 「일제의 공창제 시행과 사창 관리」, 숙명여대 박사학위논문, 2009, 108쪽.

목적으로 사람을 매매하고, 또 유괴된 자(被拐取者) 혹은 팔린 자(被賣者)를 제국 외로 이송한 자 역시 같다"고 되어 있다.

약취 및 유괴 행위에 대해서는 1년 이상 10년 이하(제국 외로 이송했을 시는 2년 이상)의 징역에 처한다는 것이다. 그렇다면 '약취'와 '유괴'라는 범죄는 어떻게 성립되었을까.

> 약취, 유괴라는 것은 보호받고 있는 상태에서 사람을 끌어내어 자기 또는 제3자의 사실적 지배하에 두는 것이다. '약취'와 '유괴'의 구별은, '약취'는 폭행 또는 협박을 수단으로 하는 경우이고, '유괴'는 欺罔 또는 유혹을 수단으로 하는 경우를 말한다. … 유괴죄에서 '기망'이라는 것은 허위의 사실을 가지고 상대방을 착오에 빠뜨리는 것을 말하고, '유혹'은 기망의 정도까지는 아니지만 감언으로 상대방을 움직여서 그 판단을 잘 못하게 하는 것을 말하게 하는 것이 다수설이다.[97]

따라서 피해자 김성녀를 둘러싼 인신매매 여부를 따지기 위해서는 방물장수 김성녀가 영리를 목적으로 피해여성을 협박하거나 유혹했는지에 대해 살펴봐야 한다. 여성을 사는 남성의 행위는 법률상으로 처벌할 규정이 없었다. 그러나 피해여성 김성녀가 어떻게 방물장수 김성녀의 요구에 응하게 되었는지, 매독에 걸린 경로는 어떤 것이었는지 경성지방법원 판결문이나 신문기사를 통해서는 전혀 알 수가 없다.

이○문은 유기죄로 기소되어 형법 제218조 제1항에 의해 징역형을 받았다. 해당 법 조항을 다음과 같다.

----

[97] 『大刑法コンメンタール刑法 八卷』 601, 603(前田朗, 「国外移送目的誘拐罪の共同正犯−隠されていた大審院判決−」, 『季刊 戦争責任研究』 第19号, 1998, 4쪽에서 재인용).

늙은이, 어린이, 불구자 또는 병자를 보호함이 可할 책임이 있는 자가 이를 유기하고 또는 그 생존에 필요한 보호를 아니 하는 때는 3월 이상 5년 이하의 징역에 처한다. 자기 또는 배우자의 직계존속에게 대하여 범할 때는 6월 이상 7년 이하의 징역에 처한다.

또한 이○문은 김성녀의 매독을 알고도 곧 나아질 것이라 믿고 그대로 방치하여서 병세를 악화시켰는데 이는 법정에서 크게 문제가 되지 않았다고 볼 수 있다. 법정에서 문제 삼은 것은 병자에 대해 생존에 필요한 보호를 했느냐의 여부보다 병자를 유기한 사건에 대해서 만이다. 더욱이 유기 행위가 병자의 사망으로 이어진 인과관계도 따지지 않았다. 이로 봤을 때 피해자가 사망하고, 피해자를 대변할 수 있는 유족 또한 없는 상황에서 이○문의 유기사건은 비교적 가벼운 처벌로 다루어졌음을 알 수 있다.

12

절도 피고사건

이○섭 판결문(1914년 형상 제141호, 大正3年刑上第141號, 고등법원)

절도사건에 관한 형사재판 판결문이다. 국가기록원에 소장되어 있고 관리번호는 CJA0000431-0020이다. 이○섭 절도 피고사건에서 1914년 12월 25일 경성복심법원이 선고한 판결에 대하여 같은 법원 검사장 나카무라 다케조(中村竹藏)가 상고하였으므로 당원은 조선총독부 검사 쿠사바 린고로(草場林五郎)의 의견을 듣고 다음과 같이 판결한다. 원판결을 파기하고, 본 건을 대구복심법원으로 이송한다.

피고인 이○섭은 충남 예산군 임성면 상성리에 거주하는 미곡상이다. 당시 34세이다.

상고이유는 다음과 같다. 원심은 피고인이 1914년 9월 중 송○대, 박○삼, 김○묵 및 이○현으로부터 이들이 국유에 속하는 충청남도 청양군 적곡변 화산리 소재 망월산과 영봉산에서 관의 허가를 받지 않고 채취한 중석을 그 사정을 알면서 수회 연속하여 매수한 사실을 인정하였다. 송○대 외 3인의 행위는 형법 제235조의 절도죄를 구성하고 피고인 이○섭이 그 사정을 알면서 그 중석을 수회 연속하여 매수한 행위는 형법 제256조 제2항, 제55조를 적용하여 처벌하여야 함에도 불구하고 원판결이 '송○대 등의 중석 채취가 절도죄를 구성하지 않으므로 그 중석은 장물이 아니고 피고인의 매수행위는 죄가 될 수 없어 무죄'라고 선고한 것은 의율 착오가 있는 잘못이 있는 판결이므로 이를 파기하고 상당한 판결을 하여야 한다고 생각된다.

살피건대, 중석은 광업법상의 이른바 광물에 해당하지 않고 또한 사광채취법상의 이른바 사광에도 해당하지 아니하더라도 다른 토석과 마찬가지로 재산권의 목적이 될 수 있다. 따라서 타인의 삼림, 산야 기타 토지에서 이를 채굴하여 절취한 때에는 형법 제235조의 절도죄를 구성하고, 절취된 물건이라는 사정을 알면서 매수한 때에는 장물 매수죄를 구성한다.

원판결을 보니 피고인이 1914년 9월 송○대, 박○삼, 김○묵 및 이○현으로부터 이들이 국유에 속하는 충청남도 청양군 적곡변 화산리 소재 망월산과 영봉산에서 관의 허가를 받지 않고 채취한 중석을 그 사정을 알면서 여러 번 연속하여 매수한 사실이 기록에 의하여 명백하지만 위 송덕대 등의 중석 채취는 절도죄를 구성하지 않으므로 그 중석은 장물이 아니라고 판시하고 피고인의 매수행위는 죄가 되지 아니한다고 단정하였다. 그러나 위 송덕대 등의 행위는 국유산지에서 채취권을 가지지 않은 상태에서 중석을 채취한 것이므로 그 채취행위가 고의로 저질러진 것이면 절도죄를 구성한다.

또 피고인의 행위가 그 사정을 알면서 이를 매수한 것이라면 장물매수죄를 구성한다. 원판결은 송○대 등의 채취행위가 고의에서 나온 것인지 여부를 확정하지 않고 '무릇 국유산지에서는 채취권 없이 중석을 채취하더라도 절도죄를 구성하지 아니하는 것'처럼 해석하고 그렇게 채취된 중석은 장물이 아니라고 판정한 나머지 '피고인의 매수행위는 죄가 되지 아니한다'고 단정하였으므로 위법한 판결이다. 상고논지는 이유 있고 원판결은 파기를 면할 수 없다.

이상의 설명과 같이 본 건의 상고는 이유 있으므로 형사소송법 제285조에 의하여 주문과 같이 판결한다. 1915년 2월 15일 고등법원 형사부에서 와타나베 토오루 등이 판결한다.

해 제

피고인이 1914년 9월 송○대, 박○삼, 김○묵 및 이○현으로부터 국유에 속하는 충청남도 청양군 적곡변 화산리 소재 망월산과 영봉산에서 관의 허가를 받지 않고 채취한 중석을 그 사정을 알면서 수회 연속하여 매수한 사실에 대하여 장물매수죄가 성립하는지 고등법원에서 따지고 피고인의 행위는 장물매수죄를 구성한다고 판단하였다.

조선광업령 제44조는 "1. 광업권을 갖지 아니하고 광물을 채굴한 자 또는 사기행위로 광업권을 얻은 자는 2년 이하의 징역 또는 1,000원 이하의 벌금에 처한다. 2. 과실로 인하여 광구 외에 침굴한 자는 500원 이하의 벌금에 처한다. 3. 전2항의 경우에는 채굴한 광물은 몰수하고, 이미 그것을 양도 또는 소비한 때에는 그 가액을 추정한다"라고 규정했다.

대한제국시기 통감부하에서 광업법을 공포함으로써 광산 특히 금광의 채굴을 합법적으로 독점한 일제는 많은 광산을 '국유(國有)'라는 명목으로 약탈하는 한편, 일본인들에게 광업권을 허가해줌으로써 광산 약탈을 강화했다.

그리고 광공업 약탈의 기초를 다져나가기 위해 1915년 12월 24일 조선총독부 제령 제8호로 '조선광업령'을, 부령(府令)으로 그 시행규칙을 공포했다. 이 법령의 요점은 ① 광업권자는 종래 특허를 받은 자를 제외하고는 제국신민 및 제국법령에 의해 설립한 법인에 한함, ② 구래의 광업권은 존속시킴, ③ 광물의 종류는 종래 17종에 11종을 추가함, ④ 광업상 필요한 토지의 사용이나 수용에 관한 토지수용령 규정을 준비함, ⑤ 광업권의 등록제도 설정 등이었다. 이는 광산개발을 보다 철저히 통제함으로써 한국인과 외국인의 광산개발을 제어하려는 것이었으며, 광업상 필요한 토지에 대한 '토지수용령'을 준비하고 광업권의 처분범위와 권리를 분명히 함으로써 당시 진행되고 있던 토지조사사업에 맞추어 광업수탈과 토지수탈을 동시에 이루려는 것이었다. 또한 법을 어겼을 경우의 처분을 종래의 행정처분에서 사법처분으로 강화함으로써 한국인의 저항을 원천적으로 봉쇄하려 했다. 이후 제1차 세계대전으로 군수 광물의 수요가 격증함에 따라 일제는 '광업령'의 일부를 개정하여 금광·은광·연광·철광과 사금 및 사철 등에 대한 광산세를 면제했는데, 이는 당시 군수경기를 타고 광산 약탈을 한층 강화하려는 것이었다.

13

교통방해 및 소요 피고사건

스스무(進芳) 등 판결문
(1917년 형상 제127·128호, 大正6年刑上第127·128號, 고등법원)

이 문서는 국가기록원에 소장 중인 형사재판판결서이다. 대구복심법원과 고등법원 판결문을 확인할 수 있으며 관리번호는 각각 CJA0000430-0044와 CJA0000440-0011이다.

전차가 일으킨 교통사고로 지나가던 행인이 죽거나 다치자 주변의 조선인들이 보고 분개하여 소요를 일으켰다. 당시 『매일신보』에 보도된 예심판결의 내용을 바탕으로 재구성한 사건의 개요는 다음과 같다.

피고 스스무(進芳雄)는 대정 5년(1916년) 2월 15일 조선와사전기주식회사에 고용되어 동 회사 경영의 부산부와 및 동래군 온천장간의 전기 철도의 운전수로 종업 중이었다. 1916년 9월 23일 오후 8시 30분 피고는 제1호 전차를 조종하여 영가대 정류소로부터 동남구 정류소에 항하여 약 2정을 빨리 닿던 중 부산부 좌천동 근처에서 경성방면으로 오는 급행 열차가 승객을 가득 실은 것을 보았다. 그 지점으로 내려가는 언덕은 평소 전차 노선 안을 통행하는 자가 많아 극히 경계를 할 만한 지점임에도 불구하고 스스무는 그때 타고 있는 부산경찰서 순사보 정기재(鄭琪載)와 급행열차를 쳐다보면서 잡담을 하고 앞을 내다보지 않았다. 그 결과 그날 마침 음력 16일에 상당하여 달빛이 백주와 같았으나 전차 전면 선로 양측과 및 선로 안을 김춘일, 김극중, 김성필, 김재유, 김춘근이가 보행하는데 주의치 않고 마침내 동인 등의 등 뒤로부터 전차를 충돌케 하여 김춘실의 머리를 절단케 하고 동인을 늑살하고 김재유의 다리 관절부 김춘근의 앞이마 오른편 어깨 허리, 김성필의 오른편 뺨과 및 허리, 김극평 오른편 어깨, 배를 각각 상해하였더라.

그때는 8월 추석임으로 삼삼오오 부근에 놀고 있던 사람들이 사방으로 위집하여 수백 명이 넘었다. 전기 피고 스스무의 과실로 인하여 춘실은 늑살되고 김춘근 외 3명은 부상하자 모두 전차가 사람을 으끼며 살상한 것을 분개했다. 그때 마침 피고 박일득, 공태환, 나태숙[98]은 이를 격려하여 소요를 일으키고자 하여 군중에 대하여 이같은 일을 행한 전차는 전복하고 파괴하자고 떠들고 부인차대로 정지된 1호 전차에 향하여 군중을 지휘하여 피고 박덕균, 박근세, 윤철영, 김영신, 정학수, 이용수, 추복길, 강일룡은 솔선하여 전차를 전복코자 하였다. 기타의 피고 등은 혹은 전차에 돌을 던지고 그 유리창 등을 파괴하여 이에 성원하고 혹은 전차의 전복에 조력하여 드디어 1호 전차를 전복케 하였다. 그 다음 영가대 방면으로부터 제7호 전차의 진행하여 오는 것을 보고 군중은 다시 이에 향하여 좇아가서 피고 정학수는 전차의 진행을 정지하라고 소리를 지르고 운전수가 운전을 정지하자 군중은 승객 있는 전차에 돌을 던져 유리창을 파괴하고 운전수 화전일의 오른편 어깨에 부상케 하고 경찰 관리의 제지를 듣지 않았다. 드디어 피고 정학수 외 수십 명은 부인차가 된 제7호 전차를 전복하고 전차선로 밖에 떨어지게 하여 소요를 일으킬 제 부산 수비대의 일부가 출동하여 온 때문에 피고 등은 군중과 같이 도주할 자이라더라.[99]

이 사건은 1916년 9월 25일 부산지방법원에서 예심을 진행한 결과 피고 39명 모두를 유쇠로 설성하고 동 법원의 공판에 부쳤다. 1917년 3월 8일부터 부산지방법원에서 와전(窪田) 검사의 간여로 진행된 공판에서 하시모토(橋本) 재판장은 동월 15일 최종 판결한 결과 운전수 스스무는 벌금 200원, 주동자 박일득은 징역 2년, 공문숙 외 1명은 징역 1년, 선동자 6명은 징역 6개월, 그 외 27명 징역 3개월(2년간 집행 유예), 동 6명

----

98) 공태환, 나태숙은 추복길, 공문숙의 오기이다. 당시 기사를 쓰는 과정에서 착오가 있었던 듯 보인다.
99) 「동래전차소요사건 예심결정, 피고 39명 전부 유죄로 결정」, 『매일신보』, 1916.12.28. 기사내용을 토대로 재구성하였다.

무죄로 결정되었다.[100]

이에 대해 각 피고인은 상고를 거듭하여 1917년 10월 3일 대구복심법원을 거쳐 1917년 12월 17일 고등법원에 상고하였다. 먼저 피고인 스스무(進芳雄)의 상고이유는 다음과 같다.

원심판결은 상고인이 남행(南行)의 제1호 전차의 운전수로서 업무에 종사하던 중 전차선로 동쪽에서 나란히 가는 기차선로 위에서 남행의 급행열차가 주행하는 것을 멀리 바라보면서 진행하였다. 이 때문에 전차 전변의 주시를 태만히 하여 그 결과 전차선로 위로 남쪽으로 보행하던 김춘실(金春實) 외 4인에게 전차를 충돌시켜 살상의 사실을 발생시켰다고 인정하였다. 그리고 이 부주의 즉 과실 및 과실에 의한 살상 사실을 발생시킨 증거로 정기재(鄭箕載)의 진술을 인용하였다. 그렇지만 같은 진술 중에는 조금도 부주의로 하여 살상의 사실에 이르렀다는 증언이 없으며 기타의 증거는 하나도 이 부주의, 즉 과실 사실을 증명하는 것이 없다. 그런데도 가공(架空)스러운 인정으로 유죄를 인정하였으니 법에 반하는 것이다.

원심판결의 정기재의 예심조서 중에 다음과 같이 진술하였다. 1916년 9월 13일 오후 7시경 부산역에서 남행의 1호 전차에 승차하여 영가대(永嘉臺)를 출발하여 철교를 넘어 구부러지는 곳을 지날 즈음 경성발 급행열차가 통행하는 것을 보고 피고인과 함께 담화를 나누고 있었다. 그때 피고인이 갑자가 낭패하여 "여보, 여보"라고 연호하며 경종을 울린 까닭에 무슨 일이 생겼나 하고 전방을 돌아보았다. 이때 전차는 사람과 충돌하였지만 그대로 진행하여 남구(南口) 정류장으로부터 한 정 정도 떨어진 곳에 정차하였다. 하차하여 살펴보니 선로 북측에 부상한 3인의

....

100) 「전차파괴사건 판결, 징역 2년이라」, 『매일신보』, 1917.3.16.

조선인이 쓰러져서 울부짖고 있었고 또 1인은 전차에 치어 있었다는 것이다.

이 진술기재 및 원심 공판정에서의 피고인(進芳雄)의 진술 중 '당해 선로는 40분의 1 아래로 구부러져 있어 전차를 조종하는 데 각별한 주의를 요한다'는 취지의 진술, '사람들이 전차선로에 들어오는 것이 늘상 있는 일'이라는 취지의 진술이 있다. 또한 제1심 제1회 공판 시말서 중에는 피고인(進芳雄)의 진술로서 '충돌한 당일 밤은 음력 16일로 달이 밝은 밤이었고 선로 안은 회사의 사유지이므로 공중의 통행을 금지하고 있었지만 금지를 어기고 통행하는 자가 있었고 제지하더라도 항상 통행하였다'는 것, 그리고 '선로의 양측을 통행한다 하더라도 전차의 외측에 닿을 수 있어 통행하는 것이 위험하였으며 특히 이날 밤은 부근에 많은 사람이 나와 있었기 때문에 평상시보다 더욱 경종을 울렸다'는 취지의 진술이 기재되어 있다.

또한 피고인(進芳雄)의 제1회 예심조서 중에는 피고인의 진술로서 '전기브레이크를 써서 전차를 정류하려면 약 3간(間)의 거리를 요하며 보통 브레이크는 4, 5간의 거리를 요한다'는 것, '충돌한 밤 경성방면에서 온 급행차가 통과할 때 아무 생각 없이 그쪽을 보았다가 되돌아보니 1, 2간 앞의 진로에 4, 5인의 조선인이 보행하는 것을 인식하고 "여보, 여보"하며 연호하고 전기브레이크와 통상브레이크를 써서 정차하려고 하였지만 거리가 너무 가까워서 한 사람의 목을 쳐서 즉사시키고 다른 3, 4인에게 부상을 입혔으며 그리고 이것은 자신이 기차를 멀리 바라보고 있었기 때문이 아닐까 하고 생각한다'는 취지의 진술이 있다.

예심판사의 검증조서 중에 '피고인이 급행열차를 보았다고 말하는 지점으로부터 조선인의 통행을 목격하였다고 말하는 지점에 이르는 거리는 17간 1척 7촌으로 측정되었다'는 내용의 기재가 있다. 또 '본 건 충돌

지점에서 제동기로 1호 전차를 정차시킬 수 있는 거리를 실험하였던 바 4간 내지 11간 3척'이라는 취지의 기재도 있다. 그리고 '영가대 철교 상단에서 본 건 충돌지점에 이르는 구간에는 시선을 방해할 만한 장애물이 아무것도 없다'는 내용의 기재도 있다. 원심 판결문에 기재된 각 증거를 원용하여 알 수 있다.

앞에서 열거한 증거들을 종합할 때 원심 판단과 같이 '피고인은 전차의 운전수로서 그 직무에 종사하던 중 전차를 운전하여 영가대 부근을 주행하면서 같은 곳을 통행하는 조선인 5인을 사상에 이르게 하였다'는 것, 그리고 '당해 사고발생 지점은 급커브 선로구간으로 전차 조종 상 각별한 주의를 요한다'는 것, '그 부근은 부락에 가깝고 도로에 접하여 선로 위로 들어오는 자가 많아 위험을 방지하는 데에 한층 주의를 요한다'는 것, '특히 당일 밤은 음력 추석에 해당하여 조선인의 구관(舊慣)에 따라 야외로 놀러 나온 자가 많아서 위험에 처할 기회가 많았기 때문에 전차 조종에 임하는 자는 주행에 따른 위험 발생을 방지하는 데에 충분한 주의를 요하는 상황이었다'는 것, '당일 밤은 달빛이 청명하여 진로를 잘 전망할 수 있었음에도 불구하고 피고인은 태만하게도 통과하는 열차를 바라보며 진로의 전망을 게을리했고 그 결과 전차에 설비된 제동기를 사용하더라도 충돌을 피할 수 없는 거리에 가까워질 때까지 진로를 보행하는 자가 있음을 발견하지 못하였고 피고인이 그것을 발견한 때에는 때가 이미 늦어 충돌이 이루어져 본 건 피해자를 상해하기에 이르렀다는 것', '만약 피고인이 그 직무를 무겁게 여겨 다하여야 할 주의를 게을리 하지 아니하였더라면 능히 긴급한 상황에 응하여 정차할 수 있는 여지가 있어 본 건과 같은 살상의 결과를 회피할 수 있었음에도 불구하고 본 건 살상의 사고를 발생시킨 것'은 피고인이 직무상 취하여야 할 주의를 다하지 아니한 과실에서 기인한다고 인정하지 않을 수 없다.

곧 원심판결에서 원용한 증거를 종합 고찰하면 피고인이 부주의로 인하여 살상 사실을 발생시킨 점을 충분히 인정할 수 있으므로 원심판결은 증거에 의하지 아니하고 가공적으로 위 사실을 인정한 것이 아니다. 따라서 본 논지는 이유 없음으로 기각한다.

한편 피고인 공문숙(孔文淑)과 추복길(秋福吉), 이용수(李龍水) 3인의 상고이유는 다음과 같다.

소요죄는 다중이 공동하여 폭행 또는 협박함을 요하나 본 건 피고인들의 행위는 각자 하나의 행위를 한 것으로 공동 동작에 관한 의사의 공통이 있지 아니하다. 원심판결은 이 점에 있어 의율착오(擬律錯誤)[101]의 위법이 있다.

그러나 소요죄는 다중이 집합하여 폭행 또는 협박함으로써 성립하며 그 다중 상호 간에 의사의 공통이 있었음을 요하지 아니한다. 그러므로 각자 소요를 한다는 인식이 있고 소요행위에 가담하면 곧바로 소요죄를 구성한다.

원심판결문 두 번째에 다음과 같이 기재되어 있다. 김춘실(金春實) 이하의 피해가 알려지자 부근에서 놀러 나온 조선인들이 점차로 군집하여 그 참상을 목격하면서 측은의 정(情)에서 분개의 염(念)으로 발전하였다. 군중의 수가 더해짐에 따라 그 정도가 심해져서 민중 천여 명이 왁자지껄하면서 전차의 잘못을 따지고 들었고 세가 더욱 모여듦에 따라 군중이 패악해져서 급기야 폭동으로 옮겨가려고 하였다.

때마침 군집에 섞여있던 피고인 박일득(朴日得), 공문숙(孔文淑) 등은 군중에게 "이런 범행을 저지른 전차는 마땅히 전복, 파괴해 버려야 한다"고 앞서서 외치고(首唱) 군집을 지휘함으로써 격양된 군집 수백 명이

---

[101] 법 규정을 잘못 적용한 일.

그에 찬동하고 폭발하였다. 군중이 공도 부근에서 앞서 본 살상사고 때문에 운전을 멈추고 현장에 정차해 있던 당해 빈 전차 주위로 모여들어 경찰 관리의 제지에 따르지 아니하고 전차를 선로 바깥으로 전복하여 창문 유리 기타 부분을 파괴하였고 더욱이 남은 분(憤)이 가시지 아니한 군집의 일부(피고인 박일득, 공문숙, 추복길은 제외한다)는 다시 부근의 공도에 머물며 소동을 계속하였다. 이때 같은 회사 제7호 전차가 여객을 태우고 영가대 방면에서 현장을 향하여 주행하여 왔기 때문에 한층 격앙의 정도가 심해진 피고인 이용수(李龍水)는 군중을 향하여 당해 전차도 전복하여야 한다고 유도 지휘하였다. 이로써 군집은 다시 여객을 운송하던 도중인 전차의 진행을 방해하려고 폭행을 가하려 하여 공격을 당한 운전수은 진행을 멈추지 아니할 수 없었다. 이어서 경찰 관리의 제지에 따르지 아니하고 이미 승객 및 승조원이 하차한 당해 전차를 전복하고 그 일부를 훼손하였으며 소요가 계속되어 마침내는 수비 군대가 파출되어 이를 제지하지 아니할 수 없는 상황에 이르렀다는 것이다.

원심이 이와 같은 사실을 인정한 것은 곧 각자 소요한다는 인식이 있고 소요행위에 가담하였음을 인정한 것으로서 앞부분의 설명과 같이 소요죄를 구성하는 사실에 해당한다. 즉 그 행위는 소요죄를 구성하는 것으로서 원심이 이를 소요죄에 문의한 것은 위법하지 아니하다. 본 논지는 이유 없으므로 기각한다.

피고인 공문숙, 박일득 2인의 변호인 호리이케의 상고이유는 다음과 같다.

원심판결은 사실을 부당하게 확정하여 법률의 적용을 그르친 불법이 있으므로 형사소송법 제269조 제10호에 정해진 의율착오의 재판이다. 그러나 원심판결의 어떤 점이 법률에 위배하였는지에 관하여는 구체적으로 지적하지 않았다. 따라서 본 논지는 상고적법의 이유가 되지 않는다.

상고의 추가이유 제1점은 다음과 같다. 원심판결이 인정한 둘째 사실은 "피고인 박일득, 공문숙 등은 군민(群民)에게 '감히 이와 같은 범행을 저지른 전차는 마땅히 전복, 파괴에 해버려야 한다'고 앞서 외치고 군중을 지휘하여 이로 인해 격앙된 군중 수백 명이 그에 찬동하여 폭발하였다"는 것이다. 이에 대한 법률의 적용은 형법 제106조 제2호에 해당한다는 것이다. 따라서 이른바 "앞서서 구호하여 군집을 지휘"한다는 한 구절을 가지고 제1심은 수괴(首魁)로서 제1호에 문의하였고 원심은 지휘자로서 제2호에 문의하였다. 그러나 이른바 지휘라는 것은 어떤 행위사실인가? 그 지휘 방법을 적시하지 아니함으로써 제1호와 제2호의 의율은 모두 적당하지 아니하다.

실제 전차가 통행인을 치어 죽인 것에 분개하여 모여든 1천여 명이 와자지껄하며 전차의 잘못을 따지고 들고 세가 더해짐에 따라 군중이 패악해져 급기야는 폭동으로 옮아가려고 한 상황은 이미 소요의 범행에 들어간 것이다. 이후의 행동에 속하는 전차의 전복파괴 같은 것은 소요의 여로(餘爐)이다. 원심은 이 파괴 사실에 대하여는 불론죄(不論罪)를 선고하였기 때문에 오로지 이 파괴의 점에 관한 선동(首唱) 내지 지휘(설령 지휘의 확정사실이 있다고 하더라도)는 그 지휘, 선동의 목적이었던 파괴가 무죄인 이상 선동 혹은 파괴의 지휘행동도 역시 무죄가 되어야 함은 물론이다. 소요 중에 행하여진 파란에 불과한 전복, 파괴에 관한 사항을 제외하면 상고인의 행위는 소요죄를 일으킨 무리 중의 수괴가 될 수 없음은 물론이고 지휘자도 아니라는 것이 명백하므로 결국 부화수행자(附和隨行者)의 일원임에 불과하다. 따라서 형법 제106조 제3호에 비추어 처단하여야 할 것이다. 이러한 이유로 상고인을 같은 조의 제2호에 문의한 것은 말할 나위 없이 의율 착오이며 형사소송법 제269조 제10호에 해당하는 위법한 재판이다.

그러나 형법 제106조 제2호의 이른바 지휘란 언어 기타의 방법으로 군중에게 그 향할 바를 지도하는 것을 가리키며 특히 언어 이외의 방법으로 이름 할 것을 요하지 아니하다. 따라서 원심이 피고인 공문숙, 추복길, 이용수의 상고이유 조목 아래에서 든 바와 같이 감히 군민에게 이와 같은 범행을 저지른 전차는 마땅히 전복, 파괴해 버려야 한다고 수창(首唱)하여 군집을 지휘하였다고 판시한 것은 앞에 든 지휘 행위가 되는 사실을 인정한 것에 다름 아니다. 또한 원심은 피고인들이 다중에게 전차를 파괴하여야 한다고 지휘하고 다중은 그 지휘에 응하여 전차를 파괴함에 이른 행위로써 소요죄를 구성하는 행위라고 인정하였고 전차 손괴의 행위를 단지 소요죄의 여로(餘爐)에 불과하다고 인정하지 아니하였다.

본 논지와 같이 소요죄를 구성하는 폭행행위가 일면에서 물건에 대한 손괴죄(損壞罪)를 구성하는 경우에 가령 손괴죄가 고소 없음을 이유로 불론죄가 된 때라 하더라도 폭행행위의 존재를 인정하여 소요죄의 성립을 인정하는 것은 무방하다. 그러므로 원심이 전차를 손괴한 폭행행위의 존재를 인정하고 또 그 폭행은 피고인들의 지휘에서 나온 것임을 인정하여 소요죄에 해당한다고 판단하고 피고인들에게 형법 제106조 제2호에 문의한 것은 상당하며 위법하지 아니하다. 본 논지는 이유 없다.

상고이유 제2점은 다음과 같다.

제1점에서 적시한 바와 같이 원심판결이 인정한 문언은 단지 전복, 파괴를 앞서서 외치고 지휘하였다는 것이다. 그러나 과연 어떤 행위로 지휘한 것인지 그 방법을 명시한 바가 없으며 과연 이른바 지휘라는 문구는 어떤 행위를 가리키는 것인지 알 수 없다. 지휘 사실을 알 수 없는 이상 그에 대한 의율의 당부(當否)를 판단할 수 없다는 것으로 귀착된다. 즉 형사소송법 제269조 제9호에 해당하는 위법한 재판이다.

원심은 피고인 공문숙, 추복길, 이용수의 상고이유에서 적기한 바와 같이 사실을 인정하고 이것은 곧 형법 제106조 제2호에 해당하는 범죄이며 당해 판결문 중에서 이와 같은 범행을 저지른 전차는 마땅히 전복, 파괴해 버려야 한다고 수창하여 군중을 지휘하였다고 적기한 것은 곧 언어로써 폭행을 지휘한 것임이 명백하다. 그러므로 지휘 방법의 명시를 빠뜨렸다고 말할 수 없으며 원심의 의율에 위법함이 없다. 본 논지는 이유 없다.

상고이유 제3점은 다음과 같다. 원심판결이 원용한 각 증거는 이미 소요 폭발 후 전차의 전복에 관한 증거에 그치고 소요의 수창 혹은 지휘에 관한 주된 증거로 볼 수 없으므로 이유의 불비(不備)를 면할 수 없다. 살피건대, 원심판결은 박일득(朴日得)에 대한 예심조서 중 '분개한 나머지 이 사람을 친 전차는 전복하고 부숴버려야 한다고 같은 곳에 모인 약 2백 명의 군집을 향하여 큰 소리로 말하였는데 이미 격앙하여 돌을 던지고 있었던 군집이 그에 응하였다'는 취지의 진술기재가 있었다. 김춘명(金春明)에 대한 제1회 예심조서를 보면 '전차를 전복한 것은 박일득, 공문숙, 추복길 등이 전복하자고 외쳤기 때문'이라는 취지의 진술기재가 있다. 이용수에 대한 사법경찰관의 신문조서를 보면 '제2호 전차를 전복할 때 이들이 선창을 한 취지'의 진술기재가 있다.

기타 원심판결문에서 든 각 증거를 종합하여 공문숙, 추복길, 이용수의 상고이유에 기재된 사실을 인정하였다. 앞서 든 증거에 의하여 전차의 전복 이전에 이미 취합한 군중을 지휘하여 폭행함에 이른 사실을 인정할 수 있으므로 전차 전복 이전에 소요를 지휘한 증거가 없다고 할 수 없다. 본 논지는 이유 없다.

피고인 공문숙 등 3인의 상고 추가이유 제1점은 다음과 같다.

원심은 피고인 스스무(進芳雄)가 전차운전의 직무에 종사하던 중 1916년 9월 13일 오후 8시 30분경 영가대 부근에서 직무상의 과실로 김춘실을 치어 죽이고 김재유 등에게 창상을 입힌 것에 분노하여 피고인 박일득, 공문숙 등이 솔선하여 군집에게 '범행을 저지른 전차는 마땅히 전복, 파괴해 버려야 한다'고 지휘하고 군중이 그에 찬동하여 당해 전차를 전복하고 창문 기타 부분을 훼손한 사실을 인정하였다. 또 피고인 이용수가 '제7호 전차를 전복하여야한다'고 유도, 지휘하여 군중이 그에 응하여 전차를 전복하여 그 일부를 파괴한 사실을 인정하고 형법 제106조 제2호를 적용하여 소요죄로 처단하였다.

그러나 다중의 사람의 합동력(合同力)에 의한 폭행 또는 협박이 다른 범죄의 수단이 된 경우에는 그 폭행 또는 협박은 그 죄의 관념 중에 포함되어야 한다. 그 죄와 소요죄의 2개의 죄명에 해당한다고 할 수 없다. 마치 폭행 또는 협박이 재산도취(盜取)의 수단이 된 경우에 폭행죄 또는 협박죄와 강도죄 2개의 죄명에 저촉하지 아니하고 단지 강도죄만을 구성하는 것과 그 법리를 같이 한다. 그러므로 예를 들어 다중인이 합동력에 의하여 폭행 또는 협박으로 타인의 재물을 강취한 때에는 단지 다수인(多數人) 공범의 강도죄만을 구성하여야 할 것이지 소요죄와 강도죄 2개의 죄명에 저촉하는 것으로 형법 제54조 제1항을 적용하여야 할 것이 아니다(법학박사 오오바(大場英馬)의 형법각론 하권 제30쪽 참조).

그리고 본 건은 피고인들이 다중의 합동력에 의하여 조선와사전기주식회사(朝鮮互斯電氣株式會社) 소유의 전차를 손괴할 의사를 가지고 그것을 전복하여 그 일부를 훼손한 사안이다. 그러므로 형법 제60조의

"2인 이상이 공동하여 범죄를 실행한 자는 모두 정범으로 한다" 및 같은 법 제261조의 "앞의 3조에 기재한 이외의 물건을 손괴 또는 상해한 자는 3년 이하의 징역 또는 500원 이하의 벌금이나 과료에 처한다"는 규정에 해당하는 범행이지 결코 형법 제106조의 소요죄를 구성하는 것이 아니다. 만약 본 건과 같이 다중의 합동력에 의하여 물건을 손괴한 경우에 소요죄가 된다면 물건에 대한 손괴죄의 규정인 형법 제260조 이하 및 공범의 규정인 앞서 기재한 제60조의 규정은 공문(空文)에 그치게 된다. 전술한 예제에 관하여 다중인이 공동하여 강도한 경우에 강도죄와 소요죄 2죄가 성립한다는 결론이 나오는데 이것은 결코 법의 정신이 아니다.

원심은 이 점에 관하여 의율착오의 위법이 있다. 그리고 형법 제261조의 규정은 피해자의 고소를 기다려 그 죄를 논하여야 하는데도 본 건은 피해자의 고소가 없다. 결국 본 건은 고등법원에서 원심판결을 파기하고 곧바로 의율착오 또는 공소 불수리의 판결을 내려야 한다.

그러나 형법 제106조의 규정은 폭행 또는 협박이 공공의 안전을 해하기에 족할 만한 다중의 취합으로 인하여 행하여진 경우에 소요죄로 처벌하는 취지이며 그 폭행, 협박 행위는 같은 법 제208조 및 제222조에 규정하는 폭행, 협박 행위와 그 성질을 달리하지 아니한다.

전자는 다중의 취합에 의하여 행하여지고 후자는 다중의 취합에 의하지 아니하고 행하여진다는 차이가 있음에 불과하다. 따라서 형법 106조의 소요죄 중에는 같은 법 제208조, 제222조의 폭행, 협박죄를 스스로 포함하는 것이 법의 취지(法意)라고 해석하여야 하며 이 경우에 소요죄와 폭행죄 혹은 협박죄와의 수죄의 성립을 인정하여야 할 것이 아니다. 따라서 다중집합으로 인한 폭행, 협박의 행위가 소요죄와 폭행죄 혹은 협박죄의 수개의 죄명에 저촉되지 아니하다는 것이 논지에서 예시한 단순강도죄에서의 폭행 또는 협박이 강도죄에 포함되어 일죄를 구성하고 별개의 죄명에 저촉하지 아니하다는 것과 같을지라도, 폭행, 협박에 관하여 특히 형법 기타의 법령에 규정이 있어 별 죄를 구성하는 것과 같은 것은 포괄적으로 관찰하여 소요죄 일 죄 만에 의하여 처단하여야 할 것이 아니라 일개의 행위가 수개의 죄명에 저촉하는 것으로 처단하여야 하다.

그리고 원심이 인정한 사실에 의하면 피고인 3인의 상고이유에 적기한 바와 같이 피고인들이 다중을 취합하여 전차를 손괴하는 폭행을 한 사실을 인정하였다. 그 폭행은 소요죄 중에 포함되어 일죄로 논하여야 하는 단순폭행이 아니며 형법 제261조에 특별규정이 있는 손괴죄를 구성함은 전단의 설명으로 명백하다. 그렇다면 원심이 본 건 피고인의 행위를 '1개의 행위가 수개의 죄명에 저촉하는 것'으로 인정하여 처단한 것은 상당하다. 만약 논지가 앞서 본 바와 같이 다중의 합동력으로 폭행 또는 협박하여 타인의 재물을 강취한 경우 다중의 취합으로 한 폭행, 협박이 그 지방에서의 공공의 안전을 해하기에 족한 이상 수인 공범의 강도죄에 저촉하는 동시에 소요죄에 저촉하는 것이므로 일개의 행위가 2개의 죄명에 저촉하는 것으로 처단하여야 할 것이 당연하다.

이것은 전단에 예시한 강도죄를 구성하는 경우에 그 수단인 폭행 또는 협박에 관하여 별도로 폭행죄 또는 협박죄에 문의하여서는 아니 되는 것과는 그 사례를 달리하여 서로 혼효(混淆)하면 아니 된다. 또한 소요죄는 다중 상호간에 의사의 공통이 있음을 요하지 아니하고 그 다중이 소요를 한다는 의사가 있고 취합하여 폭행 또는 협박을 함으로써 성립한다. 그리고 그 폭행의 결과 사람을 살상하거나 타인의 건조물 혹은 기타 물건을 손괴하는 따위의 행위가 있어 폭행죄 이외의 다른 특별한 죄를 구성하는 경우에 그 살상 또는 물건손괴는 그 행위를 한 자에게 그 책임을 물어야 한다. 만약 공모행위에서 나온 때에는 각자에게 그 공모행위의 책임을 물어야 한다. 그러므로 그 공모행위로 행위한 때에는 그 행위자에게 일개의 행위가 소요죄와 공범으로 인한 살상죄 또는 물건손괴죄 등 수개의 죄명에 저촉하는 것으로 당해 법조를 적용하여 처벌하여야 한다.

그렇다면 형법 제260조 이하 및 같은 법 제60조의 규정을 적용할 경우가 있음은 말할 나위가 없다. 따라서 위 법조의 규정이 공문(空文)에 불과하게 된다고 논하는 것은 타당하지 아니하다. 그리고 본 건 피고인들의 전차손괴행위는 일개의 행위가 일면에서는 같은 법 제106조의 소요죄에 해당하고 타면에서는 같은 법 제261조의 손괴죄에 해당한다고 관찰할 수 있다. 그러나 그 손괴죄는 친고죄이고 피해자의 고소가 없으므로 그 죄를 물을 수 없다. 그렇지만 소요죄는 고소를 요하지 아니하므로 그 죄에 문의하더라도 무방하다. 따라서 원심 판결이 지휘자인 피고인에게 같은 조 제2호를 적용하여 처단한 것은 위법하지 아니하다. 본 논지는 이유 없다.

상고이유 제2점은 다음과 같다.

원심은 피고인 추복길에게 형법 제106조 제2호를 적용하여 징역 6월에 처하였으므로 타인을 지휘하거나 혹은 솔선하여 조세(助勢)한 사실을 인정하여야 한다. 그렇지만 원심판결 이유를 살펴보면(원심이 발급한 판결등본에 의하면) 이들 사실에 대한 인정이 없을 뿐만 아니라 피고인 추복길의 범행에 관하여 아무런 사실인정이 없으므로 같은 피고인은 어떤 범행 때문에 처벌된 것인지 그 이유를 알만한 근거가 없다. 혹시 원심판결에 "피고인 박일득, 공문숙 등은"이라고 되어 있어 이른바 등(等) 속에 피고인도 포함되어 있다고 말할지 모른다. 박일득, 공문숙과 피고인 추복길 3인만의 범행이라면 혹시 그 논지가 일리가 없지 아니하다고 할 수 있을 것이다. 그러나 본 건의 범행자는 원심이 인정하였듯이 거의 수백 명에 달하고 또 심리 중이었던 자만도 제1심에서는 39인이란 다수에 달하였다. 그리고 원심에서도 박일득, 공문숙, 추복길과 이용수 4인이었으므로 "등" 속에 추복길이 당연히 포함되어 있다고 논단할 수 없다. 결국 원심판결은 이유 불비의 위법이 있다. 기타 상피고인의 논지를 원용한다.

살펴건대 이른바 "등"이란 문장에서 열기한 것을 총괄하는 취지로 이를 사용할 수도 있고 또 열기 이외의 것을 포함시켜 그것을 보이는 취지로 사용할 수도 있다. 원심판결문의 이른바 "등"은 둘 중 어느 것인지 살펴보자. 원심판결은 그 앞머리에서 피고인 스스무의 과실살상 피고사건, 피고인 박일득, 공문숙, 추복길, 이용수의 소요, 교통방해 피고사건임을 표시했다. 그 이유에서 항목을 제1과 제2로 나누고 있다. 제1 에서는 피고인 스스무의 과실살상에 관한 사실을 적기하고 제2에서는 소요, 교통방해에 관한 사실을 적기하였다. 그러므로 그 제2의 조목 밑에 피고인 박일득, 공문숙 등이라고 기재한 것은 피고인 박일득, 공문숙 2인만을 적시한 것이라고 풀이하여야만 할 것이 아니다. 그리고 원심판결의 증거설명 중에는 김영중(金永仲)에 대한 제1회 예심조서 중 '제1호 전차에 해당하는 빈 전차를 전복한 행위를 지휘한 것은 추복길, 공문숙, 박일득 외 1인'이라는 진술기재가 있다. 김춘명(金春明)에 대한 제1회 예심조서에는 '전차를 전복한 것은 박일득, 공문숙, 추복길 등이 전복하자라고 외쳤기 때문'이라는 취지의 진술기재가 있다. 이를 인용한 것에서 보자면 원심은 '피고인 박일득, 공문숙 등은'이라고 기재하여 "등"의 문자로 앞서 기재한 소요사건의 피고인 박일득, 공문숙 이외에 피고인도 포함시켜 이를 보이는 취지로 "등"을 쓴 것으로서 소론의 '피고인 추복길을 포함하여 지칭한 것'이라고 인정할 수 있다. 따라서 원심판결에서 판결문에 기재한 바와 같이 피고인 추복길에게 다중이 모여서 제1호 전차를 전복한 소요행위를 지휘한 사실을 인정하고 형법 제106조 제2호를 적용하여 처단한 것은 상당하다. 논지는 이유 없다. 기타 상피고인의 논지를 원용한다 하더라도 그 이유 없음은 각 논지에서 설명한 바와 같다.

피고인 박일득의 변호인 오쿠보(大久保雅彦)의 추가 상고이유 제1점은 다음과 같다.

원심판결이 인정한 제2사실은 "앞서 보인 김춘실 이하의 피해가 알려지자 부근에 놀러 나온 조선인들이 순차로 의집하여... 민중 천여 명이 와자지껄하며 전차의 잘못을 따지고 들고... 특히 폭동으로 옮겨 가려고 하였다. 때마침 군집에 섞여 있던 피고인 박일득, 공문숙 등은 군민에게 이와 같은 범행을 감히 저지른 전차는 마땅히 전복, 파괴해 버려야 한다고 수창하여 군집을 지휘했다. 이에 따라 격앙된 군중 수백 명이 그에 찬동하여 폭발하였다. 군중이 공도 부근에서 앞서 보인 살상사고 때문에 운전을 멈추고 현장에 정차해있던 당해 빈 전차 주변에 모여들어 경찰관리의 제지를 따르지 아니하고 전차를 선로 바깥으로 전복하고 이로 인하여 창문 기타 부분을 훼손하였다"는 사실이다. 당해 판시에 의하면 (1) 군집은 천여 명이라는 것 (2) 피고인 박일득 등은 천여 명의 군집에게 전차의 전복파괴를 수창하고 또 그 지휘를 하였다는 것 (3) 군집 중의 수백 명은 앞서 기재한 수창에 찬동하여 전차를 전복·훼손하였다.

그러나 그 원용한 증거를 살펴보면 군집 중에 수백 명이 피고인 박일득 등의 지휘에 응하여 전차를 전복, 파괴하였다는 사실을 인정하기에 충분한 자료를 발견할 수 없다. 즉 박상맥(朴相驫), 정기재(鄭箕載), 와다(和田一), 스에츠구(末次能吉), 이홍순(李弘純), 나카다(永田盛雄)에 대한 각 예섬조서, 검사의 검증조서, 피고인 이용수(李龍水)에 대한 예심조서, 같은 이에 대한 사법경찰관리의 신문조서 등은 어느 것이나 다수의 사람이 전차에 대하여 폭동한 사실을 증명할 수 있는 데에 그치고 피고인 박일득의 지휘에서 비롯되었다는 사실은 증명하지 아니한다.

또 박일득에 대한 제1회 예심조서는 박일득이 약 2백 명의 군집에게 전차전복을 사주(敎諭)한 결과 약 50명이 폭행한 사실을 증명하는 데에 그친다. 공문숙에 대한 제1회 예심조서는 30명이 박일득(朴日得)의 종용에 응하여 전차를 전복한 사실을 증명하는 데에 그친다. 추복길에 대한 제1회 예심조서는 그가 박일득의 권유로 폭행한 사실을 증명하는 데에 그친다. 그리고 김원조(金元祚)에 대한 제1회 예심조서에는 "박일득, 공문숙 등이 전차를 파괴하더라도 상관없다고 운운한 까닭에 수 백 명이 그에 응하였다"고 기재되어 있다.

이것은 단지 박일득 등이 자기의 의견을 말한 것에 불과하고 군집을 지휘한 사실을 증명하기에 부족하다. 김항조(金恒祚)에 대한 제1회 예심조서는 군집이 폭행한 사실을 증명하는 데에 그친다. 김영중에 대한 제1회 예심조서는 다수의 자가 박일득 등의 지휘로 폭행한 사실을 증명하기에 충분하다. 그러나 그 이른바 '다수의 자'란 원심판결이 인정한 바와 같이 수백 명을 의미하는지 그렇지 아니한지 판명되지 아니한다. 끝부분에 "당시 모여 있던 자는 4백 명에 이르렀다"는 기재는 군집의 전수를 나타낸 것이고 폭행자의 전수를 나타낸 것이 아니다. 또 김춘명에 대한 제1회 예심조서는 폭행자의 수를 증명하기에 족하지 아니하다. 박덕균(朴德均)에 대한 제1회 예심조서에는 박일득 등이 군집을 향하여 전차가 고약한 짓을 했다고 말하였고 추복길 외 56명이 폭행한 취지가 기재되어 있어 박일득 등이 지휘한 사실을 증명하기에 부족하다. 사법경찰관인 김춘명(金春明)에 대한 제2회 신문조서와 역시 사법경찰관인 박용구(朴用九)에 대한 제1회 신문조서, 윤수경(尹守景)에 대한 제2회 신문조서, 검사의 박용구에 대한 신문조서에는 어느 것이나 군집이 폭행한 사실을 증명하는 데 그치고 조금도 원심판결이 인정한 사실을 적확하게 증명하지 아니한다. 요컨대 원심판결은 허무증거에 터 잡아 범죄사실을 인정한 불법이 있다.

살피건대 원심판결은 박상맥에 대한 예심조서에는 "잠시 후에 수백 명이 '차장, 운전수를 죽여라'하며 분노하여 소리치며 몰려왔기 때문에 어쩔 수 없이 도주하였다"는 진술기재가 있다. 정기재에 대한 예심조서에는 "다시 그곳에 가보았을 때는 전차의 유리창이 거의 전부 파괴되어 있었고 군집한 수백 명은 '전차를 전복하자'고 외치고 있어 이를 제지하였지만 말을 듣지 아니하였다"라는 내용의 진술기재가 있다. 박일득에 대한 제1회 예심조서에는 "분개한 나머지 이와 같이 사람을 친 전차는 전복하여야 한다고 같은 곳에 모인 약 2백 명의 군집을 향하여 큰 소리로 말하였고 그 이전부터 격앙되어 돌을 던지고 있던 군중이 그에 응하였다"는 내용의 진술기재를 인용하고 있다. 당해 증거에 의하여 원심판결이 인정한 사실 중에서 소론과 같이 군집 중에서 수백 명이 피고인 박일득의 지휘에 응하여 전차를 전복하기에 이른 사실 부분을 인정할 수 있다. 원심이 앞에 든 증거 기타 소론의 각 증거를 종합하여 원심판결문에 적기한 사실을 인정한 것은 상당하고 원심판결은 허무 증거에 터 잡아 범죄를 인정한 위법이 있다고 할 수 없다. 본 논지는 이유 없다.

상고이유 제2점은 다음과 같다.

원심판결은 피고인들의 행위를 소요죄로 인정하여 형법 제106조 제2호를 적용하여 처단하였다. 본래 소죄는 다수의 합동력에서 나온 폭동에 의하여 공안을 해함으로써 성립한다. 원심판결이 인정한 사실에 의하면 군중의 폭동으로 전차를 전복, 파괴한 사실은 인정할 수 있다. 그러나 그것으로 인하여 공안을 해하였다는 사실의 유무가 판명되지 아니한다. 이것은 이유불비의 불법이 있고 동시에 의율착오의 불법이 있다.

살피건대 소요죄는 다중이 집합하여 폭행 또는 협박을 함으로써 성립하고 공안의 정일(靜逸)을 해하는 범죄이기 때문에 원심이 증거에 의하여 피고인 공문숙, 추복길, 이용수 3인의 상고이유에서 적기한 사실을 인정한 것은 즉 공안을 해할 소요의 사실을 판시한 것에 다름 아니다. 그렇다면 원심이 앞에 기재한 법조를 적용하여 처단한 것은 상당하며 원심판결의 이유는 구비되었다. 본 논지는 이유 없다.

이상의 설명과 같이 본 건 상고는 이유 없으므로 형사소송법 제285조의 규정에 따라 주문과 같이 판결하여 기각한다.

해 제

이 사건은 각각 제424호와 425호(대구복심법원), 127호와 128호(고등법원) 두 가지 사건번호를 붙이고 있는데, 과실사상과 소요 사건의 두 가지 사건으로 다뤄졌기 때문이다. 스스무 요시오(進芳雄)과 박일득, 공문숙, 추복길, 이용수 피고인도 각각 달랐다. 일본인은 조선와사전기주식회사 소속 전차 운전수로 전차를 운전하다가 조선인 행인을 치어 사상자를 내어 법정에 섰고, 조선인들은 이러한 사건에 분개해 주변의 조선인들을 모아 전차를 전복하고 항의를 했다. 후자의 사건에 대해서 일본 법정은 교통방해 및 소요 사건으로 다루었다.

1916년 9월 23일 당시 추석 즈음에 일어난 사건에 연루된 피고인은 모두 40여 명이었다. 박일득, 공문숙, 추복길, 이용수는 소요를 선동한 죄로 비교적 무거운 형을 받았다. 1917년 3월 15일 부산지방법원에서 최종 확정된 판결은 사상자를 낸 운전수 스스무는 벌금 200원에 처하고, 소요를 주동한 박일득은 징역 2년, 공문숙 등 2명은 징역 2년, 그 외 선동자 6명은 징역 6월, 나머지 27명은 징역 4월 집행유예 2년에 처한다는 것이었다.[102] 집행유예를 판결받은 27명은 20세 이하였고,[103] 마지막 남은 6명은 무죄로 판결받았다.

이 가운데 벌금 200원을 선고받은 운전수 스스무가 형이 무겁다고 상고하였고, 박일득, 공문숙 등도 주동과 소요를 따지는 것은 받아들일 수 없다고 상고하였다. 상고심은 1917년 10월 3일 대구복심법원에서 있었고, 피고인들은 다시 상고하여 1917년 12월 17일 고등법원에서 공판이 열렸으나 최종적으로 기각되었다.

스스무 요시오는 전차 운전 중 김춘실 등 조선인 5명을 죽거나 다치게 한 사실은 인정하지만, 이것이 그의 부주의, 곧 과실 사실에서 비롯된 것을 증명하는 것은 없다고 주장하며 유죄사실을 다시 따져 물었다. 이에 대해 고등법원 법정은 ① 피고인이 전차를 운전하다가 조선인 5인을 사상에 이르게 했다는 점 ② 사고발생 지점은 급커브 구간이라서 전차 조종 상 각별한 주의를 요한다는 점 ③ 그 부근은 부락에 가깝고 도로에 접하고 있어 한층 주의를 해야 하는 곳이라는 점 ④ 특히 당일 밤은 추석이라 행인이 더욱 많았기 때문에 운전자가 더욱 주의했어야 했다는 점 ⑤ 당일 밤은 달빛이 밝아 위험을 피하기 좋은 환경이었음에도 불구하고 운전자가 부주의했다는 점 ⑥ 긴급 상황에서 운전자가 즉시 대응했어야 함에도 불구하고 살상이 일어났다는 점을 들어 스스무의 과실살상 사건이 맞다고 하였다. 스스무에 대한 벌금 200원을 확정한다는 것이다.

김일득과 공문숙, 추복길 등은 상고 법원에서 소요죄 적용 여부를 따

----

102) 「전차파괴사건 판결, 징역 2년이라」, 『매일신보』, 1917.3.16.
103) 「동래 전차소요공판, 20세 이하는 집행유예가 됨」, 『매일신보』, 1917.3.11.

져 물었다. 소요죄는 많은 대중이 집합하여 폭행 또는 협박을 함으로 인하여 성립하지만 피고인들은 각자 하나의 행위를 한 것뿐이므로 법을 그릇되게 적용(의율착오)한 것이다. 함께한 행동에 대해 공통의 의식이나 의사가 없었다는 주장이다. 이에 대해 고등법원은 소요죄는 여러 대중이 집합하여 폭행 또는 협박함으로 성립하며 그들 상호 간에 의사의 공통이 있었는지를 따지지 않는다고 하였다. 피고인들의 진술을 통해 볼 때 각자 소요를 한다는 인식이 있었고 그 행위에 가담했으므로 소요죄가 성립한다는 것이다. 소요죄는 형법 제106조, 다중이 집합하여 상해함에 이른 때에는 1년 이하의 징역 또는 50원 이하의 벌금이나 과료에 처한다는 내용에 따른다.

또한 김일득 등이 소요를 주동했다고 하여 형법 제106조 제2호: 타인을 지휘하거나 타인에 솔선하여 세를 조장한 자는 6월 이상 7년 이하의 징역 또는 금고에 처한다는 조항에 의거하여 가중처벌을 하였다. 그러나 '앞서서 구호하여 군집을 지휘'했다는 법원의 판단은 근거가 없다. 지휘라는 것이 어떠한 행위 사실인가. 이에 대해 고등법원은 피고인들이 폭행행위가 있었음을 인정하고 있는 이상 소요죄에 해당하고 복심법원에서 피고인들의 지휘를 인정하는 진술이 있었으므로 항소가 이유 없다고 확정하였다. 전차를 전복할 때 이들이 선창했다는 참고인 진술이 있는 이상 형법 제106조 제2호의 적용은 타당하다는 것이다.

이상의 이유 등을 들어 고등법원은 이들에 대하여 원심의 판결을 확정지었다. 지나가는 행인 5명을 죽이거나 친 운전수에 비해 소요죄에 적용되어 비교적 무거운 형량을 받았다고 할 수 있다.

전차는 전기를 에너지로 하여 노면에 깔린 레일 위를 달리는 교통수단이다. 19세기 미국에서 운행한 후 여러 나라에 도입됐다. 우리나라에서도 1899년 서울에서 처음 노면 전차가 개통됐다. 부산에서는 개항 이후 일본인 전관거류지가 설치되고, 관광지를 찾는 일본인이 많아지자 철도를 부설하려는 움직임이 일어났다. 당시는 증기기관을 동력으로 하고, 궤도 간격이 협소한 경편철도였다.

1910년 조선와사전기회사가 이 사업을 추진했던 부산경편궤도회사를 인수하면서 사업의 성격이 변했다. 조선와사전기회사는 선로 부설공사를 해 노선을 확장하고, 증기철도를 점차 전차로 바꾼다. 이렇게 개량공사를 마친 뒤 화려한 개통식을 열었다. 우마차나 인력거를 탔던 부산 사람은 전차를 처음 보자 그 위용에 놀랄 수밖에 없었다. 그들은 전차를 '전깃불 잡아먹고 달리는 괴물'이라고 여겼다.

근대화 과정은 동전의 양면과 같았다. 시간 단축과 생활 편리의 이면에는 고통과 불행이 뒤따랐다. 부산에 등장한 전기 괴물이 대형 사고를 일으킨 때는 1916년 9월 13일, 전차 운전수 스스무는 부주의한 운전으로 살상사고를 일으켰다.

부산 전차의 운행은 일본인의 교통 편의가 목적이었다. 전차 운행 이후로도 여전히 걷거나 우마차를 이용하는 조선 사람이 많았다. 동래 온천장은 관부연락선을 타고 부산에 도착한 일본인이 자주 찾는 명소였다. 일본인 관광객을 온천장까지 수송하기 위해 전차가 꼭 필요한 교통수단이었다. 전차를 운행하는 운전사도 대부분 일본인이었으므로 차내에서는 부산 사람에 대한 차별이 벌어졌다.

운전사들은 정류소에 도착할 때 일어로 정류소 이름을 외쳤다. 일어를 모르는 사람들은 내릴 정류소를 놓치거나 몇 정류소를 더 가기 일쑤였다. 내려달라는 말도 무시하는 막무가내 운전사들 때문에 사고도 발생했다. 이런 안하무인의 불친절한 태도를 조선와사전기회사에 말해도 전혀 고쳐지지 않았다.

전차 전복 사건이 벌어지던 그날, 일제 황족인 칸인노미야(閑院宮)가

열차를 타고 부산역으로 오던 중이었다. 이 소요로 인해 칸인노미야가 탑승한 열차가 30분간 지체되었다. 사실 일제는 전차 전복 사고보다 일제의 실력자인 칸인노미야를 기다리게 한 일에 분개했다. 일본이 조선인 피고인들을 강력하게 처벌했던 또 하나의 배경이었다고 할 수 있다.

┃ 찾아보기 ┃

박정애

(현) 동북아역사재단 연구위원
(전) 동국대학교 대외교류연구원 연구교수
한국 근대사 전공. 숙명여대 사학과 박사
일본군'위안부' 문제 연구를 하고 있으며 젠더 관점의 역사쓰기를 지향한다.
논문과 저서로는 「일본군'위안부' 문제의 강제동원과 성노예 – 공창제 정쟁과
역사적 상상력의 빈곤」(『페미니즘 연구』 19(2), 한국여성연구소, 2019), 「피해
실태를 통해 본 일본군'위안부'의 개념과 범주 시론」(『사학연구』 120, 한국사
학회, 2015), 『한국 여성사 연구 70년』(공저, 한국학중앙연구원출판부, 2017),
『일본군'위안부'문제와 과제Ⅲ: 관점과 실태』(공저, 동북아역사재단, 2020) 등
이 있다.